도
관광 · !

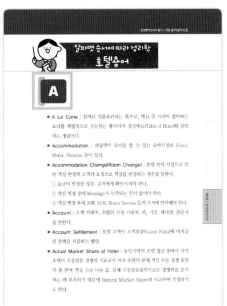

01 필수관광용어
PART

01 관광 관련 개념

관광(tourism)

관광은 사전적으로 '다른 지방이나 다른 나라에 가서 그 곳의 풍경 · 풍습 · 문물 따위를 구경함'이라는 의미를 가진다. 학문적으로는 '정주지(定住地)에서 일상생활권 밖으로의 이동과 일주지로 다시 돌아올 목적을 수반하는 생활의 변화에 대한 욕구에서 생기는 일반적 행동'으로 정의한다.

① 동양적 의미 : B.C 8세기 중국 나라 「여경」에 '관국지광 이용빈우왕(觀國之光 利用賓于王)'이란 문구에서 유래를 찾아볼 수 있다. 즉, 나라의 광명을 살펴보는 것은 왕의 손님이 되기에 족하다는 의미이며, 관광은 '그 지방의 우수하고 훌륭한 것을 그 지방의 대표자나 관련자등이 방문하는 손님에게 보여서 대접하는 것은 좋은 것이다'라는 의미이다.

② 서양적 의미 : 관광에 해당하는 영어는 'Tourism'이다. 이 단어는 라틴어 'Tornus(토르누스 : 도르래)'로 동일한 장소에서 휴식하고 끝나는 것을 의미한다. 파생어 tourism 또는 tourist라는 어휘는 1811년 영국 잡지의 하나인 「스포츠 매거진(Sporting Magazine)」에 처음으로 소개되었으며, 관광은 1975년 세계관광기구(WTO : World Tourism Organization)에서 공식적으로 'Tourism'으로 사용되고 있다. 관광은 1박 이상 체류를 하고, 소비지출에 수반되며, 방문목적도 관광활동은 물론 레저 및 레크리에이션, 친구 및 친지방문, 비즈니스 및 전문적인 일, 건강 및 치료, 종교 순례 등과 같이 통제해야 한다.

알파벳 순서에 따라 정리한 호텔용어

A

- **A La Carte** : 불어로 일품요리라는 뜻으로, 메뉴 중 자신이 좋아하는 요리를 개별적으로 주문하는 형식이며 정식메뉴(Table d' Hote)와 상반되는 개념이다.
- **Accommodation** : 관광객이 숙박을 할 수 있는 숙박시설로 Hotel, Motel, Pension 등이 있다.
- **Accommodation Change(Room Change)** : 호텔 측의 사정으로 인한 객실 변경과 고객의 요청으로 객실을 변경하는 경우를 말한다.
  ① 요금이 변경될 경우, 고객에게 확인시켜야 한다.
  ② 객실 변경 중에 Message가 누락되는 일이 없어야 한다.
  ③ 객실 변경 후에 교환, H/K, Room Service 등의 부서에 연락해야 한다.
- **Account** : 고객 거래처, 호텔의 시설 거래처. 즉, 기업, 대사관, 관공서를 말한다.
- **Account Settlement** : 호텔 고객이 고객원장(Guest Folio)에 미지급된 잔액을 지불하는 행위
- **Actual Market Share of Hotel** : 동일지역의 호텔 집단 중에서 자기 호텔의 시장점유 경쟁력 지표로서 자사 호텔의 판매 객실 수를 경쟁 호텔의 총 판매 객실 수로 나눈 값. 실제 시장점유율만으로는 경쟁력을 분석하는 데 부족하기 때문에 Natural Market Share와 비교하여 측정하기도 한다.

관광종사원에게 필수적인 관광, 호텔 관련 용어와 상식을 A부터 Z까지 수록하였습니다. 시험 전 쭉 읽어 내려가며 학습했던 내용들을 다시 한 번 정리해보세요. 용어에 대한 개념 정리만 잘 되어 있어도 관련 질문에 당황하지 않고 자신 있게 답변할 수 있습니다.

합격자 윤○○님

안녕하세요! 2021년 관광통역안내사 필기시험 합격자입니다! 우선 이렇게 후기를 쓸 수 있게 되어 기쁩니다. 아직 완전한 합격은 아니지만, 2022년도 시험을 준비하시는 분들께 도움이 될까 싶어 이렇게 팁 아닌 팁을 남깁니다. 저는 시간이 촉박했던 편이라 나름 전략을 짰어요. 과년도 출제키워드를 쫙 정리해놓고 그중 반복되는 키워드의 개념은 무조건 출제된다고 생각하고 학습했습니다! 저에게는 매우 유용했던 방법이라 예비 합격자 여러분들에게 도움이 될 수 있을까 하여 2021년 출제키워드를 남겨봅니다.

2021년 필기시험 출제키워드

🔎 1과목 관광국사

- 신석기 시대의 생활방식
- 부여의 풍속
- 옥저의 생활방식
- 백제의 통치체제
- 승려별 업적
- 백제 시기별 사건
- 발해 문왕
- 신라촌락문서
- 고려 광종의 정책

- 중 방
- 고려시대 조성된 탑
- 충선왕의 업적
- 이 황
- 세종의 업적
- 의랑유취
- 광해군의 업적
- 이 익
- 향 교

- 조선 시기별 사건
- 인왕제색도
- 조선 후기에 있었던 사실
- 정조 때의 역사적 사실
- 근대 시기별 사건
- 6 · 25 전쟁 시기별 사건
- 1920년대의 역사적 사실

🔎 2과목 관광자원해설

- 매체이용해설
- 관광레저형 기업도시
- 국 보
- 관광자원의 특성
- 관광두레
- 세시풍속
- 국가지질공원
- 지역 관광거점도시
- 전통마을

- 호수관광자원
- 하회별신굿탈놀이
- 유네스코 등재 세계기록유산
- 코리아 둘레길
- 도 성
- 주심포공포양식 건축물
- 도립공원
- 경상북도의 조선시대 서원
- 종 묘

- 지역 – 관광단지 연결
- 조선왕조실록
- 경기도 소재 왕릉
- 지역별 민속주
- 백제의 불탑
- 강원랜드 카지노
- 유네스코 세계문화유산으로 등록된 조선시대 궁궐

관광통역안내사

용어상식사전+무료동영상(기출)

Always **with you**

사람이 길에서 우연하게 만나거나 함께 살아가는 것만이 인연은 아니라고 생각합니다.
책을 펴내는 출판사와 그 책을 읽는 독자의 만남도 소중한 인연입니다.
(주)시대고시기획은 항상 독자의 마음을 헤아리기 위해 노력하고 있습니다.
늘 독자와 함께 하겠습니다.

머리말

21세기의 관광문화산업은 나라를 지탱하는 국가의 주요 산업입니다. 특히 최근 들어 경제력의 향상과 국가 간의 문화교류가 증대하면서 관광산업에 대한 중요성이 커지고 있습니다. 또한 주 5일제의 정착으로 개인의 여가시간이 늘어나고, 국내외 여행이 활성화되면서 관광 관련 직업들이 새롭게 떠오르고 있습니다.

관광통역안내사, 호텔경영사, 호텔관리사, 호텔서비스사 등 관광종사원은 바로 이러한 시대적 요구 속에서 탄생한 유망직종입니다. '관광한국'의 위상이 높아질수록 세계 각지에서 들어오는 관광객들을 안내하고 정해진 시간 내에 효율적으로 관광할 수 있도록 돕는 우수한 안내자가 필요합니다. 이 점에서 관광종사원은 한 나라의 민간외교관에 견줄 수 있는 중요한 위치에 있습니다.

최근 관광종사원 필기시험과 면접시험에서는 전문지식뿐만 아니라 관광 최신동향을 통한 직무수행능력을 검증하는 실무상식을 묻는 빈도가 높아지고 있습니다. 이에 시대고시기획에서는 관광통역안내사를 준비하는 수험생 여러분들이 단기간에 필기와 면접에 꼭 필요한 관광필수상식을 대비할 수 있도록 〈관광통역안내사 용어상식사전〉을 출간하게 되었습니다.

📑 도서의 특징

첫 째 관광통역안내사, 호텔경영사, 호텔관리사, 호텔서비스사 등 관광종사원 자격시험에 필요한 기초상식 FAQ를 수록하여 관광종사원 시험을 동시대비할 수 있도록 하였습니다.

둘 째 관광일반상식, 관광자원상식의 광범위한 출제 범위를 다빈도 다기출 분야로 정리했습니다. 낯선 관광상식도 쉽게 파악할 수 있도록 그림자료나 관광 PLUS⁺ 보조설명을 통해 이해를 도왔습니다.

셋 째 실무에 사용되는 필수관광용어, 필수호텔용어 등 용어상식은 한눈에 확인하기 쉽도록 핵심 키워드 위주로 정리하였습니다. 시험에 꼭 나오는 분야로 단기간 합격을 노릴 수 있도록 마련했습니다.

관광종사원을 꿈꾸는 수험생 여러분들이 본서를 통해 합격의 길로 나아가시길 진심으로 기원합니다.

편저자 씀

이 책의
구성과 특징

기초부터 탄탄히!
관광종사원 기초상식!

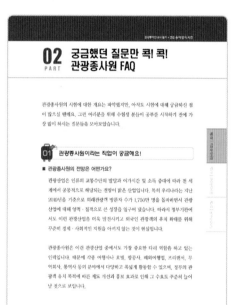

관광종사원으로 가는 첫걸음! 가장 먼저 관광종사원의 개념과 종류, 자격시험의 시행정보, 시험 응시에 앞서 필요한 공인어학시험까지 상세하게 짚어봅니다. 관광종사원 FAQ에는 수험생들이 시험을 준비하면서 자주 묻는 질문만 모았습니다. 관광종사원 합격자 현황이나 전망을 통해 평소 궁금했던 질문들의 해답을 얻을 수 있습니다.

꼭 알아야 할!
관광일반상식!

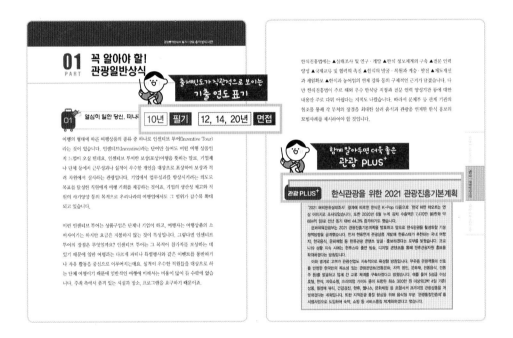

출제 빈도가 높은 25개의 주목할 만한 관광일반상식을 주제별로 총망라하였습니다. 관광학개론 과목과 관련된 배경지식을 알기 쉬운 설명으로 쌓을 수 있도록 하였습니다. 어렵고 까다로운 개념들은 보조자료를 통해 이해를 도왔습니다.

무궁무진!
관광자원상식!

02 무궁무진!
PART 관광자원상식

01 전 인류의 보물, 유네스코 등재유산

유산은 앞선 시대를 살아온 선조들에게 물려받은 문화이자 삶 그 자체입니다. 이 문화 속에서 살고 있는 오늘날의 우리는 그 유산들을 소중히 보존하고 보호하여 후손들에게 물려주어야 할 의무가 있습니다. 따라서 교육, 과학, 문화 분야의 국제적인 협력을 촉진하고 세계평화와 인류 발전의 증진을 목적으로 만들어진 유엔전문가구인 유네스코(UNESCO : United Nations Educational, Scientific and Cultural Organization)에서는 인류 전체를 위해서 보호하고 보전할 가치가 있는 유산들을 등재하고 있는데요, 그 종류는 세계유산, 무형유산, 기록유산으로 나누며 우리나라의 문화재 역시 해마다 그 등재의 수를 늘려가고 있습니다.

■ 세계유산

'세계유산'은 세계 문화 및 자연 유산 보호 협약(Convention Concerning the Protection of the World Cultural and Natural Heritage)에 의해 인류의 보편적인 가치를 지난 유산들을 보호 · 보존하고자 채택된 유산입니다. 이 협약에 의거하여 등재되는 세계유산의 종류는 그 특성에 따라 '문화유산, 자연유산, 복합유산'으로 분류되며 특별히 '위험에 처한 세계유산'은 별도로 지정됩니다. 세계유산에 등재되면 국제적인 기구나 단체들의 기술적 · 재정적 지원을 받을 수 있으며 인지도 상승에 의한 방문객의 증가 효과를 기대할 수 있습니다.

한라산 · 성산일출봉 · 거문오름용암동굴계 등 3개 지역으로 구성된 '제주 화산섬과 용암동굴'이 유네스코 세계자연유산으로 등재되었으며 2010년에는 세계지질공원으로 인증을 받아 현재까지 세계에서 유일무이한 유네스코 3관왕의 자리에 올랐습니다. 게다가 2011년 11월에는 베트남 하롱베이, 브라질 아마존, 필리핀 지하강 등과 함께 뉴세븐 원더스 재단의 '세계 7대 자연경관'으로도 선정되는 명예까지 안게 되었습니다.

관광PLUS | 제주도, 방역 · 관광 두 마리 토끼 잡는다

제주도에서는 2021년 5월 위드코로나 시대의 방역 · 관광 공존을 위한 안전느낌표 제주관광 이미지 확산 캠페인을 집중 추진한다고 밝혔습니다. 연초와 달리 제주를 찾는 관광객이 증가하고 있어 불친절, 공정조절 문제 등 등록에게 관광요금 인상 등에 대한 관광 안전도, 지속적으로 발생하고 있는데요, 제주도에서는 제주관광 이미지 제고를 위한 관계 기관 및 부서와의 긴급회의를 개최하고, 사업 제품 포함에 유산기일 및 관련부서 주관의 '안전느낌표 제주관광 이미지 확산 추진계획'을 마련하여 실행코자 합니다.

주요 중점 추진사항으로는 코로나19 방역체도와 방행 진실 및 공정가격 등 제주관광 이미지 저고를 위한 활동을 전개하게 된다는, 코로나19 방역관련으로는 ▲5월 가정의 달 방역 · 관광 공존의 관광수용태세 제도 ▲도내 관광사업체 방역공공 지속 지원 ▲공항 내 코로나19 방역캠페인 전개가 있습니다. 이와 함께 관공지 친절 및 공정가격 등 제주관광 이미지 제고를 위해 ▲관전관리 점식 확대 및 불공정행위 합동단속 ▲도지사 첫째만·관광별먼지 고생터 운영 ▲가격 및 부서별 공정가격 할 자성운동을 전개한다고 밝혔습니다. 이번 도의 정책은 적극적인 방역 · 관광과 다양한 캠페인 전체를 통한 '청정 관광제주'의 면모를 유지하겠다는 제주도의 포부이기도 합니다.

관광자원해설 과목과 관련된 우리나라의 무궁무진한 관광자원상식 중에서도 유네스코 등재유산 등 자주 출제되었던 주제만 모아 알차게 담았습니다. 또한 최신 관광현황을 반영하여 필기시험과 면접시험을 모두 철저히 대비할 수 있도록 하였습니다.

3과목 관광법규

- 관광진흥 기본계획 포함사항
- 카지노업의 시설기준
- 관광특구의 지정요건
- 기금의 용도
- 한국관광협회중앙회 설립 허가권자
- 관광진흥개발기금에 관한 설명
- 국제회의산업 육성기반의 정의
- 관광통계 작성 범위
- 국제회의 요건
- 관광숙박업의 사업계획 변경에 관한 승인을 받아야 하는 경우

- 관광지 및 관광단지에서 허가를 받아야 할 수 있는 행위
- 관광진흥개발기금의 목적 외의 사용 금지
- 카지노업자 허가를 받으려는 자의 사업계획서에 포함되어야 하는 사항
- 관광진흥개발기금이 대여하거나 보조할 수 있는 사업
- 관광사업의 종류와 설명
- 관광의 진흥에 대한 설명

- 부담금의 감면
- 기획여행 광고 시 표시하여야 하는 사항
- 문화관광축제의 지정 기준
- 국제회의도시의 지정
- 지역관광협의회에 관한 설명
- 관광개발기본계획
- 한국관광 품질인증 대상 사업
- 여객자동차터미널시설업의 지정 및 지정취소 권한기관
- 상호의 사용제한

4과목 관광자원해설

- 관광의 경제적 효과
- 국제관광객
- 호텔 요금 지불 방식
- 관광의 일반적 특성
- 관광특구
- 국제회의시설과 지역의 연결
- 관광의사결정에 영향을 미치는 개인적 요인
- 아시아 최초 국제 슬로시티 가입 지역

- 내국인 면세물품 총 구매한도액
- 면세점
- Forum
- 서양 중세시대 관광
- 최초의 외국인전용 카지노
- IATA 기준 항공사 코드
- 연대별 관광정책
- 매슬로우의 욕구 단계
- Intrabound
- 중앙정부 행정부처별 업무

- 여행경보제도 단계
- 커넥팅룸
- 국민관광
- UIA
- 관광마케팅 믹스 구성요소
- 관광관련 국제기구
- 인바운드 관광수요

이 책의 목차

2주 완성
스터디 플래너

시험과목과 시험시간 등 시험 관련 정보를 숙지한 후 목차를 보고 스스로의 학습량과 학습기간을 고려하여 자신만의 학습 플랜을 세워봅니다. 다음은 시대고시기획에서 제안하는 2주 완성 학습 플랜으로, 교재의 내용을 차근차근 학습하며 2주 안에 용어상식사전을 완벽 정복할 수 있도록 도와줍니다.

목표일	학습 과목	공부한 날	달성 여부
1일차	제1장 기초상식사전	___월 ___일	달성 ☐
2일차		___월 ___일	달성 ☐
3일차		___월 ___일	달성 ☐
4일차		___월 ___일	달성 ☐
5일차		___월 ___일	달성 ☐
6일차	제2장 관광상식사전	___월 ___일	달성 ☐
7일차		___월 ___일	달성 ☐
8일차		___월 ___일	달성 ☐
9일차		___월 ___일	달성 ☐
10일차		___월 ___일	달성 ☐
11일차		___월 ___일	달성 ☐
12일차	제3장 용어상식사전	___월 ___일	달성 ☐
13일차		___월 ___일	달성 ☐
14일차	전체 총 복습	___월 ___일	달성 ☐

관광통역안내사
필기 + 면접
용어상식사전

1

관광통역안내사
필기＋면접
용어상식사전

제 **1** 장

기초상식사전

01 PART 관광종사원 자격시험 입문하기

관광통역안내사가 되기 위해 첫발을 내딛은 여러분을 환영합니다. 일단 마음은 먹었는데, 아는 것은 없고 시간은 흐르니 막막한 마음부터 드실 텐데요. 어떤 공부도 빠르고 쉬운 지름길은 없습니다. '천리 길도 한걸음부터'라는 말이 있지요. 먼저 관광통역안내사가 속해있는 관광종사원이 대체 무엇인지, 또 그 종류는 무엇이며 해당 자격시험은 어떻게 이루어지는지, 기초부터 탄탄하고 확실하게 정리하고 넘어가볼까요?

 01 관광종사원의 의미와 종류

■ **관광종사원이란?**

관광객과 직접 접촉하여 서비스를 제공하는 인적 관광자원으로서, 우리나라의 역사와 관광 자원 및 관광 관련 지식, 외국어 등을 두루 갖추어야 합니다. 이들이 제공하는 서비스의 질에 따라 관광산업의 진흥과 육성이 막대한 영향을 받게 되기 때문에, 관광종사원은 관광산업에 있어 중추적 역할을 수행하는 주요한 유망직종입니다. 관광객은 이러한 관광종사원을 통해 우리나라의 이미지를 결정하게 되므로, 곧 나라를 대표하는 민간외교관의 역할을 수행하며 관광 산업을 이끄는 리더라고 할 수 있습니다. 국가시험에 합격한 후 등록할 수 있는 관광종사원은 관광통역안내사, 국내여행안내사, 호텔경영사, 호텔관리사, 호텔서비스사 등 총 다섯 가지로 분류되며, 국가지정기관에서 일정기간 교육 수료 후 등록할 수 있는 관광종사원은 국외여행인솔자, 문화관광해설사의 두 가지로 분류됩니다.

■ **관광종사원의 자격제도**

관광종사원의 자격제도는 1962년 관광통역안내업 제도의 도입을 통해 관광통역안내사 자격을 시작으로 운영되었습니다. 국내 관광산업의 질을 향상시키고 관광에 대한 전문적인 지식과 기술 등을 갖춘 사람을 등용함으로써 양질의 서비스를 제공하기 위한 목적으로 점차 발전하여, 현재 관광종사원의 자격을 취득하기 위해서는 필기시험(일부 외국어시험 포함) 합격 후 면접시험에 통과하여야 합니다.

관광진흥법(제38조)에 의거하여 관광종사원의 자격을 취득하려는 자는 문화체육관광부령으로 정하는 바에 따라 문화체육관광부장관이 실시하는 시험에 합격한 후 문화체육관광부장관에게 등록하여야 합니다. 또한 관할 등록기관 등의 장은 대통령령으로 정하는 관광 업무에는 관광종사원의 자격을 가진 자가 종사하도록 해당 관광사업자에게 권고할 수 있으며, 외국인 관광객을 대상으로 하는 여행업자는 관광통역안내의 자격을 가진 사람을 관광안내에 종사하게 하도록 규정되어 있습니다.

■ **관광종사원의 종류와 수행업무**

① **관광통역안내사**

관광이 하나의 산업으로서 국가경제에 미치는 영향이 막대하다고 판단되어 문화체육관광부에서 실시하는 통역분야의 유일한 국가전문자격증으로서, 외국인 관광객의 국내여행 안내와 한국의 문화를 소개하는 직업입니다. 국내를 여행하는 외국인에게 외국어를 사용하여 관광지 및 관광대상물을 설명하거나 여행을 안내하는 등의 여행 편의를 제공하는 역할을 수행합니다.

[관광통역안내사 자격시험 주요 변경 내용]

2004년 '관광통역안내원'에서 '관광통역안내사'로 명칭 변경

↓

2007년 외국어시험이 공인어학 성적증명서로 대체

↓

2009년에는 한국관광공사에서 한국산업인력공단으로 자격시험 시행기관 변경

↓

불어, 독일어, 스페인어, 러시아어, 일본어, 중국어, 이탈리아어, 태국어, 베트남어, 말레이·
인도네시아어, 아랍어, 영어 등의 언어를 대상으로 함

② 국내여행안내사

국내여행안내사는 내국인의 국내여행 안내업무를 담당한다는 점에서 관광
통역안내사와 비교적 유사한 직업입니다. 국내를 여행하는 관광객을 대상
으로 여행장소 결정 및 검토, 여행일정 계획, 여행비용 산출, 숙박시설 예
약, 명승지나 고적지 안내 등 여행에 필요한 전반적인 서비스를 제공하는
역할을 하게 됩니다. 2004년 '국내여행안내원'에서 '국내여행안내사'로
명칭이 변경되었으며, 2009년 한국산업인력공단으로 시험시행기관이 변
경된 바 있습니다.

[국내여행안내사의 시험 출제 및 자격증 발급]

한국산업인력공단 : 자격시험 출제와 시행 및 채점

↓

한국관광협회중앙회 : 자격증 발급 및 재발급

③ 호텔경영사

관광호텔업의 총괄관리 및 경영업무 담당자를 양성하는 역할을 합니다.
관광사업소의 호텔에서 객실예약업무, 객실판매 및 정비업무, 접객업무,
회계업무, 식당업무 등 제반 호텔관리업무에 대한 계획을 수립, 조정하며
종사원의 근무상태를 지휘하고 감독하는 직무를 맡습니다.

④ 호텔관리사

　　관광호텔의 객실관리 및 가족호텔업의 경영업무를 담당하는 직업으로, 4
　　성급 이상의 관광호텔업의 객실관리 책임자 업무 또는 3성급 이하의 관광
　　호텔업과 한국전통호텔업, 수상관광호텔업, 휴양콘도미니엄업, 가족호텔업,
　　호스텔업, 소형호텔업 및 의료관광호텔업의 총괄관리 및 경영업무를 수
　　행하게 됩니다.

⑤ 호텔서비스사

　　호텔에서 각종 서비스를 제공하는 호텔종사원으로서의 외국어실력이 필
　　요하고, 서비스에 대하여 이해하며 고객에게 보다 충실한 서비스를 제공
　　하기 위해 도입된 자격제도입니다. 호텔에서 고객에게 각종 서비스를 제
　　공하기 위하여 영접, 객실안내, 짐 운반, 객실예약, 우편물의 접수와 배
　　달, 객실열쇠관리, 객실정리, 세탁보급, 음식제공 등 각종서비스를 제공
　　하는 업무를 맡습니다.

02 관광종사원의 자격시험 개요

※ 자격시험에 대한 정보는 시행처 사정에 따라 변경될 수 있으므로 수험생 분들은 반드시
응시하려는 자격증의 해당 회차 시험공고를 확인해야 합니다.

■ 시행처

　① 주관 : 문화체육관광부
　② 시행 : 한국산업인력공단

■ 응시자격

① 관광통역안내사 · 국내여행안내사 · 호텔서비스사 : 제한 없음

② 호텔경영사

- 호텔관리사 자격을 취득한 후 관광호텔에서 3년 이상 종사한 경력이 있는 자
- 4성급 이상 호텔의 임원으로 3년 이상 종사한 경력이 있는 자

③ 호텔관리사

- 호텔서비스사 또는 조리사 자격을 취득한 후 관광숙박업소에서 3년 이상 종사한 경력이 있는 자
- 「고등교육법」에 따른 전문대학의 관광분야 학과를 졸업한 자(졸업예정자) 또는 관광분야의 과목을 이수하여 다른 법령에서 이와 동등한 학력이 있다고 인정되는 자
- 「고등교육법」에 따른 대학을 졸업한 자(졸업예정자 포함) 또는 다른 법령에서 이와 동등 이상의 학력이 있다고 인정되는 자
- 「초 · 중등교육법」에 따른 고등기술학교의 관광분야를 전공하는 과의 2년 과정 이상을 이수하고 졸업한 자(졸업예정자 포함)

■ 잠깐! 시험 응시에 앞서 필요한 공인어학성적

관광통역안내사와 호텔경영사, 호텔관리사, 호텔서비스사의 필기시험 및 면접시험 응시자에게는 외국어시험이 있으며 이 시험은 공인어학성적으로 대체됩니다. 따라서 다음의 기준점수 이상의 유효한 성적을 취득해야 합니다. 국내취득 공인어학시험성적은 원서접수시 해당 공인어학시험성적 종류를 선택하고 응시일자 및 취득점수 등의 항목을 정확하게 입력해야 하며, 국외취득 공인어학시험성적은 원서접수기간 내에 영사 확인(또는 아포스티유 확인) 후 한국어로 번역 · 공증된 성적표 원본을 공단 지부 · 지사에 제출해야 합니다.

시험명	자격구분	관광통역안내사	호텔경영사	호텔관리사	호텔서비스사
영 어	TOEIC	760	800	700	490
	TEPS (구/신)	372(신)	728/404	670/367	381/201
	TOEFL (PBT/IBT)	584/81	619/88	557/76	396/51
	G-TELP (Level 2)	74	79	66	39
	FLEX	776	728	670	381
	IELTS	5	5	5	4
일본어	JPT	740	784	692	510
	日檢 (NIKKEN)	750	795	701	500
	FLEX	776	–	–	–
	JLPT	N1	–	–	–
중국어	HSK	5급	5급	5급	4급
	FLEX	776	–	–	–
	BCT	하단 해설 참조*	–	–	–
	CPT	750	–	–	–
	TOCFL	5급	–	–	–
불 어	FLEX	776	–	–	–
	DELF/DALF	DELF B2	–	–	–
독일어	FLEX	776	–	–	–
	Goethe Zertifikat	B1(ZD)	–	–	–
스페인어	FLEX	776	–	–	–
	DELE	B2	–	–	–
러시아어	FLEX	776	–	–	–
	TORFL	1단계	–	–	–
이탈리아어	CILS	B2	–	–	–
	CELI	CELI 3	–	–	–
태국어/베트남어 /말레이·인도네 시아어/아랍어	FLEX	600	–	–	–

* BCT(B) 듣기/읽기 601점 이상(1,000점 만점) | BCT(B) 듣기/읽기/쓰기 181점 이상(300점 만점)

※ 위의 공인어학성적 기준은 2021년 자격시험 시행계획 공고를 기준으로 한 내용으로, 자세한 사항은 응시하시려는 자격증의 해당 회차 시험공고를 꼭 확인하시기 바랍니다.

■ 필기 · 면접시험 과목

필기시험은 객관식 4지 택일형이며, 면접시험은 구술면접으로 이루어집니다.

자격명	필기시험			면접시험
	과 목	배점비율	문항수	평가사항
관광통역안내사	① 국 사 ② 관광자원해설 ③ 관광법규 ④ 관광학개론	40% 20% 20% 20%	25 25 25 25	관광진흥법 시행규칙 제45조 제1항 • 국가관 ·
국내여행안내사	① 국 사 ② 관광자원해설 ③ 관광법규 ④ 관광학개론	30% 20% 20% 30%	15 10 10 15	사명감 등 정신자세 • 전문지식과 응용능력 • 예의 · 품행
호텔서비스사	① 관광법규 ② 호텔실무(현관 · 객실 및 식당 중심)	30% 70%	15 35	및 성실성 • 의사발표의 정확성 및 논리성
호텔관리사	① 관광법규 ② 관광학개론 ③ 호텔관리론	30% 30% 40%	25 25 25	• 제1면접 (외국어면접)
호텔경영사	① 관광법규 ② 호텔회계론 ③ 호텔인사 및 조직관리론 ④ 호텔마케팅론	10% 30% 30% 30%	25 25 25 25	• 제2면접 (호텔실무상 식면접)

※ 법령 등을 적용하여 답을 구하여야 하는 문제는 시험 시행일 현재 시행되는 법령을 기준으로 합니다.

■ 시험시간

자격명	필기시험					면접시험
	과 목	입실시간	시험시간			
			일반응시	과목면제		
관광통역안내사	① 국 사 ② 관광자원해설	09:00	09:30~10:20 (50분)			1인당 10분 내외
	③ 관광법규 ④ 관광학개론	10:40	10:50~11:40 (50분)	응시하지 않음		
국내여행안내사	① 국 사 ② 관광자원해설 ③ 관광법규 ④ 관광학개론	09:00	09:30~11:10(100분)			1인당 5~10분 내외

호텔경영사	① 관광법규 ② 호텔회계론 ③ 호텔인사 및 조직관리론 ④ 호텔마케팅론	09:00	09:30~11:10(100분)	1인당 15분 내외
호텔관리사	① 관광법규 ② 관광학개론 ③ 호텔관리론		09:30~10:45(75분)	
호텔서비스사	① 관광법규 ② 호텔실무(현관 · 객실 및 식당 중심)		09:30~11:10(100분)	1인당 5~10분 내외

 03 기타 시행 정보

■ **접수방법**

① 인터넷(www.q-net.or.kr) 각 자격별 홈페이지에서 접수

② 인터넷 회원가입 후 최근 6개월 내에 촬영한 본인의 상반신 사진을 그림파일(jpg)로 첨부하여 원서 접수

③ 인터넷 활용이 어려운 경우 전국 한국산업인력공단 지부 · 지사에서 인터넷 원서접수를 도와주는 서비스 제공

■ **시험장소**

자격명	필기시험	면접시험
관광통역안내사	서울, 부산, 대구, 인천, 대전, 제주	
국내여행안내사	서 울	서울, 경기, 인천, 부산, 대구, 광주, 대전, 제주
호텔서비스사		
호텔경영사		
호텔관리사		

■ **합격자 결정기준**

① 필기시험 : 매 과목 40% 이상, 전 과목의 점수가 배점비율로 환산하여 60% 이상

② 면접시험 : 면접시험 총점의 60% 이상

■ **합격자 발표**

① Q-Net(www.q-net.or.kr) 각 자격별 홈페이지(60일간, 무료)

② ARS 1666-0100(4일간, 유료)

■ **자격증 발급기관**

① 관광통역안내사, 호텔경영사, 호텔관리사 : 한국관광공사

② 호텔서비스사, 국내여행안내사 : 한국관광협회중앙회

02
PART

궁금했던 질문만 콕! 콕!
관광종사원 FAQ

관광종사원의 시험에 대한 개요는 파악했지만, 아직도 시험에 대해 궁금하신 점이 많으실 텐데요. 그런 여러분을 위해 수험생 분들이 공부를 시작하기 전에 가장 많이 하시는 질문들을 모아보았습니다.

 01 **관광종사원이라는 직업이 궁금해요!**

■ 관광종사원의 전망은 어떤가요?

관광산업은 인류의 교통수단의 발달과 여가시간 및 소득 증대에 따라 전 세계에서 공통적으로 해당되는 전망이 밝은 산업입니다. 특히 우리나라는 지난 2019년을 기준으로 외래관광객 방문자 수가 1,750만 명을 돌파하면서 관광산업에 대해 양적 · 질적으로 큰 성장을 일구어 냈습니다. 따라서 정부기관에서도 이런 관광산업을 더욱 발전시키고 외국인 관광객의 유치 확대를 위해 꾸준히 경제 · 사회적인 지원을 아끼지 않는 것이 현실입니다.

관광종사원은 이런 관광산업 중에서도 가장 중요한 다리 역할을 하고 있는 인력입니다. 때문에 각종 여행사나 호텔, 항공사, 해외여행업, 프리랜서, 무역회사, 통역사 등의 분야에서 다양하고 폭넓게 활동할 수 있으며, 정부의 관광객 유치 목적에 따른 제도 개선과 홍보 효과로 인해 그 수요도 꾸준히 늘어날 것으로 보입니다.

■ 관광종사원 시험은 주로 어떤 사람들이 준비하나요?

관광종사원 중에서도 특히 관광통역안내사와 국내여행안내사의 인기가 높은데요. 성별이나 학력, 나이에 제한을 두지 않기 때문에 수험 준비를 하는 응시생의 연령층과 특성 또한 다양한 편입니다. 일정관리가 비교적 자유로우며 언제든지 활동할 수 있기 때문에 관광 전공자들은 물론이고 젊은 청년들뿐만 아니라 재취업을 원하는 중장년층, 또 해외의 교포들도 많은 관심을 갖는 시험입니다. 특히 중국어 관광통역안내사는 최근 우리나라의 중국 관광객 수가 폭발적으로 증가하면서 그 수요가 높아져 응시생들도 점점 늘어나는 추세입니다.

■ 관광통역안내사 자격증을 취득한 사람은 얼마나 되나요?

한국산업인력공단에 따르면 2020년 관광통역안내사 합격자는 총 1,327명입니다. 그중 영어 617명, 일어 204명, 중국어 343명, 불어 14명, 독어 0명, 스페인어 7명, 러시아어 16명, 마인어 46명, 베트남어 61명, 태국어 13명, 아랍어 4명, 이태리어 2명입니다.

또한 정기시험과 특별시험으로 나눠져 치러지던 시험이 2017년도부터 정기시험만 치러지고 있습니다. 특별시험은 관광통역안내사 인원이 부족한 언어를 고려하여 중국어, 태국어, 베트남어, 마인어의 4개 언어만 시행 횟수를 1회 증회하던 것이었습니다. 그러나 연 1회 정기시험이 실시되면서 별도의 구분 없이 시행되고 있습니다.

■ 관광통역안내사 자격증 없이도 가이드를 할 수 있지 않나요?

우리나라의 외래관광객 수가 급격하게 증가하면서 최근 자격증 없이 외국인 관광객을 안내하는 가이드가 늘어나고 있는데요. 이 중 일부 가이드가 한국의 역사를 왜곡하거나 잘못 소개하고 물품 강매, 패싸움 등의 문제를 일으켜 국가 이미지를 실추시킨다는 판단에 따라 2016년 8월 관광진흥법에 무자격 관광가이드에 대한 처벌 조항이 신설되었습니다.

이에 따라 관광통역안내의 자격이 없는 사람이 외국인 관광객을 대상으로 관광안내를 하는 경우 1차 위반시 150만원, 2차 위반시 300만원, 3차 위반시 500만원의 과태료를 부과하게 되었습니다. 또한 관광통역안내의 자격이 없는 사람을 외국인 관광객을 대상으로 하는 관광안내에 종사하게 한 여행업자에 대하여 종전에는 4차 위반시 관광사업의 등록을 취소하도록 하던 것을, 앞으로는 3차 위반시 그 등록을 취소하도록 하는 등 현행 제도의 운영상 나타난 일부 미비점을 개선·보완하게 되었습니다.

최근 이러한 문제가 두각을 나타내면서 정부 차원에서도 규제와 관리의 개혁·개선 제도가 마련될 것으로 보입니다. 또한 2014년부터는 '관광경찰'이 배치되어 무자격 가이드를 적발하고 단속하고 있는 중이기도 합니다.

02 관광종사원의 자격시험이 궁금해요!

■ 합격자는 얼마나 되나요?

⊞ 관광통역안내사 시행 현황(최근 5년)

연 도	구 분	필 기			면 접		
		응시(명)	합격(명)	합격률(%)	응시(명)	합격(명)	합격률(%)
2021	정 기	1,574	997	63.3	–	–	–
2020	정 기	2,358	1,676	71.1	1,992	1,327	66.6
2019	정 기	3,206	1,890	58.9	2,178	1,428	65.5
2018	정 기	3,356	1,503	44.7	2,041	1,251	61.2
2017	정 기	4,276	2,144	50.1	2,861	1,610	56.2

※ 2021년 실기시험이 치러지지 않은 관계로, 2021년 필기시험 합격자 현황까지만 수록합니다. 추후 큐넷 홈페이지에서 합격자 현황을 확인하실 수 있습니다.

⊞ 관광종사원 시행 현황(최근 4년)

구 분	연 도	필 기			면 접		
		응시(명)	합격(명)	합격률(%)	응시(명)	합격(명)	합격률(%)
국내여행 안내사	2020	596	465	78.0	907	777	85.7
	2019	679	269	39.6	1,182	874	73.9
	2018	601	421	70.0	1,178	981	83.2
	2017	586	355	60.6	1,130	914	80.9
호텔 경영사	2020	0	0	0	3	3	100
	2019	3	1	33.3	3	0	0
	2018	3	2	66.7	2	1	50
	2017	0	0	0	0	0	0
호텔 관리사	2020	27	16	59.3	30	22	73.3
	2019	17	13	76.5	24	14	58.3
	2018	16	13	81.2	20	15	75
	2017	14	12	87.5	23	8	34.8
호텔 서비스사	2020	60	47	78.3	179	159	88.8
	2019	71	53	74.6	201	171	85.0
	2018	60	52	86.6	192	156	81.2
	2017	45	34	75.5	162	118	72.8

■ 필기시험 준비물은 무엇인가요?

필기시험 준비물로는 신분증, 수험표, 검은색 사인펜을 반드시 지참하여야 합니다. 시험 당일 인정 신분증을 지참하지 않은 경우 당해 시험 정지(퇴실) 및 무효 처리됩니다. 이 외에도 시험 전 최종 점검을 위한 학습자료, 시험시간 관리를 위한 개인용 손목시계 등이 있습니다.

■ 필기시험을 면제받고 싶은데 어떤 방법이 있나요?

① 관광통역안내사

전년도 필기시험 합격자와 관광통역안내사 자격증 소지자(타 언어로 취득하고자 하는 경우)는 필기시험을 면제받을 수 있습니다. 또한 「고등교육법」에 따른 전문대학 이상의 학교에서 관광분야를 전공하고 졸업한 자(졸업예정자 및 관광분야 과목을 이수하여 다른 법령에서 이와 동등한 학력을 취득한 자 포함), 한국관광통역안내사협회에서 실시하는 60시간 이상의 실무교육과정을 이수한 자는 필기시험 중 '관광학개론'과 '관광법규' 2과목이 면제됩니다.

② 국내여행안내사

「고등교육법」에 따른 전문대학 이상의 학교에서 관광분야를 전공(관광분야 과목을 이수하여 다른 법령에서 이와 동등한 학력을 취득한 자 포함)하고 졸업한 자(졸업예정자 포함), 여행안내와 관련된 업무에 2년 이상 종사한 경력이 있는 자, 「초·중등교육법」에 따른 고등학교나 고등기술학교를 졸업한 자 또는 다른 법령에서 이와 동등한 학력이 있다고 인정되는 교육기관에서 관광분야의 학과를 이수하여 졸업한 자(졸업예정자 포함)는 필기시험이 면제됩니다.

③ 호텔경영사

호텔관리사 자격을 취득한 자로서 그 자격을 취득한 후 4성급 이상의 관광호텔에서 부장급 이상으로 3년 이상 종사한 경력이 있는 자, 호텔관리사 자격을 취득한 자로서 그 자격을 취득한 후 3성급 관광호텔의 총괄 관리 및 경영업무에 3년 이상 종사한 경력이 있는 자는 필기시험이 면제됩니다.

④ 호텔관리사

「고등교육법」에 따른 대학 이상의 학교 또는 다른 법령에서 이와 동등 이상의 학력이 인정되는 교육기관에서 호텔경영분야를 전공하고 졸업한 자(졸업예정자 포함)는 필기시험이 면제됩니다.

⑤ 호텔서비스사

「초·중등교육법」에 따른 고등학교 또는 고등기술학교 이상의 학교를 졸업한 자 또는 다른 법령에서 이와 동등한 학력이 있다고 인정되는 교육기관에서 관광분야의 학과를 이수하고 졸업한 자(졸업예정자 포함), 관광숙박업소의 접객업무에 2년 이상 종사한 경력이 있는 자는 필기시험이 면제됩니다.

■ 수험자가 특별하게 유의해야 할 사항이 있나요?

① 수험자는 시험일 전까지 시험장 위치와 교통편을 확인하여야 하며 시험실 출입은 할 수 없습니다. 시험 당일 입실시간까지 신분증과 수험표, 검정색 사인펜을 소지하고 해당 시험실의 지정된 좌석에 착석하여야 합니다.

※ 신분증의 인정 범위는 국내여행안내사·호텔경영사·호텔관리사·호텔서비스사의 경우 주민등록증과 유효기간 내 여권, 운전면허증, 공무원증, 중·고등학생증, 청소년증 등입니다. 관광통역안내사는 주민등록증, 유효기간 내 여권, 외국인등록증, 운전면허증, 공무원증, 외국국적동포 국내거소신고증, 신분확인증명서, 주민등록발급신청확인서, 국가자격증, 복지카드(장애인등록증), 국가유공자증 등이 허용됩니다.

② 필기시험의 답안카드는 반드시 검정색 사인펜으로 작성해야 하며, 기타 필기구를 사용하여 발생되는 불이익은 수험자의 책임이 됩니다.

③ 시험시간 중에는 중도퇴실이나 화장실 출입이 불가하므로 과다한 수분섭취를 자제하고 건강관리에 유의해야 합니다.

④ 시험이 시작되면 휴대폰 등 통신장비와 전산기기는 일절 휴대할 수 없습니다.

⑤ 관광통역안내사의 면접시험에는 소속회사 근무복, 군복, 교복 등 제복(유니폼)을 착용하고 시험장에 입실할 수 없습니다(특정인임을 알 수 있는 모든 의복 포함).

■ 2차 면접시험에는 어떤 질문이 나오나요?

관광종사원의 면접시험은 기본적으로 관광진흥법 시행규칙 제45조 제1항에 의한 평가사항(국가관·사명감 등 정신자세, 전문지식과 응용능력, 예의·품행 및 성실성, 의사발표의 정확성 및 논리성)에 의해 이루어집니다. 그러나 이외에도 관광과 호텔에 관련된 상식이나 주요 사건 등 최근에는 광범위한 범위의 질문이 자주 출제되니 이 점에 주의하여 공부하셔야 합니다. 또한 관광통역안내사의 경우 2차 면접시험은 그동안 수험자가 지원한 해당 외국어로만 진행되었으나, 2015년부터는 한국어 구술 면접이 병행 실시되고 있습니다.

03 관광종사원의 시험공부 방법이 궁금해요!

■ 시험의 난이도는 어떤가요? 독학해도 괜찮을까요?

관광종사원의 필기시험은 독학으로도 충분히 합격이 가능한 시험입니다. 시험 범위가 넓다고 생각하실 수도 있지만 교재를 통해 이론과 기존 기출 유형을 파악하면서 공부하다보면 필기시험은 어렵지 않게 합격할 수 있습니다. 실제로 독학만으로 합격하는 수험생들이 상당히 많습니다. 하지만 관광통역안내사의 경우, 교재의 내용들을 비교적 무리 없이 습득할 수 있는 정도의 한국어 실력을 가진 경우가 아니라면 수험생에 따라 독학으로 합격하기에는 버거운 부분이 있을 수 있습니다.

면접시험도 마찬가지입니다. 관광통역안내사는 해당 외국어로도 질문에 대한 답변을 정리하여 이야기해야 하므로 외국어 실력에 따라 시험 준비 방법도 천차만별이 될 수밖에 없습니다. 때문에 많은 수험생들이 학원에 의존하는 경향을 보이기도 하는데요. 학원에 다닌다고 해서 합격할 확률이 높아질 것이라고 단정해서는 안 됩니다. 독학을 하든 학원을 다니든 수험생 스스로 학습한 내용에 대해 얼마나 이해하고 있는지가 가장 중요하기 때문입니다.

만약 학원에 다닐 상황이 되지 않는데 독학하는 것이 힘들다면 동영상 강의를 듣거나 스터디 모임에 참석하는 것도 좋은 방법입니다. 꼼꼼하게 비교해보고 가격대비 효율성을 생각하여 나의 수험환경과 가장 적합한 방법을 찾는 것이 좋겠지요?

■ 어떤 교재를 골라야 하나요? 종합본과 기본서 중에 어떤 것을 사야 좋을까요?

현재까지 출간되어 있는 관광종사원의 교재는 다른 자격수험서에 비해서 그리 다양한 편은 아닌데요. 수험생의 학습방법과 진도에 따라 차이가 있겠지만 책을 고르는 가장 좋은 방법은 수험자 본인의 학습 스타일과 계획을 고려하여 도서를 선택하는 것입니다.

수험서는 시험 합격을 위해 내가 오래도록 살펴보고 공부해야 할 '책'입니다. 단순히 목차나 디자인을 보고 선택하는 것이 아니라, 직접 서점에 가서 간략하게나마 도서의 전반적인 부분을 훑어보고 나에게 맞는 책을 선택한다면 그 누구의 추천을 받는 것보다 후회 없는 선택이 될 것입니다. 좀 더 쉬운 이해를 위해 자사 도서를 기준으로 하여 예를 들어볼까요?

🔲 보다 더 꼼꼼하게! 과목별 기본서

※각 도서의 표지 및 구성은 변동될 수 있습니다.

개별로 된 과목별 이론서는 상세하게 학습할 수 있고 많은 문제를 풀어볼 수 있지만 공부할 분량이 많다는 단점이 있습니다. 수험준비 기간에 비교적 여유가 있거나 관광종사원의 시험과목에 대한 기초지식부터 필요한 분들, 면제과목이 있기 때문에 일부 과목의 도서만 구매하여도 상관없는 분들에게 추천합니다. 일반적으로 수험생들이 가장 많이 선택하는 교재입니다.

📛 빠른 시간 안에 한 번에! 종합본

관광통역안내사 단기완성(좌)은 관광국사와 관광자원해설, 관광법규, 관광학개론 4과목의 이론과 문제를 압축해 놓은 교재입니다. 종합본의 경우는 단기간에 모든 과목을 빠르게 학습할 수 있다는 장점이 있지만, 개별 기본서에 비해서 이론과 문제의 학습이 다소 부족하다고 느껴지는 단점이 있습니다. 또 면제되는 과목이 있을 경우에는 굳이 구입할 필요가 없겠지요? 따라서 필기시험일이 얼마 남지 않은 상황에서 촉박하게 공부를 해야 하는 수험생에게 적합합니다. Win-Q 관광통역안내사 단기완성(우)은 한 권의 도서를 통해 관광통역안내사를 완벽 대비할 수 있도록 이론과 기출문제를 하나로 모아 손쉽게 실전감각을 익히도록 도왔습니다.

📛 문제를 풀어야 합격이 풀린다! 문제집

관광자원해설 문제집(좌)과 관광국사 문제집(가운데), 4과목이 모두 수록되어있는 종합문제집(우)입니다. 기본서를 모두 공부하고 나서도 뭔가 아쉽고 부족하다고 느끼시는 경우가 있는데요. 이는 문제풀이가 부족하기 때문입니다. 관광자원해설은 필기시험 과목 중에서도 특히 그 범위가 광범위하기 때문에 문제를 많이 풀어볼수록 좋습니다. 관광자원에 대해 일일이 암기하는 것이 힘든 분들에게 추천합니다. 문제를 많이 풀다보면 자주 나오는 중요한 자원들이 저절로 암기될 수 있기 때문입니다. 관광국사 역시 흐름과 개념을 정리한다는 생각으로 문제집을 풀어본다면 시험 직전 마무리 정리를 하는 데 큰 도움이 될 수 있습니다.

종합문제집은 관광통역안내사/국내여행안내사 중 필기시험 면제과목이 전혀 없는 분들에게 추천합니다. 이론을 모두 공부하고 마무리를 한다는 느낌으로 풀어보는 것이 좋습니다.

▦ 마무리로 필수! 기출문제집

※각 도서의 표지 및 구성은 변동될 수 있습니다.

관광종사원의 필기시험은 기출문제에서 반복 출제되는 주제들을 집중 공략하면 합격률을 높일 수 있습니다. 관광통역안내사 1차 필기 기출문제집은 2013년부터 2020년까지의 8개년 기출문제를 풀어보면서 시험경향을 빠르게 파악할 수 있습니다.

▦ 한 권으로 필기부터 면접까지! 필기+면접 기출문제집

※각 도서의 표지 및 구성은 변동될 수 있습니다.

국내여행안내사의 최근 6개년 필기와 면접 기출문제가 수록된 기출문제집입니다. 더불어 면접에 출제 가능성이 높은 문제를 주제별로 엄선한 2차 면접 출제예상문제를 수록했습니다. 한 권으로 국내여행안내사 1차 필기부터 2차 면접시험까지 대비가 가능한 교재로, 단기간에 시험 대비를 해야 하거나 기출문제 풀이로 시험 전 마무리 학습을 원하는 수험생에게 적합합니다.

■ 면접까지 미리미리 준비! 면접 교재

2차 면접 대비 도서는 면접시험에 대한 소개와 공부방법, 면접 기출문제와 모범답안 등이 소개되어 있습니다. 2차 면접 핵심기출 100제 도서(좌)는 2014년부터 2020년까지 자주 출제되었던 면접문항과 함께 한국어, 영어, 중국어, 일본어별로 모범답안을 수록하여 막막한 면접시험을 좀 더 효율적으로 준비할 수 있습니다.

중국어 관광통역안내사 2차 면접 도서(우)는 100여 가지 질문의 중국어, 한국어 예시답안이 수록되어 있습니다. 50일 만에 끝내는 5단계 학습법을 통해 최단 시간, 최대 효과를 발휘할 수 있습니다.

■ 지금부터는 실전이다! 취업 및 실무 가이드 단행본

관광통역안내사 자격시험을 준비하는 수험생부터, 이제 막 갓 자격증을 취득한 초보 관광통역안내사들이 모두 볼 수 있는 가이드 단행본입니다. 일자리를 찾는 비결부터 관광통역안내사가 어떤 일을 하는지 자세한 실무과정과 노하우가 수록되어 있습니다. 현직자 인터뷰를 통해 관광통역안내사의 생생한 현장 이야기까지 느낄 수 있답니다.

■ 필기시험은 과목별로 어떻게 준비해야 할까요?

관광종사원의 시험 과목 중 가장 기본이 되는 관광국사와 관광자원해설, 관광법규, 관광학개론의 4과목을 기준으로 하여 살펴볼까요?

⊞ 중요도가 남다른 관광국사

관광국사는 관광통역안내사와 국내여행안내사의 시험에서 그 비중이 다른 과목에 비해 높은 편이므로 좀 더 시간을 할애하여 준비해야 하는 과목입니다. 수험생을 헷갈리게 하기 위한 까다로운 문제보다는 그 시대의 역사에 대한 사실을 명확하고 상세하게 알고 있는지를 확인하는 문제가 많습니다. 따라서 무작정 암기하기보다는 한국사 전반에 대한 흐름을 이해하는 것이 중요합니다. 알고 보면 시험에 주로 출제되는 부분은 어느 정도 정해져 있기 때문에 되도록 문제를 많이 풀어보는 것이 좋습니다. 시험 준비를 위한 시간이 부족한 경우에는 출제비율이 높은 부분을 중점으로 학습하여 점수를 얻는 전략도 있습니다.

이런 문제가 나와요!

다음 내용과 관련 있는 인물이 추진한 정책으로 옳지 않은 것은?

- 기묘명현
- 공론정치
- 사림의 성장

① 경연의 강화   ② 삼정의 개혁

③ 소학의 보급   ④ 방납폐단의 시정

Tip 보기의 내용은 조선시대 문신이었던 조광조에 관한 것으로, 정답은 '② 삼정의 개혁'입니다. 삼정의 개혁은 흥선대원군이 추진한 정책이지요. 이렇듯 사건에 관련된 내용과 그 개념에 대해서 명확하게 인지하고 있다면 충분히 풀 수 있는 문제입니다.

▦ 알고 보면 재미있는 관광자원해설

관광자원해설은 그 범위의 방대함 때문에 매우 어려운 과목 중 하나이기도 한데요. 유네스코 등재유산이나 국립공원, 지역별 축제, 지역별 특산물 등은 시험에 자주 나오는 단골손님입니다. 우리나라의 자연자원, 문화자원, 복합형자원 등 '어디선가 한번쯤은 들어본' 소재가 많이 출현하니 그만큼 쉽게 공부할 수 있고, 하나씩 알아가는 재미도 쏠쏠합니다. 암기도 중요하지만 비슷한 소재들에 대해 비교하면서 공부하는 것도 중요하겠지요? 또 문화재 등 관광자원 소식은 시시각각 변하므로 문화재청(www.cha.go.kr)과 뉴스포털 사이트에서 문화재 및 지역관광 관련 뉴스를 꾸준하게 접하는 것이 좋습니다.

이런 문제가 나와요!

유네스코에 등재된 세계기록유산이 아닌 것은?

① 해인사 장경판전　　　　　② 승정원일기
③ 일성록　　　　　　　　　④ 동의보감

Tip 해인사 장경판전은 세계기록유산이 아니라 세계문화유산입니다. 나머지 보기는 모두 서적에 해당하는데, 해인사 장경판전은 건물이니 당연히 틀린 답이 되겠지요?

▦ 어려워보여도 가장 쉬운 관광법규

국사나 자원해설처럼 이야기가 있는 내용도 아니고, 딱딱한 법령을 어떻게 다 외울까 걱정하시는 분들이 많습니다. 하지만 기출키워드를 살펴보면 주로 나왔던 개념이 재출제되는 경우가 대부분입니다. 시험이 객관식 4지 선다형이라는 것을 생각한다면 어디에서 문제가 나올지 예상되는 과목이기도 합니다. '내가 시험출제위원이라면…' 이라고 생각하면 조금 더 쉬워집니다. 개념의 정의와 목적, 어떤 대상이나 기간, 금액, 범위 등에 유의하면서 공부해 보세요. 법령을 적용하여 답을 구해야 하는 문제는 시험 시행일에 시행되는 법령을 기준으로 하기 때문에 이 점에도 유의해야 합니다. 따라서 법제처 국가법령정보센터 홈페이지(www.law.go.kr)에서 최신 개정된 법령을 확인하는 것이 중요합니다.

이런 문제가 나와요!

관광진흥개발기금법령상 관광진흥개발기금의 관리에 관한 설명으로 옳지 않은 것은?

① 기금의 관리자는 문화체육관광부장관이다.
② 민간 전문가는 계약직으로 하며, 계약기간은 2년을 원칙으로 한다.
③ 민간 전문가 고용시 필요한 경비는 기금에서 사용할 수 있다.
④ 기금의 집행 · 평가 · 결산 및 여유자금 관리 등을 효율적으로 수행하기 위하여 15명 이상의 민간 전문가를 고용한다.

Tip 정답은 ④번입니다. 어디가 틀린 걸까요? 바로 '15명 이상'이라는 단어가 '10명 이내'로 바뀌어야 옳습니다. '종료'→'시작', '5년'→'3년'처럼 단어만 바꿔 출제되기도 하기 때문에 법령에서 어떤 기간이나 금액, 범위 등을 꼼꼼히 살펴보아야 할 필요가 있습니다.

관광학개론은 말 그대로 관광의 학문적인 개념과 이론을 체계화시키는 것을 목적으로 한 과목입니다. 이론을 정립하려면 무엇이 필요할까요? 바로 현상에 대한 이해와 분석능력입니다. 최근 관광학개론 시험에서 그 비중이 눈에 띄게 늘어나고 있는 것이 바로 관광 동향에 대한 문제입니다. 정부가 새롭게 실시하고 있는 관광관련 정책이나 각종 관광통계, 관광현황 또는 성향 등 관광산업과 관련된 다양한 분야의 동향 문제가 출제되고 있습니다. 이론을 정리하고 외우는 것도 중요하지만 2~4문제씩 출제되는 관광 동향 문제에 대비하기 위해서는 수시로 문화체육관광부(www.mcst.go.kr)나 한국관광공사 홈페이지(www.visitkorea.or.kr)에서 공식자료와 보도자료 등을 참고하는 것이 많은 도움이 됩니다. 용어에 대한 문제도 수시로 출제되므로 관광학이나 호텔업에 관한 비슷한 개념의 용어들을 명확하게 정리해 두는 것이 좋습니다.

이런 문제가 나와요!

국제슬로시티연맹에 가입된 한국의 슬로시티가 아닌 곳은?

① 담양군 창평면
② 완도군 청산도
③ 제주도 성산일출봉
④ 전주시 한옥마을

Tip 정답은 ③입니다. 국제슬로시티연맹에 가입된 한국의 슬로시티는 ①·②·④ 이 외에도 신안군 증도, 하동군 악양면 등이 있습니다. 이처럼 관광학개론 학습을 위해서는 관광 이론의 숙지도 중요하지만, 관광 뉴스와 관련 현황 자료도 꾸준히 살펴보면서 최근 관광 이슈를 파악해야 할 것입니다.

■ 면접시험은 어떻게 준비해야 하나요?

면접에서는 관광과 관련된 기본상식과 다양한 지식, 기본적인 소양과 개인의 가치관을 시험합니다. 하지만 이에 앞서 관광통역안내사의 경우는 외국어 공부가 바탕이 되어 있어야 합니다. 해당 외국어로 말하려는 내용을 표현할 수 없다면 아무리 많은 지식을 알고 있다고 해도 면접관이 그 사실을 알리가 만무하기 때문이지요. 기존 기출문제와 예상문제에 대해 해당 외국어로 답변을 준비해가며 공부해야 합니다. 자신이 준비하는 외국어에 해당하는 나라와 우리나라를 비교하는 질문을 하는 경우도 많습니다.

면접에서 나오는 문제들은 출제위원에 따라서 매우 상이한데요. 우리나라의 문화, 국보와 보물, 유네스코 유산, 천연기념물, 국립공원과 지역 축제 등은 꼭 출제가 되지 않더라도 매우 기본적인 상식이므로 기본 바탕으로 정리해 두고 있는 것이 좋습니다. 또 최근 일어나고 있는 관광 현상에 대해 그 문제점이나 해결방안 등 자신만의 생각을 정리해 두어야 합니다. 추천하고 싶은 나만의 관광코스, 관광상품 개발 아이디어, 관광객 안내 중 돌발 상황에 대한 대처법이나 역사에 대한 문제가 출제되는 경우도 잦으니 미리 준비해 두세요.

이런 문제가 나와요!

- 관광객이 여권을 분실했다면 어떻게 대처할 것인가?
- 한국 관광산업의 장단점과 그 해결방안은 무엇인가?
- 외국인에게 가장 추천해주고 싶은 관광지와 음식은 무엇인가?
- Stop Over란?

안심Touch

■ 책만 통째로 외우면 합격할 수 있을까요?

따로 학원을 다니지 않고 혼자 공부하는 수험생들은 책만 달달 외우면 합격할 수 있느냐는 질문을 많이 하십니다. 다른 국가자격시험에 비해 알려진 것이 많지 않고 팁이 부족한 관광종사원의 시험 특성상 수험생들은 조급하고 불안한 경우가 많습니다. 혼자 모든 것을 준비해야 하는 수험생의 입장에서는 지푸라기라도 잡고 싶은 마음이 당연합니다.

시중에서 판매하고 있는 대부분의 관광종사원 전용 수험교재들은 각 과목의 기본적인 이론 내용이 모두 반영되어 있습니다. 하지만 기본적인 내용이 비슷하더라도 도서에 따라서 세부적인 부분은 상이합니다. 뿐만 아닙니다. 매해 출제위원이 달라지고, 또 그 출제위원이 생각하는 해당 과목의 범위 역시다를 수 있습니다. 때문에 이전에 교재에서는 한 번도 보지 못했던 문제가 출제되는 경우도 있지요. 시험에 이런 문제가 나올 경우 대부분의 수험생들은당황해합니다.

관광종사원의 시험은 '국가자격시험' 입니다. 모든 문제를 수험서 한 권에서완벽하게 대비할 수 있다면 국가기관에서 인증하는 자격시험의 변별력은 사라집니다. '너무' 완벽하게 공부하려고 하지 마세요. 공부는 과정이 즐거울때 그 효과를 발휘합니다. 책 한 권을 모두 외우겠다는 생각보다는 그저 재미있게 읽어보고, 알아보자는 마음으로 반복해 보는 건 어떨까요? 또 교재를바탕으로 기본적인 이론 공부를 탄탄하게 해두되, 교재 외에도 평소 기본적인 지식과 최신 상식을 갖추고 있다면 더할 나위 없이 든든하겠지요?

04 자격증을 취득한 이후의 진로가 궁금해요!

■ 관광종사원 자격증만 있으면 취업할 수 있나요?

관광통역안내사의 경우, 관광진흥법에 의거하여 외국인 관광객을 대상으로 하는 여행업자는 반드시 관광통역안내사 자격증을 가진 사람을 관광 안내에 종사하게 하도록 하는 근거가 마련되어 있습니다. 국내여행안내사와 호텔경영사·관리사·서비스사의 경우에는 자격 취득이 필수는 아니지만 권고사항으로 명시되어 있지요.

어느 자격증이나 마찬가지이지만 관광종사원도 자격증이 있다고 해서 100% 취업을 보장할 수는 없습니다. 그러나 관광통역안내사의 경우는 자격증을 소지하고 있어야만 합법적으로 일을 할 수 있고, 나머지의 경우도 취업시 훨씬 유리한 조건으로 작용합니다. 또 한 가지 중요한 것은 실무 경험입니다. 다양한 현장 실습을 통해 실무 경험을 쌓도록 노력하며, 문화체육관광부와 한국관광공사, 한국관광협회중앙회, 한국관광통역안내사협회 등에서 개최하는 국제관광박람회전, 관광통역안내사 취업박람회 등의 행사에 참여하는 것도 많은 도움이 됩니다.

■ 어디에 취업할 수 있나요?

관광통역안내사 자격증을 취득하면 관광호텔, 여행사, 해외 여행업, 리조트, 항공사, 크루즈, 관광객 이용시설업, 테마파크 등 관광관련업계에 취업할 수 있으며, 프리랜서 관광통역안내사로도 활동할 수 있습니다.
가장 많이 진출하게 되는 여행사에서는 주로 여행인솔자로 일하게 되며, 때로는 상품 기획이나 개발에 참여하는 일도 있습니다. 국내여행안내사 역시 여행사나 관광관련업체 등에 취업할 수 있고, 프리랜서 여행안내사로도 활동하게 됩니다.

호텔서비스사 · 경영사 · 관리사는 관광사업소의 호텔 등에 취업하여 각각 접객업무, 호텔업의 총괄관리와 경영, 호텔의 객실관리 및 경영업무 등을 담당할 수 있습니다.

■ 비슷한 계열의 다른 자격증이 있나요?

관광통역안내사와 국내여행안내사, 호텔경영사 · 호텔관리사 · 서비스사의 경우는 국가전문자격증으로 시행되고 있습니다. 이와 관련된 자격 제도로는 대표적으로 어떤 것들이 있는지 알아볼까요?

① 국외여행인솔자(T/C)

해외 현지에서 한국인의 가이드 역할을 할 수 있는 자격입니다. 국외여행인솔자의 자격요건(관광진흥법 시행규칙 제22조)은 다음과 같습니다.

- 관광통역안내사 자격을 취득할 것
- 여행업체에서 6개월 이상 근무하고 국외여행경험이 있는 자로서 문화체육관광부장관이 정하는 소양교육을 이수할 것
- 문화체육관광부장관이 지정하는 교육기관에서 국외여행인솔에 필요한 양성교육을 이수할 것

② 문화관광해설사

관광객의 이해와 감상, 체험 기회를 제고하기 위하여 역사 · 문화 · 예술 · 자연 등 관광자원 전반에 대한 전문적인 해설을 제공하는 자를 말합니다. 문화관광해설사는 문화체육관광부령으로 정하는 바에 따라 이론 및 실습을 평가받고, 3개월 이상의 실무수습을 마친 자에게 자격이 부여됩니다.

③ 국제의료관광코디네이터

　국가기술자격으로, 해외여행과 함께 의료서비스 선택의 자유화로 인해 의료관광이 떠오르면서 의료시장에서 외국인 환자를 유치하고 관리하기 위한 구체적인 서비스를 지원하는 직무입니다. 의료관광 마케팅, 의료관광 상담, 행정업무 등을 전반적으로 담당하게 됩니다.

④ 컨벤션기획사

　국제의료관광코디네이터와 마찬가지인 국가기술자격으로, 국제회의 유치와 기획, 준비, 진행 등의 제반업무를 조정 및 운영하면서 회의 목표를 설정·예산하는 직무를 맡습니다. 회의 유치에서 사후평가에 이르기까지 전반적이고 총괄적인 관리가 가능한 능력이 요구되는 자격제도입니다.

■ '프리미엄 가이드'는 일반 가이드와 뭐가 다른가요?

프리미엄 가이드란 풍부한 경험 및 관광분야 전문지식을 바탕으로 VIP 외래 관광객에게 맞춤형 서비스를 제공하는 전문 가이드를 말합니다. 문화체육관광부와 한국관광공사가 우리나라의 관광안내 서비스의 질을 제고하고 고부가가치 관광산업 시장을 확대하기 위하여 프리미엄 가이드를 모집·교육하는 양성 제도를 실시하고 있습니다.

프리미엄 가이드는 관광통역안내사 자격증 소지자 중 관광통역안내 경험이 풍부하고 관광안내 서비스 마인드가 뛰어난 자를 대상으로 신청을 받아 서류와 면접을 통해 선발한 후 교육을 실시하게 됩니다. 양성교육을 마친 수료생들은 가이드 이력이 공개되며, VIP 관광객 가이드로 각종 국제행사나 주한 외국기업 등에서도 활동할 수 있습니다.

안심Touch

2

관광통역안내사
필기+면접
용어상식사전

제 **2** 장

관광상식사전

01
PART
꼭 알아야 할!
관광일반상식

열심히 일한 당신, 떠나라! 인센티브투어

10년 필기　12, 14, 20년 면접

여행의 형태에 따른 여행상품의 종류 중 하나로 인센티브 투어(Incentive Tour)라는 것이 있습니다. 인센티브(Incentive)라는 단어만 들어도 어떤 여행 상품인지 느낌이 오실 텐데요. 인센티브 투어란 보상(포상)여행을 뜻하는 말로, 기업체나 단체 등에서 근무성과나 실적이 우수한 개인을 대상으로 포상하여 보상과 격려 차원에서 실시하는 관광입니다. 기업에서 업무성과를 향상시키려는 의도로 목표를 달성한 직원에게 여행 기회를 제공하는 것이죠. 기업의 생산성 제고와 직원의 사기앙양 등의 목적으로 우리나라의 여행업에서도 그 범위가 갈수록 확대되고 있습니다.

이런 인센티브 투어는 상품구입은 단체나 기업이 하고, 여행자는 여행상품의 소비자이기는 하지만 요금은 지불하지 않는 것이 특성입니다. 그렇다면 인센티브 투어의 장점은 무엇일까요? 인센티브 투어는 그 목적이 참가자를 보상하는 데 있기 때문에 일반 여행과는 다르게 파티나 특별행사와 같은 이벤트를 동반하거나 자유 활동을 중심으로 이루어지는데요. 실적이 우수한 직원들을 대상으로 하는 단체 여행이기 때문에 일반적인 여행에 비해서는 비용이 많이 들 수밖에 없습니다. 주최 측에서 품격 있는 시설과 장소, 프로그램을 요구하기 때문이죠.

따라서 당연히 일반관광보다 수익이 높은 고부가가치 사업이 될 수밖에 없겠지요? 단, 앞에서 말씀드렸듯이 기업이나 단체에서 그 비용을 부담하기 때문에 경제상황에 따라 민감하게 반응한다는 단점이 있습니다. 하지만 그 수요가 점차 늘어나고 있고 결과적으로는 큰 수익을 가져온다는 점에서 긍정적인 기대를 불러오는 관광산업 중 하나입니다.

관광PLUS⁺ 　한국으로 보상여행 가자!

최근에는 우리나라가 인센티브 관광지로 떠오르고 있습니다. 문화체육관광부와 한국관광공사가 인센티브 관광객 유치를 위한 홍보 방안을 내세우고 적극적으로 활동하면서 중국 등 인근 국가의 기업들이 한국을 인센티브 관광지로 선호하는 경향이 나타나고 있는 것입니다. 그 중에서도 특히 제주도가 대규모 인센티브 투어단의 관광지로 급부상하는 중입니다.

한국관광공사에서는 지사별로 인센티브 설명회를 개최하고 기업체를 대상으로 한 산업박람회를 활용하여 홍보를 실시하는 등 해외 조직망을 활용하는 마케팅에 열을 가하고 있습니다. 지난 2014년에는 8년 동안 공들인 끝에 1만 8천명의 중국인 인센티브 관광단체를 유치하여 큰 성과를 내기도 했습니다.

이런 인센티브 관광유치의 경제적 효과는 그 파급효과와 직접적인 소비지출까지 모두 합하면 실로 어마어마합니다. 따라서 제주도뿐만 아니라 새로운 인센티브 관광지를 개발하여 지방관광발전에도 힘쓴다면, '관광외교'와 함께 '지역경제 활성화'까지 두 마리의 토끼를 잡을 수 있는 성과를 달성할 수 있습니다. 하지만 단순히 투어단의 '유치'에서만 끝나서는 그 효과를 지속적으로 관리할 수 없습니다. 그에 맞는 전문 인력을 활성화하고 객실부족 등의 숙박서비스 문제를 해결하는 등 다양한 인력 및 시설 인프라 보완이 필요할 것입니다.

02 무자격 관광가이드를 타파하려면?
관광통역안내사 양성이 정답!

2009년 관광진흥법 개정에 따라, 외국인 관광객의 관광 안내서비스 제고를 위해 외국인 관광객을 대상으로 하는 여행업자가 관광통역안내의 자격을 가진 사람을 관광안내에 종사하게 하는 '관광통역안내사 의무 고용제'가 실시되었습니다. 그러나 관광객들의 수요가 늘어나면서 최근 무자격 가이드가 기승을 부리고 있습니다.

무자격 가이드는 중국 저가 여행상품 등에 기인하거나 잘못된 우리나라의 역사·문화 지식을 전달하고, 쇼핑에 치중한 안내를 하는 등 관광이미지를 저하한다는 점에서 그동안 심각한 골칫거리였는데요. 때문에 정부는 2016년 8월 관광진흥법 개정을 통해 무자격 가이드에 대한 처벌 조항을 신설하였으며, 무자격 가이드 단속 강화 등을 추진하였습니다.

현재 무자격 가이드의 대부분은 중국어권 가이드이며, 활동 중인 양질의 중국어 가이드가 많지 않고 특히 동남아권 가이드가 많이 부족한 상황이라고 합니다. 국내 관광통역안내사 자격증 취득자는 2016년 12월 기준 2만 8,929명이며 이 중 9천여 명만이 실제 활동 중인 것으로 추정됩니다. 한류에 대한 관심으로 2017년 한국을 방문한 동남아 관광객이 전체 방한관광객 1330만 명 중 27.1%인 360만 명으로 집계되었습니다. 그러나 2017년 동남아권 언어 관광통역안내사 합격자 수는 1,610명 중 8%인 133명에 불과합니다. 동남아 지역의 경우 한류가 확산되고 경제 교류도 활발해져 방한하는 관광객이 늘어나고 있는데도 관광통역안내사 수는 매우 부족한 실정입니다.

서울시는 규모가 커지고 있는 동남아 관광객의 관광안내 서비스 품질 향상과 관광시장의 다변화를 위해 동남아권 언어 관광통역안내사 양성 지원 계획을 발표했습니다. 또한 '관광통역안내사 역량강화 교육과정'도 운영하여 관광에 대한 지식과 소양을 갖춘 관광통역안내사 양성 등을 추진한다고 합니다. 제주특별자치도와 제주관광공사는 J-Academy를 운영하여 관광전문 교육을 실시하고 있습니다. J-Academy는 전문성과 경쟁력을 갖춘 관광 전문인력 양성을 통해 관광산업의 질적성장 기반을 구축하고자 마련되었습니다. 자격증 취득 대비반은 물론 소수언어 양성을 위한 언어교육, 관광안내사 기본 역량강화 등의 과정이 진행되어 관련 업계로부터 높은 호응을 얻고 있습니다.

참고 : 서울특별시, 제주관광공사 홈페이지

관광PLUS⁺ **건전한 관광시장 구축의 핵심! 무자격 관광가이드 근절!**

제주도에서는 '클린' 관광환경을 조성하기 위해 2018년 하반기부터 행정시에 전담 T/F팀을 설치하고 무자격 관광가이드 고용 등을 집중 단속했습니다. 이로써 2019년에는 95건의(무등록여행업 17건, 무자격통역안내 7건, 자격증미패용 4건, 유상운송행위 67건) 관광사범이 적발되었습니다.

무자격 가이드는 저가 관광, 관광정보 왜곡, 관광 만족도 저하 등 관광의 고질적인 병폐로 지적되고 있습니다. 특히 제주도에서는 관광통역안내사 자격증 없는 사람들이 여행사 자동차나 승용차를 이용해 무자격 가이드를 나서고 있어 문제가 되고 있습니다. 제주도는 관광질서를 바로 잡기 위해 유관기관과 공동으로 무자격 가이드와 무등록 여행업에 대한 합동 단속을 강화할 것이라 밝혔습니다.

그러나 한편으로 일시적이고 즉흥적인 단속이 아니라 지속적인 규제와 단속을 위한 전문인력 충원, 관련 예산 확대 등이 필요하다는 의견도 제시되고 있습니다. 일회성에 그치지 않는 실질적인 근절 방안을 마련하여 관광이미지를 저해하고 관광질서를 해치는 무자격 가이드를 반드시 척결시켜야 하겠습니다.

참고 : 제주특별자치도 홈페이지

03 관광객 울리고 국가 이미지에 먹칠하는 '저가 관광' 주의보

한 국가의 관광 산업에 있어서 국가 이미지란 그 나라의 얼굴이나 마찬가지입니다. 국가 이미지가 하락하면 관광 산업도 자연스럽게 타격을 입을 수밖에 없습니다. 오늘날 우리나라의 이미지에 먹칠을 하고 있는 뿌리 깊은 관행이 있는데요. 코로나19 이전 중국 인바운드 시장의 문제점으로 꼽힌 '저가 관광' 입니다.

한국자치경제연구원이 제주특별자치도 내 여행사, 가이드 등 관광사업체 77개를 대상으로 실시한 '제주관광 상품 유통구조 시장조사 연구'에 따르면 관광사업체의 92%가 중국인 저가 관광이 제주관광의 질적 성장을 저해하고 있다는 데 동의하였습니다. 또한 관광사업체의 97%가 제주를 찾는 중국인 관광의 체질 개선이 필요하다는 인식을 갖고 있는 것으로 나타났습니다.

'저가 관광'은 한국의 이미지 자체를 떨어뜨릴 뿐만 아니라 외국인 관광객 재방문율 감소라는 결과로 이어졌습니다. 문화체육관광부가 발표한 '2019 외래관광객조사'에서 중국인 관광객의 한국관광 만족도는 하위 수준입니다. 거주국별 한국 여행에 대한 전반적인 만족도 평가에서 만족비율이 93.4%로 주요 조사 대상 20개 국가 중 18위를 기록했으며, 거주국별 타인 추천 의향 조사에서는 84.5%로 19위에 머물렀습니다.

그렇다면 왜 이런 저가 관광이 기승을 부리게 된 것일까요? 여행사의 첫번째 목적은 관광객 유치에 있습니다. 관광객이 늘어남에 따라서 여행사도 우후죽순으로 생겨났고, 이들이 과잉 경쟁을 하게 된 탓에 서비스의 질이 떨어지게 된 것이죠. 단체 관광 상품 등을 저렴한 가격에 판매하다보니 적자가 생기고, 그 적자를 메우기 위해 옵션 강요나 쇼핑 수수료, 식당에서 받는 뒷거래 등의 수입에 의존하게 된 것입니다.

이에 2013년 10월경 중국 정부는 자국민의 저가 관광을 규제하기 위한 '여유법(旅遊法)'을 시행하였습니다. 여유법이란 쇼핑 위주의 초저가 관광 상품으로 인해 관광의 질이 떨어지는 것을 해결하기 위한 방법으로, 여행사가 저가상품으로 손님을 모아 쇼핑 등 별도 프로그램을 통해 수수료를 취하는 행위를 금지하고 있는 법안입니다. 문화체육관광부 또한 이에 걸맞게 저가 관광 상품의 원천으로 손꼽히는 외국인 전용 관광기념품 판매점을 폐지하였으며, 중국 전담 여행사에 대한 관리를 강화하고 신규 한국관광 브랜드(Imagine your Korea) 활용 홍보 등 다양한 해결책을 마련하고 중앙 - 지방 정부 간의 협력을 추진해나가기로 했습니다.

하지만 저가 관광이 근절되려면 무엇보다 인식의 변화가 필요합니다. 관광객은 합당하고 합리적인 요금을 지불하고 거기에 맞는 상품을 제공받아야 하고, 여행사는 양적 경쟁에서 질적 경쟁으로의 경쟁구도 변화와 함께 이를 변화시킬 수 있는 환경의 조성이 필요한 때입니다.

관광PLUS⁺ 저가 관광의 어두운 그림자

최근 제주도 등에서 성행하는 중국 관광객 유치 방법 중 '마이너스 투어 피(Minus Tour Fee)'라는 것이 있습니다. 오히려 돈을 주고 관광객을 끌어 들이는 방법인데요. 예를 들면 여행사에서 손해를 감수하면서 비행기 가격도 안 되는 여행상품을 판매하고, 그 손해를 쇼핑과 옵션으로 메우는 수익구조를 지칭하는 것입니다.

여행사는 원가를 보전하기 위해서 관광객들을 데리고 계약을 맺거나 직접 운영하는 판매점으로 가서 건강보조제, 자수정 등을 구입하게 하고, 이때 수수료를 챙겨 적자를 메우는 것이죠. 때문에 애초에 광고했던 상품가격과 실제 소요되는 비용이 크게 차이가 나다보니 관광객들의 만족도는 떨어지고 불신은 높아질 수밖에 없습니다. 이런 악순환을 근본적으로 해결하기 위해서는 정부차원의 대처도 필요하지만 가장 먼저 공정한 경쟁이 우선되어야 할 것입니다.

04 제2의 한류, 한식문화!

14, 20년 면접

2017년 농림축산식품부는 한식과 한식산업의 진흥·발전에 관한 업무를 효율적으로 수행하기 위하여 한식진흥원을 설립하였습니다. 한식진흥원은 한식 진흥 강화방안을 위한 조사·연구 등에 관한 사업뿐만 아니라 한식을 문화관광과 연계해 한류 확산, 국가브랜드 제고 및 농식품 수출·외식기업 해외진출 확대의 핵심 콘텐츠로 육성하기 위한 기구입니다.

정부에서는 2009년부터 국가이미지 제고와 농식품 수출확대 등을 위해 본격적으로 한식세계화 사업을 추진한 결과, 2013년 김장과 김장문화의 유네스코 등재, 농식품 수출 및 국내 외식기업의 해외진출 확대 등의 성과를 보여주었는데요. 최근 한식이 한류 확산의 핵심콘텐츠로 부각되고 세계 식품·외식시장이 미래 유망시장으로 관심이 제고되었습니다. 한식과 문화·관광을 융복합해 이를 통한 한류 확산, 국가이미지 제고와 함께 농식품 수출 등을 가속화할 필요성이 제기되며 정부가 한식 진흥을 위한 정책을 펼친 지 10년 만인 2019년에는 '한식진흥법'이 제정되었습니다.

그간 한식 정책의 경우 식품산업진흥법 등을 토대로 사업을 추진해야 했기 때문에 관련 법적 근거가 명확하지 않아 성과를 내기 어려웠습니다. 2020년 8월 28일 자로 시행된 한식진흥법은 한식산업의 진흥과 발전을 위한 구체적인 규정을 담았습니다. 또한 한식의 식자재로 사용되는 농수산물의 안정적인 공급과 소비계획 마련을 위해 주관부처를 농식품부로 두고 한식과 농어업의 연계를 강화하였습니다.

한식진흥법에는 ▲실태조사 및 연구 · 개발 ▲한식 정보체계의 구축 ▲전문 인력 양성 ▲국제교류 및 협력의 촉진 ▲한식의 발굴 · 복원과 계승 · 발전 ▲제도개선과 재원확보 ▲한식과 농어업의 연계 강화 등의 구체적인 근거가 담겼습니다. 다만 한식진흥법이 주로 해외 우수 한식당 지정과 전문 인력 양성기관 등에 대한 내용만 주로 다뤄 아쉽다는 지적도 나왔습니다. 따라서 문체부 등 관계 기관의 협조를 통해 각 부처의 장점을 최대한 살려 음식과 관광을 연계한 한식 홍보의 모범사례를 제시하여야 할 것입니다.

관광 PLUS⁺ **한식관광을 위한 2021 관광진흥기본계획**

한식은 우리나라를 대표하는 문화로 자리매김하고 있습니다. 한국국제문화교류진흥원의 '2021 해외한류실태조사' 결과에 따르면 한식은 K-Pop 다음으로 '한국' 하면 떠오르는 연상 이미지로 조사되었습니다. 또한 2020년 6월 누계 김치 수출액은 7,470만 불(한화 약 884억 원)로 전년 동기 대비 44.3% 증가하기도 했습니다.

문화체육관광부는 2021 관광진흥기본계획을 발표하고 앞으로 한식관광을 활성화할 기본 정책방향을 공개했습니다. 먼저 한류연계 관광상품 개발해 한류스타가 추천하는 국내 여행지, 한국음식, 문화체험 등 한류관광 콘텐츠 발굴 · 홍보하겠다는 포부를 밝혔습니다. 코로나19 상황 지속 시에는 한류스타 출연 방송, 디지털 콘텐츠를 통해 한류관광자원 홍보를 확대하겠다는 방침입니다.

이와 별개로 고부가 관광산업도 지속적으로 육성할 방침입니다. 부유층 관광객들의 선호를 반영한 한국만의 희소성 있는 관광콘텐츠(전통문화, 지역 명인, 문화재, 전통음식, 전통주 등)를 발굴하고 업계 간 교류 체계를 구축하겠다고 밝혔습니다. 예를 들어 5성급 이상 호텔, 한식, 자유쇼핑, 프리미엄 가이드 등이 포함된 최소 300만 원 이상의(3박 4일 기준) 상품, 일정에 뷰티, 건강검진, 한류, 웰니스, 문화체험 등 포함시켜 프리미엄 관광상품을 개발하겠다는 계획입니다. 또한 지역관광 품질 향상을 위해 음식점 부분 '관광품질인증제'를 시범사업으로 도입하여 숙박, 쇼핑 등 서비스품질 체계화하겠다고 했습니다.

05 여행 정보는 여행사에게, 여행지는 지명도로? 국민여행의 현주소를 알아보자!

문화체육관광부와 한국문화관광연구원이 2020년 6월 발표한 '2019 국민여행조사' 자료에 따르면 2019년 한 해 우리 국민의 해외여행 출국자 수는 2,871만 명으로 2018년 2,869만 명이었던 것에 비해 전년 대비 0.1% 증가하였습니다.

그렇다면 우리 국민의 여행스타일에는 어떤 것이 있을까요? 먼저 여행을 떠난 사람들이 여행 전에 참고하고 도움을 받는 정보원은 주변인이 가장 많았습니다. 이는 가구여행과 개인여행 모두에 해당하는 것이며, 이 외에도 여행사, 인터넷, 관광 안내 서적 등 다양한 경로를 통해 정보를 얻은 것으로 나타났습니다. 또한 여행지를 선택하는 데 있어서 가장 큰 영향을 끼치는 것은 바로 지명도였다고 합니다. 그 비율이 전체 응답자의 20.4%였다고 하니 볼 거리 제공뿐만 아니라 잘 알려진 지역을 여행지로 결정한다고 해도 과언이 아닙니다.

또한 여행자들은 국내여행의 경우 1인당 평균 약 97만원 가량의 비용을 지출하는 것으로 드러났는데요. 그 중에서도 특히 30대와 40대 연령의 여행자들의 지출액이 높았습니다.

여기서 또 한가지 중요한 점! 우리 국민들은 개별자유여행과 패키지여행상품 중 어떤 것을 선호할까요? 여행지 정보를 쉽게 습득할 수 있게 되면서 개별적으로 항공과 숙박을 알아보고 따로 구매하는 여행자들도 늘어나고 있지만, 아직까지는 개인여행자와 가구여행자 모두 여전히 패키지여행을 선호한다고 합니다. 특히 가구여행자의 경우 안정적인 구매를 원하기 때문에 패키지여행에 대한 선호도가 더 높게 나타납니다. 하지만 젊은 여행자의 경우는 패키지여행에서 벗어나 개별자유여행을 하는 일이 점점 늘어들고 있는 추세이기도 합니다.

제1편 | 여행업경영론

제2장 | 관광상식사전

제1편 | 여행업경영론

관광PLUS⁺ 여행자는 늘고, 여행 동반자 수는 줄고

불황에도 불구하고 여가 활동에 대한 관심으로 열풍이 불면서 국내 여행자 수는 늘었지만, 개인여행 경험자들의 1회 평균 국내 여행 동반자수는 2019년 대비 4.3명에서 3.2명으로 오히려 줄어들었습니다.

이 같은 결과는 현대사회의 핵가족화 영향을 받아 나타난 것으로 추정하고 있는데요. 과거와는 달리 가족이 소규모화되면서 함께 여행하는 동반자의 수도 줄어든 것으로 보입니다.

국내 개인여행 동반자 유형을 자세히 살펴보면 '가족'이 54.6%로 가장 많았고, '친구/연인'이 40.4%, '친척'이 3.4% 순으로 나타났습니다.

참고 : 문화체육관광부 · 한국문화관광연구원, 〈2020 국민여행조사〉

45

안심Touch

굴뚝 없는 황금산업, MICE

12, 18년 필기   10, 11, 12, 13, 14, 15, 16년 면접

MICE 산업이란 Meeting(회의)·Incentives(포상여행)·Convention(컨벤션)·Exhibition(전시)/Event(이벤트)의 머리글자를 딴 것으로, 이 개념들이 서로 긴밀하게 연결되어 있는 복합적·종합적인 산업을 의미합니다. 대규모의 박람회나 국가 간 정상회의, 국제회의, 각종 이벤트 및 전시회가 포함되지요.

이런 MICE 산업이 최근에 들어서 더욱 급부상하고 있는데요. 한국관광공사의 조사(2001)에 따르면 MICE 참가자들의 1인당 평균 소비액과 체류기간이 일반 관광객에 비해 각각 3배, 1.4배 가량이나 더 높은 편이라고 합니다. 이처럼 MICE 산업은 그 자체에서 발생하는 높은 부가가치와 함께 다양한 산업과 연계되어 발생하는 부가가치까지 더해져 '굴뚝 없는 황금산업', '황금 알을 낳는 거위'로 극찬을 받게 된 것입니다. 여기에 일자리 창출, 국가·도시의 브랜드 홍보 효과까지 생겨나기 때문에 과연 그 극찬이 아깝지 않은 산업임이 분명합니다. 따라서 세계 여러 국가에서도 전략산업으로 육성하고 있는 대표적인 산업이기도 하지요.

한국관광공사가 발표한 '2019 MICE 산업의 경제적 파급효과 분석'에 따르면 2019 MICE 산업의 전체 경제적 파급효과는 생산유발효과 약 22조 3,144억 원, 소득유발효과 약 5조 516억 원, 수입유발효과 약 1조 8,882억 원에 달합니다. 이 중 부가가치유발효과는 약 10조 106억 원으로 추정됩니다.

MICE 산업의 구조는 행사를 개최하기 위한 '주최기관'과 행사를 준비하는 서비스 '제공업체', 행사에 참가하는 '참가자'를 중심으로 형성됩니다. MICE 산업을 통한 수익은 크게 두 가지로 '주최기관 지출'과 '행사 참가자 지출'에 의해

발생하는데요. MICE 행사 개최 시 개최시설에서 발생하는 수익은 주최기관 지출의 일부이며, 대부분은 MICE 관련 기업과 참가자 활동으로 인한 관광·쇼핑 시설에서 발생됩니다. 즉, MICE 산업이란 참가자들의 다양하고 복합적인 사회·문화·경제적 활동으로 인해 창출되는 지역 경제 파급효과가 선순환 구조를 이루는 관광 활동인 셈입니다.

관광PLUS⁺   우리나라의 국제회의 개최순위는?

국제협회연합(UIA ; Union of International Associations)에서는 매년 세계 국제회의 개최건수에 대한 통계 자료를 조사하여 발표하고 있습니다. 이는 글로벌 경쟁력을 파악할 수 있는 중요한 자료로 평가되고 있는데요.

UIA가 발표한 세계 국제회의 개최건수 순위에 따르면 우리나라는 2014년 4위, 2015년 2위, 2016년 1위에 이어 2017년 연속 1위를 달성하였으나, 2018년과 2019년에는 2위를 기록하였습니다. 이를 통해 한국의 국제회의산업은 성장하고 있으며 세계적인 국제회의 목적지로서 부상하였다는 것을 확인할 수 있습니다.

국제회의 개최건수 세계 상위라는 이번 성과는 지난 1996년 「국제회의 산업 육성에 관한 법률」 최초 제정 이후 국제회의 개최지원 서비스 강화, MICE 산업 지역균형 발전유도, 국제회의 유치 마케팅 및 홍보활동 다각화 등의 정부 MICE 육성정책과 더불어 지자체 및 업계의 공동 노력에 따른 총체적인 결실로 분석됩니다.

참고 : 한국관광공사 홈페이지(http://kto.visitkorea.or.kr)

07 외래 관광객이 가장 많이 찾는 우리나라의 방문지는?

20년 필기 12년 면접

외래 관광객에게 가장 인기가 좋은 우리나라의 핫 플레이스는 과연 어딜까요? 문화체육관광부의 '2019년 외래관광객조사'에 따르면, 한국 여행 중 가장 인상 깊었던 방문지는 '명동/남대문/북창'이 55.9%로 가장 높고, 이어서 '동대문 패션타운'이 24.7%, '신촌/홍대 주변'이 18.0% 순으로 나타났습니다.

충무로 · 을지로 · 남대문로 사이에 위치한 명동은 서울시 중구에 속해있는 동으로 그 이름은 남부 명례방의 '명'자를 따온 것입니다. 지금은 서울시를 상징하는 번화가 중 단연 일등으로 손꼽히지만, 일제강점기 이전에는 낙후된 지역 중 하나였다는 사실! 조선시대에는 평범한 주택가였지만 일제강점기에 충무로가 상업적인 지역으로 변화 · 발전하기 시작하면서 가까이 위치한 명동도 그 영향을 받아 지금의 모습으로 바뀌게 되었습니다.

서울 한 가운데 자리 잡고 있는 명동은 위치상으로 편리할 뿐만 아니라 대중적인 가격으로 즐길 수 있는 다양한 쇼핑 · 숙박시설들이 모여있어 자연스럽게 관광객 유치에 성공하게 되었습니다.

우리나라 최고의 관광지답게 명동에는 관광호텔, 관광센터, 환전소, 관광안내소, 외국어 동시 표기 간판 등 관광객들을 위한 다양한 시설과 설치물이 마련되어 있습니다. 외래 관광객의 방한 고려요인 1위도 '쇼핑(66.2%, 2019년 기준)'을 꼽았다고 하니 이것만 보아도 명동이 인기있는 이유를 쉽게 이해할 수 있을 것입니다.

'2020 외래관광객 조사'에서는 코로나19 발생에 따라 방한 외래관광객이 급감하여 조사 방법 및 내용을 변경하여 수록하였습니다. 특히 '가장 인상 깊었던 방문지' 조사 항목이 2020년도에서는 조사 항목에 해당하지 않습니다.

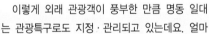 **끊임없이 변화하는 명동**

　얼마 전까지 명동에는 이곳이 한국인지 중국인지 모를 정도로 중국 관광객을 대상으로 한 호객행위가 성행하고 있었는데요. 동남아·중동 지역 관광객도 크게 늘었다고 합니다.

　이렇게 외래 관광객이 풍부한 만큼 명동 일대는 관광특구로도 지정·관리되고 있는데요. 얼마 전에는 개방 화장실 부족과 축제 활성화 예산 확보 등이 어려워져 관광특구 활성화 사업평가에서 낮은 점수를 받기도 했지만, 지속적인 활성화 사업이 이루어질 수 있도록 시에서도 꾸준한 노력을 하고 있으니 더 지켜보아야 할 일입니다.

　서울시에서는 32억 원 가량을 투입, 만화·애니메이션 작가, 관련 산업 종사자가 대거 참여하는 신개념의 문화공간을 만드는 사업으로 명동에 한국 만화를 알리기 위한 박물관과 거리를 조성하였습니다. 또한 대규모 관광호텔까지 꾸준하게 신축하여 부족한 숙박시설 등 관광인프라 확충에 기여할 예정이라고 하니 명동이야말로 오늘보다 내일이 더욱 기대되는 관광지임이 분명한 것 같습니다.

08 여행과 일을 한번에! 워킹홀리데이

12년 면접

여행도 하면서 현지에서 돈을 벌어 여행경비까지 충당할 수 있다면 얼마나 좋을 까요? 이런 욕구를 충족시켜 여행과 노동을 겸할 수 있는 관광 비자가 있습니다. 바로 워킹홀리데이 비자(Working Holiday Visa)가 그것입니다.

워킹홀리데이란 체결 국가를 여행하는 젊은이들이 해당 국가에서 합법적으로 일 할 수 있도록 특별히 허가해 주는 제도를 말합니다. 보통 일반 관광비자로는 방 문국에서의 취업이 금지되어 있습니다. 그러나 젊은이들이 상대국에서 체류하며 현지 언어와 문화를 접하고 글로벌 인재로 성장해나갈 수 있는 기회를 제공하고, 협정 체결 국가 간의 상호이해와 국제친선을 도모하며 교류를 증진하기 위한 목 적으로 워킹홀리데이 비자를 발급하고 있습니다.

자격으로는 만 18세에서 30세의 청년들을 대상으로 하고 있으며, 해당국에 한해 서 평생 1회의 발급 혜택이 주어집니다. 이 워킹홀리데이 참가 청년들은 해당 국 가에서 최장 1년 동안 체류하면서 관광과 취업, 어학연수 등을 병행하며 현지 언 어와 문화를 접할 수 있게 됩니다.

이 제도는 2개국 간의 상호 제도로, 우리나라가 워킹홀리데이 사증면제 협정을 체결한 국가는 호주, 캐나다, 뉴질랜드, 일본, 프랑스, 독일, 아일랜드, 스웨덴, 덴마크, 홍콩, 대만, 체코, 영국, 이스라엘, 벨기에, 칠레, 오스트리아, 헝가리, 포 르투갈, 네덜란드, 이탈리아 등입니다. 외교부는 계속적으로 협정 체결 국가를 지속적으로 확대해 나가기 위해 노력 중이라고 합니다.

체결국별로 요구하는 비자발급 조건, 구비서류, 신청기간 등이 상이하기 때문에 워킹홀리데이를 계획 중이라면 본인이 원하는 해당국(지역)에 대한 비자정보를 꼼꼼하게 살펴보아야 합니다. 자세한 정보는 외교부 워킹홀리데이 인포센터 홈페이지(whic.mofa.go.kr)에서 확인할 수 있습니다.

관광PLUS⁺ **가는 사람만 있고 오는 사람은 없다?**

우리나라 청년들의 워킹홀리데이 참가 현황은 2019년을 기준으로 38,245명에 달하며 이 가운데 호주는 19,310명으로 가장 큰 비율을 차지하고 있습니다. 2008년부터 매년 외국을 찾는 한국인 참가자 수는 4만 명이 넘는 수준입니다. 그 반면에 한국을 찾는 외국인은 그 절반에도 미치지 못합니다. 왜 이런 불균형 현상이 나타나게 되었을까요?

우리나라가 상대적으로 선진국 위주의 협상을 체결하다보니 소득수준이 높은 대부분의 협정국에서는 굳이 급여가 적은 한국을 찾을 필요가 없기 때문입니다. 그런데 문제는 이런 현상이 지속될 경우 워킹홀리데이 비자 축소로 이어질 수도 있다는 데 있습니다.

때문에 개발도상국 등 다양한 국가로 협정국을 늘려야 한다는 지적이 일고 있습니다. 또 외국인 젊은이들을 끌어들이기 위해서는 제도 개선과 홍보강화도 시급한 실정입니다. 그러나 워킹홀리데이가 청년층에게 어학연수와 여행 등 다양한 기회를 제공하자는 목적에서 출발한 것이니만큼, 본래 취지에 어긋나지 않는 선에서의 신중한 검토와 결정이 필요할 것입니다.

09 지구를 생각하는 행복한 여행, 녹색관광

10, 11, 12, 13, 15, 20년 필기 17년 면접

'녹색관광'은 본래 전원과 같은 농촌에서 자연과 문화의 보전과 평화로움을 느끼는 관광 활동 등을 포괄하는 개념이었는데요. 최근에는 저탄소 녹색운동이 떠오르면서 녹색관광도 저탄소 녹색관광이 포함된 개념으로 확대되었습니다. 이에 따라 한국관광공사에서는 녹색관광을 '지구환경을 생각하여 탄소절감을 추구하고 지역경제와 지역문화를 배려하는 행복한 여행'이라 정의하고 있습니다. 즉, 여행의 종류가 아니라 지구환경을 보전하며 여행하는 탄소절감 친환경 관광(환경적 지속성), 관광지의 경제를 활성화시키는 공정관광(경제적 지속성), 지역 문화와 지역주민을 존중·배려하는 따뜻한 관광(사회문화적 지속성)을 의미하는 것이지요.

한국관광공사의 자료에 따르면 2005년 한 해 동안 관광산업에서 발생한 이산화탄소의 양은 13억 2백만 톤으로 이 이산화탄소를 흡수하기 위해서는 소나무 2,604억 그루가 필요하다고 합니다. 이는 곧 제주도 면적의 697배에 해당하는 숲이라고 하는데요. 특히 교통과 숙박에서 발생하는 이산화탄소의 양은 전체 이산화탄소량의 95%에 이르며, 국내 관광산업만 해도 한 해(2008년 기준) 동안 약 17,960,000kg의 이산화탄소를 배출했다고 합니다.

이렇게 따지고 보면 굴뚝 없는 산업이라 칭송받던 관광산업이 지구환경에 끼치는 악영향은 실로 어마어마합니다. 대한민국 정부와 한국관광공사도 이런 문제를 해결하기 위해 전국에 녹색관광지를 발굴하고 조성하는 등 녹색관광 캠페인에 앞장서고 있는데요. DMZ, 순천만, 제주도 등 대한민국 대표 녹색관광지를 포함, 문화생태탐방로와 생태관광 지역 29선, 수변관광로 등이 바로 그것입니다.

이런 녹색관광을 실천하는 일은 거창하고 어려운 것이 아닙니다. 해외여행보다는 국내여행을, 자가용보다는 대중교통 이용하기, 도보여행하기, 에어컨 사용 줄이기, 물 아껴 쓰기, 쓰레기 버리지 않기, 지역생산품 소비에 동참하기, 슬로우푸드, 슬로우 여행하기 등 오히려 생활 속에서 누구나 실천할 수 있는 작은 방법들이죠. 녹색관광은 관광에서 발생하는 탄소의 양을 줄여 지구도 보호하고, 지역민을 배려하고, 지역경제에 도움까지 주며 나아가 관광산업 성장도 실현할 수 있는, 결과적으로 관광객 자신이 행복해지는 따뜻한 여행입니다.

참고 : 대한민국 구석구석 홈페이지(korean.visitkorea.or.kr)

관광PLUS⁺ **대한민국 생태관광 지역 29선!**

- 평창 어름치마을(백룡동굴)
- 양구 DMZ
- 철원 DMZ 두루미평화타운 및 철새도래지
- 백령도 하늬해변과 진촌리 마을
- 서천 금강하구 및 유부도
- 옥천 대청호 안터지구
- 정읍 월영습지와 솔티숲
- 순천 순천만
- 완도 상서 명품마을
- 창녕 우포늪
- 밀양 사자평습지와 재약산
- 부산 낙동강하구
- 울진 왕피천
- 서귀포 효돈천과 하례리
- 제주 저지곶자왈과 저지오름

- 강릉 가시연습지 · 경포호
- 인제 생태마을(용늪)
- 안산 대부도 · 대송습지
- 서산 천수만
- 괴산 산막이 옛길과 괴산호
- 고창 고인돌 · 운곡습지
- 무등산 평촌 명품마을
- 신안 영산도 명품마을
- 남해 앵강만
- 김해 화포천습지
- 창원 주남저수지
- 울산 태화강
- 영양 밤하늘 반딧불이 공원
- 제주 동백동산습지

10 관광지 VS 관광단지 VS 관광특구, 뭐가 다르지?

15, 16, 17, 21년 **필기** 15, 17년 **면접**

'관광지, 관광단지, 관광특구' 얼핏 들으면 전부 비슷하게 느껴지는 이 단어들의 차이점을 알고 계시나요? 먼저 개별 지정 현황들을 살펴보면 그 차이를 느끼실 수 있을 것입니다.

관광지 지정 현황(조성계획 미수립관광지 포함)

(2021. 1 기준)

시·도	관광지명
부 산	기장도예촌, 용호씨사이드, 금련산청소년수련원, 태종대, 해운대
대 구	비슬산, 화원
인 천	마니산, 서포리
경 기	대성, 산장, 수동, 장흥, 용문산, 신륵사, 한탄강, 공릉, 임진각, 내리, 백운계곡, 산정호수, 소요산, 궁평
강 원	호반, 구곡폭포, 청평사, 간현, 옥계, 주문진, 연곡, 등명, 대관령 어흘리, 무릉계곡, 망상, 추암, 구문소, 속초해수욕장, 척산온천, 장호, 맹방, 삼척해수욕장, 초당, 팔봉산, 홍천온천, 어답산, 유현문화, 고씨동굴, 영월온천, 마차탄광문화촌, 미탄마하생태, 화암, 아우라지, 고석정, 직탕, 광덕계곡, 후곡약수, 내설악 용대, 방동 약수, 오토테마파크, 송지호, 삼포 문암, 화진포, 오색, 지경
충 북	세계무술공원, 충온온천, 능암온천, 충주호체험, 교리, 능강, 금월봉, 계산, 제천온천, 만남의광장, KBS촬영장, 속리산레저, 구병산, 장계, 송호, 레인보우 힐링, 수옥정, 괴강, 무극, 천동, 온달
충 남	천안종합휴양, 태조산, 곰나루, 마곡사, 마곡온천, 공주문화, 대천해수욕장, 무창포해수욕장, 죽도, 신정호, 아산온천, 간월도, 삽교호, 왜목마을, 난지도, 구드레, 서동요역사, 금강하굿둑, 춘장대해수욕장, 칠갑산도립온천, 남당, 예당, 덕산온천, 만리포해수욕장, 안면도
전 북	석정온천, 금강호, 은파, 김제온천, 벽골제, 남원, 모항, 변산해수욕장, 위도, 모악산, 금마, 미륵사지, 왕궁보석테마, 웅포, 사선대, 오수의견, 방화동, 내장산리조트, 백제가요정읍사, 마이산회봉온천, 운일암반일암
전 남	대구면도요지, 곡성 도림사, 지리산온천, 나주호, 담양호, 회산연꽃방죽, 율포해수욕장, 한국차소리 문화공원, 불갑사, 성기동, 마한문화, 영산호 쌀문화 테마공원, 영암바둑테마파크, 신지명사십리, 장성호, 홍길동테마파크, 정남진우산도, 녹진, 아리랑마을, 해신장보고, 회동, 사포, 땅끝, 우수영, 도곡온천, 운주사, 화순온천, 대광해수욕장
경 북	경산온천, 고령부례, 문경온천, 문경상리, 오전약수, 다덕약수, 경천대, 문장대온천, 회상나루, 안동하회, 예안현, 고래불, 장사해수욕장, 선바위, 문수, 부석사, 영주순흥, 풍기온천, 치산, 포리, 예천삼강, 개척사, 울릉도, 백암온천, 성류굴, 의성탑산온천, 신화랑, 청도온천, 청도용암온천, 주왕산, 가산산성, 호미곶
경 남	거가대교, 장목, 가조, 수승대, 당항포, 송정, 표충사, 실안, 금서, 전통한방휴양, 중산, 벽계, 오목내, 부곡온천, 마금산온천, 도남, 묵계, 농월정, 미숭산, 합천보조댐, 합천호
제 주	제주남원, 돈내코, 수망, 미천굴, 토산, 표선, 곽지, 제주여성테마파크, 김녕해수욕장, 돌문화공원, 묘산봉, 봉개휴양림, 용머리, 함덕 해안, 협재 해안

(2021. 1 기준)

자치단체	명 칭	위 치
강 원	고성델피노골프앤리조트	강원도 고성군 토성면 원암리 403-1번지 일원
	속초 설악한화리조트	강원도 속초시 장사동 24-1번지 일원
	양양 국제공항	강원도 양양군 손양면 동호리 510-28번지 일원
	원주 오크밸리	강원도 원주시 지정면 월송리, 판대리 일원
	원주 더네이처	강원도 원주시 문막읍 궁촌리 산 121번지 일원
	원주 루첸	강원도 원주시 문막읍 비두리 산 239-1번지 일원
	라비에벨(무릉도원)	강원도 춘천시 동산면 조양리/홍천군 북방면 전치곡리 일원
	춘천 신영	강원도 춘천시 동산면 군자리 산 224번지 일원
	평창 휘닉스파크	강원도 평창군 봉평면 면온리, 무이리, 진조리 일원
	평창 용평	강원도 평창군 대관령면 용산리, 수하리 일원
	평창 대관령 알펜시아	강원도 평창군 대관령면 용산리, 수하리 일원
	홍천 비발디파크	강원도 홍천군 서면 팔봉리 1290-14번지 일원
	횡성 웰리힐리파크	강원도 횡성군 둔내면 두원리, 우용리, 조항리 일원
	횡성 드림마운틴	강원도 횡성군 서원면 석화리 산 261-1번지 일원
경 기	안성죽산	안성시 죽산면 당목리 산 53번지 일원
	평택호	평택시 현덕면 권관리, 기산리, 대안리, 신왕리 일원
경 남	거제 남부	경남 거제시 남부면 탑포리, 동부면 율표리 일원
	창원 구산해양	창원시 마산합포구 구산면 구복리, 심리 일원
경 북	보 문	경주시 신평동, 보문동, 북군동, 천군동, 손곡동 일원
	감 포	경주시 감포읍 나정리, 대본리 일원
	마우나오션	경주시 양남면 신대리 산 140-1번지 일원
	김천 온천	김천시 부항면 안간·파천리 일원
	안동문화	안동시 성곡동 일원
광 주	광주 어등산	광주광역시 광산구 운수동 219번지 일원
부 산	오시리아(동부산)	부산광역시 기장군 기장읍 시랑·대변리 일원
울 산	강 동	울산광역시 북구 산하동, 정자동, 무룡동 일원
인 천	강화종합리조트	인천 강화군 길상면 선두리 산 281-2번지 일원
전 남	고흥 우주해양	고흥군 영남면 남열리 일원
	여수 화양	여수시 화양면 장수, 안포리 일원
	여수경도 해양	여수시 경호동 일원
	여수챌린지파크	전남 여수시 화양면 나진리 산 333-2번지 일원
	진도 대명리조트	진도군 의신면 초사리 산 274 일원
	해남 오시아노	해남군 화원면 주광, 화봉리 일원
전 북	드래곤	전북 남원시 대산면 옥율리 산 131 일원
제 주	중 문	서귀포시 색달동 2864-36번지 일원
	성산포해양관광단지	서귀포시 성산읍 고성리 127-2번지 일원
	신화역사공원	서귀포시 안덕면 서광리 산 35-7번지 일원
	제주헬스케어타운	서귀포시 동홍동 2032번지 일원
	록인제주 체류형복합	서귀포시 표선면 가시리 622번지 일원
	애월국제문화복합단지	제주시 애월읍 어음리 산 70-11번지 일원
	프로젝트 ECO	제주 제주시 봉성리 산 35번지 일원
	신화련금수산장	제주 제주시 한림읍 금악리 487번지 일원
충 남	백제문화	부여군 규암면 합정리 일원
	골드힐카운티리조트	천안시 입장면 기로리 일원
충 북	증평 에듀팜 특구	충북 증평군 도안면 연촌리 산 59-1번지 일원

관광특구 지정 현황

(2021. 5 기준)

시·도	특구명	지정지역	면적(km²)
서 울	명동·남대문·북창	명동, 회현동, 소공동, 무교동·다동 각 일부지역	0.87
	이태원	용산구 이태원동·한남동 일원	0.38
	동대문 패션타운	중구 광희동·을지로5~7가·신당1동 일원	0.58
	종로·청계	종로구 종로1~6가·서린동·관철동·관수동·예지동 일원, 창신동 일부 지역(광화문 빌딩~숭인동 4거리)	0.54
	잠 실	송파구 잠실동·신천동·석촌동·송파동·방이동	2.31
	강 남	강남구 삼성동 무역센터 일대	0.19
부 산	해운대	해운대구 우동·중동·송정동·재송동 일원	6.22
	용두산·자갈치	중구 부평동·광복동·남포동 전지역, 중앙동·동광동·대청동·보수동 일부지역	1.08
인 천	월 미	중구 신포동·연안동·신흥동·복성동·동인천동 일원	3.00
대 전	유 성	유성구 봉명동·구암동·장대동·궁동·어은동·도룡동	5.86
경 기	동두천	동두천시 중앙동·보산동·소요동 일원	0.40
	평택시 송탄	평택시 서정동·신장1~2동·지산동·송북동 일원	0.49
	고 양	고양시 일산 서구, 동구 일부 지역	3.94
	수원 화성	경기도 수원시 팔달구, 장안구 일대	1.83
	통일동산	경기도 파주시 탄현면 성동리, 법흥리 일원	3.01
강 원	설 악	속초시·고성군 및 양양군 일부 지역	138.2
	대관령	강릉시·동해시·평창군·횡성군 일원	428.3
충 북	수안보온천	충주시 수안보면 온천리·안보리 일원	9.22
	속리산	보은군 내속리면 사내리·상판리·중판리·갈목리 일원	43.75
	단 양	단양군 단양읍·매포읍 일원(2개읍 5개리)	4.45
충 남	아산시온천	아산시 음봉면 신수리 일원	3.71
	보령해수욕장	보령시 신흑동, 웅천읍 독산·관당리, 남포면 월전리 일원	2.52
전 북	무주 구천동	무주군 설천면·무풍면	7.61
	정읍 내장산	정읍시 내장지구·용산지구	3.45
전 남	구 례	구례군 토지면·마산면·광의면·신동면 일부	78.02
	목 포	북항·유달산·원도심·삼학도·갓바위·평화광장 일원 (목포해안선 주변 6개 권역)	6.90
경 북	경주시	경주 시내지구·보문지구·불국지구	32.65
	백암온천	울진군 온정면 소태리 일원	1.74
	문 경	문경시 문경읍·가은읍·마성면·농암면 일원	1.85
	포항 영일만	영일대해수욕장, 해안도로, 환호공원, 송도해수욕장, 송도 송림, 운하관, 포항운하, 죽도시장, 시내 실개천 일대	2.41
경 남	부곡온천	창녕군 부곡면 거문리·사창리 일원	4.82
	미륵도	통영시 미수1·2동·봉평동·도남동·산양읍 일원	32.90
제 주	제주도	제주도 전역(부속도서 제외)	1,809.56

이제 감이 오시나요? 관광진흥법 제2조에 의한 정의는 다음과 같습니다.

- 관광지 : 자연적 또는 문화적 관광자원을 갖추고 관광객을 위한 기본적인 편의시설을 설치하는 지역을 말한다.
- 관광단지 : 관광객의 다양한 관광 및 휴양을 위하여 각종 관광시설을 종합적으로 개발하는 관광 거점 지역을 말한다.
- 관광특구 : 외국인 관광객의 유치 촉진 등을 위하여 관광 활동과 관련된 관계 법령의 적용이 배제되거나 완화되고, 관광 활동과 관련된 서비스 · 안내 체계 및 홍보 등 관광 여건을 집중적으로 조성할 필요가 있는 지역을 말한다.

간단하게 정리하자면 관광지는 기본적으로 경치가 뛰어난 문화적인 관광자원과 관광객을 위한 시설을 갖춘 곳이고, 관광단지는 관광지를 중심으로 관광시설이 종합적으로 개발된 장소이며, 관광특구는 외국인 관광객 유치를 목적으로 하여 집중적으로 조성하고 특권을 부여하는 지역이라고 할 수 있습니다.

관광PLUS+ **관광지, 관광단지, 관광특구는 누가 지정할까?**

관광지 및 관광단지는 문화체육관광부령으로 정하는 바에 따라 시장 · 군수 · 구청장의 신청에 의하여 시 · 도지사가 지정합니다(특별자치도의 경우에는 특별자치도지사가 지정).

관광특구의 경우에는 다음의 요건을 갖춘 지역에서 시장 · 군수 · 구청장의 신청(특별자치도의 경우는 제외)에 따라 시 · 도지사가 지정하게 됩니다.

1. 외국인 관광객 수가 대통령령으로 정하는 기준 이상일 것
2. 문화체육관광부령으로 정하는 바에 따라 관광안내시설, 공공편익시설 및 숙박시설 등이 갖추어져 외국인 관광객의 관광수요를 충족시킬 수 있는 지역일 것
3. 관광활동과 직접적인 관련성이 없는 토지의 비율이 대통령령으로 정하는 기준을 초과하지 아니할 것
4. 제1호부터 제3호까지의 요건을 갖춘 지역이 서로 분리되어 있지 아니할 것

11 패키지여행은 그만! 맞춤형여행 FIT(개별자유여행)

14, 15년 **필기**   10, 11, 12, 13, 14, 17년 **면접**

우리나라 국민의 해외여행이나, 우리나라를 찾는 외래 관광객의 여행 양상은 크게 두 가지로 구분할 수 있습니다. 패키지여행(Package Tour)과 외국인 개인여행 또는 개별자유여행(FIT ; Foreign Independent Tour 또는 Free Individual Tour)이 바로 그것인데요. 말 그대로 패키지여행은 여행사 또는 여행업자가 주관하고 실시하는 단체 여행을, 개별자유여행은 개인이 자유롭게 여행을 즐기는 형태를 말합니다.

패키지여행에서는 여행사가 교통편과 숙박, 식사, 기타 편의시설 이용과 그 비용을 일괄적으로 계산하여 관장하고, 그에 맞춰 정해진 일정에 따라 관광객이 움직여야 하는데요. 해외여행이 일반화 · 자유화되지 않았던 과거에는 단순 목적만 가지고 해외여행을 하기란 쉽지 않았습니다. 또 언어도 자유롭지 못했기 때문에 당연히 패키지여행이 주를 이룰 수밖에 없었지요. 그러나 해외여행이 보편화되고 외국어 구사 능력이 향상되면서 획일화되고 단편적인 여행에서 벗어나 여행 주체로서의 욕구를 충족해주는 개별자유여행이 인기를 끌고 있습니다.

그렇다고 개별자유여행이 절대적으로 효율적인 여행방법이라고 할 수는 없습니다. 패키지여행과 개별자유여행 모두 장점과 단점을 두루 가지고 있는데요. 가장 좋은 방법은 자신의 일정과 예상비용을 적절하게 고려하여 여행상품을 선택하는 것입니다. 취향에 따라 자유롭게 움직일 수 있는 개별여행이 아무리 대세라고는 하지만 신혼여행이나 부모님을 위한 효도관광, 단체여행의 형태라면 아무래도 패키지여행이 더 효율적일 것입니다.

최근 관광객들의 여행 패턴을 보았을 때 개별여행객은 앞으로도 늘어날 추세입니다. 젊은층부터 시작하여 중년층까지 틀에 짜인 여행보다는 자유여행을 선호하는 경향이 뚜렷하게 나타나고 있기 때문입니다. 우리나라를 방문하는 관광객도 개별자유여행의 비중이 점차 증가하고 있지요. 따라서 관광정책도 개별여행객에 초점을 둔 맞춤형 전략으로의 전환이 필요합니다.

개별관광객에게 안내 표지판이나 안내 전화, 가이드북 등을 통해 관광 정보를 제공하고 이동이 편리한 관광코스와 각종 편의시설을 확대하여야 합니다. 또 언어소통 문제의 개선 방안도 해결해야 할 과제 중 하나입니다. 여행객들의 성향이 다변화됨에 따라 이에 대응할 수 있는 전략적인 방안책도 요구됩니다. 패키지여행과 자유여행의 장단점을 보완한 배낭여행 패키지 상품 등 특성을 살린 여행 상품의 꾸준한 개발도 필요할 것입니다.

관광PLUS+ 관심 있는 목적지로 여행가는 특수목적관광

특수목적관광(SIT ; Special Interest Tour)이란 개인 또는 단체가 특별한 관심 분야에 대한 목적을 가지고 방문하는 여행을 말합니다. 특수목적관광의 종류에는 문화관광은 물론이고 건강관광, 에코투어나 농촌체험 등의 환경관광, MICE 관광과 같은 비즈니스 관광도 포함되는데요. 최근에는 골프와 같은 스포츠나 문화를 결합한 테마상품도 인기를 끌고 있다고 합니다.

특수목적관광은 단순한 여행에서 나아가 여행객의 관심을 끌만한 해당 관광지만의 고유한 특성을 내세워서 상품화·차별화할 수 있고, 또 기존의 패키지여행 형태에 만족할 수 없는 여행객들을 충족시킬 수 있다는 점에서 전망 좋은 분야 중 하나로 손꼽힙니다.

12 외국인 환자를 잡아라! 의료관광

단비 같은 휴가철, 관광객이 경치 좋은 해변 대신 병원 수술대로 여행을 떠난다? 바로 의료관광에 대한 이야기입니다. 의료관광은 관광객이 자신이 거주하는 곳을 벗어나 다른 나라의 현지 의료기관을 통해 질병 치료·건강 유지 및 증진을 목적으로 여행하는 것을 말합니다. 물론 여기에는 현지에서의 관광 활동도 포함됩니다.

의료관광은 2000년대 초반 단순한 암이나 심장 수술 등의 난치병 치료에 국한되던 것에서 벗어나 성형수술, 치과치료, 다이어트, 헬스 케어 등 그 목적이 훨씬 더 다양해지고 있습니다. 최근에는 의료관광 시장의 규모가 연평균 15~25%씩 커지면서 지난 2012년 세계 의료관광객의 수가 5,600만 명을 돌파하기도 했죠. 이런 급성장 덕분에 우리나라의 의료관광 산업에도 탄력이 붙고 있습니다. 한류문화의 열풍과 더불어 우리나라의 선진의료기술이 각광받으며 해외의료관광객이 꾸준히 늘어나고 있는 것인데요. 2019년 기준 한국을 찾는 의료 관광객 수는 약 49만 명의 수준으로(2020년 기준 의료 관광객 수는 약 11만 명으로 코로나19 팬데믹으로 인한 국가 간 이동금지 등으로 인해 외국인 환자 수 급감) 세계적인 순위권에는 들지 못하지만 특별한 상황을 제외하면 점차 성장하고 있는 실정입니다.

외국인 환자를 유치하면 일반 관광객에 비해 체류기간이 길 뿐만 아니라 비용도 3배 이상 지출하기 때문에 고부가가치의 관광산업으로 국가수익증대에 기여하는 부분이 매우 큽니다. 이명박 정부는 글로벌헬스케어산업을 차세대신성장동력산업 중의 하나로 선정하였고, 2009년 의료법 개정에 따라 의료관광사업을 적극적으로 지원하였습니다. 이후 박근혜 정부에서도 의료관광사업은 국가경제발전과 고용창출을 높이는 주요 기대산업으로 평가받으며 그 지원이 이어지고 있습니다. 한국보건산업진흥원 공식 집계에 따르면 실 환자를 기준으로 한 외국인 환자 유치실적은 2012년 159,464명 / 2013년 211,218명 / 2014년 266,501명 / 2015년 296,889명 / 2016년 364,189명 / 2017년 321,574명 / 2018년 378,967명 / 2019년 497,464명 / 2020년 117,069명에 달합니다. 2020년 주요 국적별 외국인 환자 수로는 중국(26.6%), 미국(15.4%), 일본(12%), 러시아(5.3%) 순으로 나타났습니다.

의료관광산업의 더 큰 도약을 위해서는 국가별로 세부적인 유치 전략의 수립이 필요합니다. 따라서 각 해외 지사를 통해 의료관광 홍보를 강화해 나가고, 폭넓은 의료관광 상품을 개발, 소개하고 판매하는 시스템을 구축하는 등 대외경쟁력을 향상시키는 계획을 세울 필요가 있습니다.

관광PLUS⁺ 한국형 의료관광, 한방이 떴다!

최근 우리나라의 한의학만이 가진 차별화된 특징이 무엇인지 아시나요? 바로 '미용'입니다. 다른 나라의 한의학이 치료 위주인 반면, 우리나라의 한의학은 치료뿐만 아니라 피부나 비만, 체형, 성형 등과 같은 미용 분야로도 발전되어 있습니다. 때문에 미용에 관심이 높고 씀씀이를 아끼지 않는 여성들의 관심을 받으며 일본, 중국, 홍콩, 싱가포르 등 각지에서 우리

나라의 한의학에 대한 관심이 높아지고 있습니다. 한국보건산업진흥원에 따르면 지난 2019년 우리나라의 한방 의료관광객 유치현황은 23,723명으로, 2009년 1,897명에서 꾸준히 증가추세를 보이고 있습니다.

그러나 대형 병원의 숫자가 적고 투자자를 구하기 쉽지 않아 수용능력과 홍보가 부족한 실정입니다. 따라서 더 많은 외국인 환자의 유치를 위해서는 양방과 한방의 협진을 활성화하고, 한방음식이나 산림치유, 템플스테이 등과 연계하여 트렌드에 맞는 한국형 의료관광으로 진화하는 방법을 모색해야 합니다.

비무장지대(DMZ ; Demilitarized Zone)란 협정이나 조약 등에 의해 무장이 금지되어 있는 지역을 말합니다. 휴전협정 이후 직접적인 충돌을 방지하기 위하여 일정간격을 두도록 한 완충지대라고 볼 수 있으며, 이 구역에서는 군대의 주둔이나 무기의 배치, 군사시설의 설치 등의 무장이 금지됩니다. 한반도에서는 1950년 6월 25일 한국전쟁이 일어난 후 1953년 7월 27일 진행된 정전협정으로 인해 만들어졌으며, 한반도 서쪽 끝인 파주 정동면 임진강 하구에서부터 강원도 고성까지 군사분계선 248km를 중심으로, 남과 북 각 2km이내의 지역이 지정되었습니다.

그런데 이 DMZ의 설치로 예상치 못한 효과가 발생했습니다. 민간인의 출입이 통제 · 규제되면서 지난 60여 년 동안 자연생태계가 회복되어 다양하고 풍부한 생태자원들이 생겨난 것입니다. 그 결과로 인해 지금 DMZ는 세계적인 자연생태계의 보고로 불릴 만큼 생태적 가치가 높은 지역으로 평가받고 있습니다.

비무장지대에는 자연경관뿐만 아니라 산양, 사향노루, 두루미류, 물범 등 국제적 보호종이나 천연기념물, 멸종위기종 및 야생동식물이 다양하게 서식하고 있어 생물종 다양성 유지를 위해 국제적으로도 많은 관심을 받고 있습니다. DMZ 생물 자원의 잠재적 가치만 140조원이 넘을 것으로 보는 평가도 있습니다.

따라서 지난 2008년 문화체육관광부와 한국관광공사가 전쟁의 상징이었던 DMZ를 평화생명지대(PLZ ; Peace Life Zone)로 관광상품화하여 새롭게 거듭나도록 했습니다. 연천군과 파주시의 관광자원과 함께 연계한 관광코스를 개발한 것입니다.

파주, 연천, 철원, 고성 등의 지역에 이르기까지 기존의 안보 관광상품에서 한 단계 더 나아가 철책선 관광코스나 자연 및 역사 문화자원 관광코스를 개발하여 관광산업에 큰 일조를 하고 있습니다. 세계 유일한 분단의 상징물이었던 DMZ가 자연의 회복력으로 인해 풍부한 생태계적 가치와 역사적 현장의 일환으로 세계적인 관심을 받게 된 것입니다.

정전협정으로 만들어진 분단과 전쟁의 상징에서 생명이 사는 공간이자 한반도 평화의 공간, 관광과 역사의 현장으로 탈바꿈되는 PLZ의 모습, 앞으로도 계속해서 대한민국의 대표적인 관광지이자 세계적인 관광지로 거듭날 수 있기를 더더욱 기대해 봅니다.

참고 : DMZ 비무장지대(http://dmz.gg.go.kr)

관광PLUS⁺ **DMZ는 우리나라에만 있을까?**

우리나라뿐 아니라 전 세계적으로 지역 분쟁이나 냉전을 거쳐 온 곳에는 DMZ가 존재합니다. 그 중에는 한반도와 같이 현존하는 DMZ도 있고, 독일의 그린벨트처럼 과거에는 DMZ였지만 통일 이후 평화의 공간으로 변신한 곳도 있는데요. DMZ 비무장지대 홈페이지(http://dmz.gg.go.kr)에 따르면 현존하는 DMZ로는 한반도 외에도 키프로스(내전), 세르비아-코소보, 지브롤터해협(스페인-영국) 등이 있다고 합니다.

하지만 꼭 DMZ가 아니라고 하더라도 세계 곳곳에는 분쟁과 분단을 상징하는 장벽과 상징물들이 다수 존재합니다. 빠른 시일 내에 냉전시대를 종식하고 마음의 장벽까지 허물 수 있는 세계 평화의 날이 오기를 바라봅니다.

안심Touch

사라져가는 습지를 보호하는 람사르협약

우리나라에서 습지는 습기가 많고 축축한 땅이라는 이유로 '늪'에 빠지다, 고통의 '수렁'처럼 항상 음산하고 부정적인 단어로 비유되어 왔습니다. 하지만 정작 습지는 환경적 측면에서 매우 중요한 자연 생태계입니다. 다양한 생물이 풍부하고 홍수와 가뭄을 조절하기도 하며, 다양한 자연 환경으로 학술적인 연구의 자료와 자연유산으로서의 가치 및 경제적 가치도 높습니다.

그런데 이러한 습지가 개발이라는 명목하에 급속히 줄어들고 있습니다. 때문에 습지를 국제적으로 보호하기 위한 협약이 생겨났는데요. '람사르협약'이 바로 그것입니다. 람사르협약은 '물새 서식지로서 특히 국제적으로 중요한 습지에 관한 협약(The Convention on Wetlands of International Importance Especially as Waterfowl Habitat)'이라는 정식 명칭을 가지고 1971년 2월 2일 이란의 람사르(Ramsar)에서 채택되었습니다. 이는 물새 서식 습지대를 국제적으로 보호하기 위한 것으로 1975년 12월에 발효되었습니다.

습지의 가치가 손상되면 회복될 수 없다는 인식하에, 습지의 점진적 침식과 손실을 막자는 목적으로 습지 보전 정책을 국제 조약으로 만든 것인데요. 특이한 생물 지리학적 특성을 가졌거나 희귀동식물 종의 서식지 또는 물새서식지로서의 중요성을 가진 습지를 선정하여 지정하게 됩니다.

우리나라는 1997년 7월 28일 101번째로 람사르협약에 가입했으며 국제협약의 취지를 반영, 이바지하기 위해 환경부와 해양수산부, 지방자치단체에서 '습지보호지역'을 지정하여 보전·관리에 힘쓰고 있습니다.

람사르협약에 등록된 우리나라의 습지는?

2021년 5월을 기준으로 23개 지역, 196.160km²의 면적에 해당합니다. 다양한 지역들의 등재 추진이 꾸준히 이뤄지고 있으니, 앞으로 우리나라의 새로운 람사르 습지 지정을 기대해 봐도 좋을 것 같습니다.

지역명	위 치	면적 (km²)	지역명	위 치	면적 (km²)
대암산 용늪	강원 인제군 서화면 심적리 대암산 일원	1.060	물장오리 오름 습지	제주 제주시 봉개동	0.628
우포늪	경남 창녕군 대합면·이방면·유어면·대지면 일원	8.540	제주 1100고지 습지	제주 서귀포시 색달동·중문동 ~제주시 광령리	0.126
강화 매화마름 군락지	인천 강화군 길상면 초지리	0.003	오대산 국립공원 습지	강원 평창군 대관령면 횡계리 일대(소황병산늪, 질뫼늪), 홍천군 내면 명개리 일대 (조개동늪)	0.018
순천만· 보성갯벌	전남 순천시 별량면·해룡면·도사동 일대, 전남 보성군 벌교읍 해안가 일대	35.5	고창·부안 갯벌	전북 부안군 줄포면·보안면, 고창군 부안면·심원면 일대	45.5
물영아리 오름 습지	제주 서귀포시 남원읍 수망리 수령산 일대 분화구	0.309	두웅습지	충남 태안군 원동면 신두리	0.067
무제치늪	울산 울주군 삼동면 조일리 정족산 일원	0.184	고창 운곡습지	전북 고창군 아산면 운곡리	1.797
서천갯벌	충남 서천군 서면, 유부도 일대	15.3	한강밤섬	서울시 영등포구 여의도동	0.273
무안갯벌	전남 무안군 해제면·현경면 일대	35.89	송도갯벌	인천 연수구 송도	6.11
증도갯벌	전남 신안군 증도면 증도 및 병풍도 일대	31.3	숨은물 뱅디	제주 제주시 광령리	1.175
제주 동백 동산 습지	제주도 제주시 조천읍 선흘리	0.590	한반도 습지	강원 영월군 한반도면	1.915
신안장도 산지습지	전남 신안군 흑산면 비리 장도 (섬) 일원	0.09	순천 동천하구	전남 순천시 도사동, 해룡면, 별량면 일원	5.399
대부도 갯벌	안산 단원구 대부남동 일원	4.53			

15 높은 관광경쟁력을 위한 한국관광품질인증제!

여행을 위해 숙박시설을 검색하다 보면 '한국관광품질인증'을 받았다며 홍보하는 것을 종종 볼 수 있는데요. 이러한 숙소는 한국관광품질인증제에 따라 인증을 받은 숙소이기 때문에, 안전과 청결함이 보장되었다고 할 수 있습니다. 그렇다면 한국관광품질인증제란 무엇일까요?

한국관광품질인증제란 기존에 문화체육부와 한국관광공사에서 국내의 우수 중저가 숙박시설을 육성하고 건전한 우수숙박시설을 지정하는 굿스테이를 비롯하여 한옥스테이, 코리아스테이, 우수쇼핑점 인증을 통합·개선하여 만든 제도입니다. 숙박, 쇼핑 등 관광접점 대상 품질기준을 마련하여 국가적으로 통합되고 단일화된 품질인증 및 마크를 부여합니다.

기존 다양한 제도에도 불구하고 주변 경쟁국에 비해 국가관광경쟁력이 다소 뒤쳐져 있었다는 점[WEF(세계경제포럼) 국가관광산업 경쟁력(2019) 4위 일본, 13위 중국, 16위 대한민국)], 중복 인증으로 관광자들에게 혼란을 불러 일으키는 84개의 개별인증제보다는 한국관광 대표 인증브랜드가 필요했다는 점, 해외의 선진국에서는 이미 국가단일 인증제도를 시행하고 있었던 점 등을 근거로 해당 제도를 도입하게 되었습니다.

심사는 서류평가와 1, 2차의 현장평가로 이루어집니다. 숙박 및 쇼핑부문 4개 업종 8개 분야가 대상이며, 4개 업종으로는 숙박업, 한옥체험업, 외국인관광 도시민박업, 외국인관광객면세판매장이 있습니다. 업종별로 상이하나 총점의 70% 이상 취득 시 인증이 가능합니다. 인증을 받은 업소에는 인증 홍보물 제공, 관광진흥개발기금 이용 금리우대, 한국관광공사 홈페이지·SNS·매체 등에 노출·

OTA 연계 인증업소 프로모션 등의 홍보마케팅, 소방 및 위생컨설팅·온라인 서비스 교육 등의 역량강화를 할 수 있는 지원이 이어집니다. 또한 소비자 모니터링 결과를 분석하여 자료를 전달함으로써 더욱 질 높은 관광 서비스를 만들어 나갑니다.

한국관광품질인증 홈페이지(qualkorea.com)에서 품질인증 업소를 검색하여 볼 수 있으며, 추천여행지에 대한 정보를 받을 수 있습니다. 또한 '한국관광품질인증 친해지기 이벤트'와 같은 경품행사에도 참여할 수 있습니다.

안심Touch

'힐링관광'이 뜬다! 템플스테이

20년 필기 | 10, 12, 15, 16년 면접

얼마 전 도서 베스트셀러 목록을 온통 '힐링' 서적이 장악한 적이 있었지요? 각박한 도시사회의 스트레스로 인해 고단해진 현대인들이 몸과 마음의 치유를 위해 평안과 안정을 찾는 데 눈길을 돌리기 시작하면서 힐링 열풍은 자연스럽게 우리의 삶에 뿌리를 내리게 되었습니다.

그런데 최근에는 여행과 관광에도 힐링 바람이 강하게 불고 있습니다. 바로 힐링과 체험까지 동시에 충족할 수 있는 템플스테이가 인기를 끌고 있는 것인데요. 템플스테이란 한국의 전통사찰에 머물면서 사찰 문화 프로그램을 통해 사찰의 생활을 체험  하고, 한국의 전통 문화와 정신을 느끼는 사찰체험을 말합니다. 공기 좋고 물 좋은 자연 속에서 전통 문화를 체험할 수 있기 때문에 내국인은 물론이고 외국인 관광객의 마음까지 사로잡고 있다고 합니다.

템플스테이는 2002년부터 외국인들에게 한국의 전통문화를 알리기 위해 기획·운영되었으며 당시에는 33개 사찰에서 체험자가 2,000여 명 정도에 불과했지만, 여행개념으로 일반인들도 관심을 가지면서 지금까지 120여 개가 넘는 템플스테이 사찰이 운영되고 체험자 또한 21만 명으로 10년 새 10배 이상 증가하였습니다.

이 중에서는 외국인 상시 운영 사찰을 선정, 외국인을 위한 특화된 서비스를 제공하는 곳도 있는데요. 외국인 방문자 수의 지속적인 증가로 스님이 직접 영어로 템플스테이를 진행하는 사찰도 20여 곳에 이른다고 합니다.

관광PLUS⁺ **템플스테이가 나아갈 방향은?**

템플스테이가 시작된 초반에는 단순히 수행자가 사찰의 일상을 체험하고 전통 문화를 체험하는 등의 몇 가지 단순한 프로그램으로 운영됐지만, 최근에는 사찰마다 특성을 살려서 차별화된 프로그램을 운영하고 있습니다. 공통적으로는 예불과 참선, 발우공양, 산책, 스님과의 대화 등을 진행하면서도 명상과 역사탐방, 숲속캠핑, 죽음체험, 평일휴식형, 놀이체험, 도자기체험, 트레킹 등 지리적·문화적 여건을 활용하여 해당 사찰만의 테마형 프로그램을 개발해 내고 있는 것이죠.

템플스테이에 참가했던 내·외국인 모두 스님과의 대화나 예불, 차 마시기, 명상 등 다양한 프로그램을 통해 불교문화를 체험할 수 있었다는 점에 만족해한다고 합니다. 자신의 취향에 따라 선택한 프로그램을 통해 속세의 일상에서 벗어나 나를 돌아보는 기회를 갖고, 치유를 느끼는 평화로움을 만끽할 수 있는 결과를 얻게 되었기 때문이죠.

한국불교문화사업단이 발간한 연구서에 따르면 외국인의 템플스테이 만족도는 10점 만점 기준 8.8점이라고 합니다. 타인에게 추천해주고 싶다고 말할 정도로 템플스테이가 한국 전통문화의 브랜드로서 자리 잡았다는 사실을 입증하는 결과입니다. 따라서 내국인과 외국인을 대상으로 하는 프로그램을 차별화시켜 강화할 필요가 있습니다. 수요자의 요구에 부합하는 운영 방향을 설정하고 기획해 나가는 데 힘을 쏟아야 할 때입니다.

17 세계에서 관광객이 가장 많은 나라, 관광수입이 가장 많은 나라는?

14년 필기

세계에서 관광객이 가장 많은 나라는 과연 어디였을까요? 세계관광기구(UNWTO)에 따르면 지난 2018년 한 해 동안 외국인 관광객이 가장 많이 찾은 나라는 프랑스로 밝혀졌다고 합니다. 2018년 약 8,900만 명이나 되는 사람들이 프랑스를 찾았다고 하는데요. 프랑스 인구가 6,600만 명 정도인 것을 감안하면 프랑스 전체 인구보다도 더 많은 수치의 관광객이 프랑스를 방문한 것입니다. 프랑스에 이어서 스페인과 미국, 중국이 그 뒤를 이었는데요. 마스터 카드의 조사에 따르면 2019년 동안 관광객이 가장 많이 찾는 도시로는 태국이 1위를 차지했으며 우리나라의 서울은 중국인 관광객이 감소하여 이 중 11위를 기록했습니다.

하지만 관광객이 많다고 해서 그것이 곧 관광객들의 지출로 이어지지는 않는다고 하는데요. 프랑스 방문객의 대부분은 캠핑을 선호하는 유럽인이기 때문에 1인당 소비액은 크지 않고, 오히려 1인당 소비액이 가장 큰 곳은 마카오와 같은 나라라고 합니다(2013년 기준).

관광수입도 마찬가지입니다. 관광지식정보시스템의 세계관광지표(2019년 기준)에 따르면 주요 국가 중 관광수입이 가장 높은 곳은 미국으로, 한 해 동안 2,141억 달러를 벌어들였다고 합니다. 2위는 스페인, 3위는 프랑스, 4위는 태국, 우리나라는 19위였습니다.

우리나라의 경우 지난 2019년에는 중국 의존도가 감소하고 중국을 제외한 모든 권역이 증가해 외래관광객 1,750만 명 유치를 달성하면서 경제적 파급효과도 컸다고 합니다. 관광수입이 25조 1천억원에 달했다고 하는데요. 앞으로도 다채로운 관광 콘텐츠를 더 살려서 많은 외국인 관광객이 한국을 찾을 수 있도록 하는 것이 정부와 관광업계의 몫이 될 것 같습니다.

관광 PLUS⁺ 관광산업 경쟁력이 가장 높은 나라는 어딜까?

세계경제포럼(WEF)이 각국 정부의 관광 정책, 환경, 안전성, 문화유산 등 총 14개 항목을 평가해 세계 136개국을 대상으로 실시한 '여행 및 관광산업 경쟁력 2019' 평가에서 스페인이 1위를 차지했다고 합니다. 앞서 살펴본 기록에서 외국인 관광객 수, 관광수입 등에서 상위권에 올랐던 스페인이 관광산업 경쟁력이 가장 높은 나라인 것을 보면 스페인의 관광경쟁력에 더욱 주목할 만합니다.

한국은 16위로, 아시아국가 중에서는 4위를 기록했습니다. 아직은 발전 단계에 머물고 있지만 언젠가 관광수입과 관광산업 경쟁력에서도 순위권에 들어가 있을 우리나라의 모습이 기대됩니다. 아름다운 전통 문화와 관광자원들로 관광객들의 발길을 저절로 사로잡는 주요 관광 국가로 성장할 수 있는 날이 곧 오겠지요?

18 고령화시대에 발맞춘 시니어관광

12년 면접

시니어관광이라는 말을 들어보신 적 있으신가요? 시니어관광이란 '시니어 (Senior)'와 '관광'의 합성어로서, 노년기의 관광을 뜻합니다. '노인 관광'이나 '실버 관광'이라는 말도 있지만 '노인'이나 '고령자', '실버'라는 단어에서 느껴지는 부정적인 이미지 때문에 최근 시니어관광이라는 용어를 사용하게 되었습니다. 또한 시니어관광은 기존의 실버 관광보다 좀 더 특화된 관광 상품이라는 점에서 차별화되기도 합니다.

하지만 이런 시니어관광의 개념과 정의, 규정 연령에 대해서는 아직 그 연구가 미흡한 실정입니다. 다만, 한국관광공사의 〈시니어관광 활성화 방안 연구보고서 (2012)〉에서는 노인에 대한 기준을 '관광활동에 참여할 수 있는 건강과 활동 능력을 갖춘 자'로 규정하고 연령적으로는 55세 이상을 노인층으로 정의하고 있습니다.

우리나라의 인구 고령화는 OECD 국가 중에서도 가장 빠른 속도로 진행되고 있으며, 2026년부터는 고령사회를 넘어서 초고령사회로 진입할 것으로 예상됩니다. 경제상황이 제법 넉넉해지면서 고령자들은 이제 더 이상 먹고 살 걱정보다는 문화를 향유하고 여가를 즐기려는 여유를 찾게 되었죠. 때문에 시니어는 관광시장의 새로운 수요자로 부상할 것으로 예상되고 있고, 시니어관광은 관광업계가 요즘 주목하고 있는 산업 중 하나이기도 합니다.

시니어관광은 개인적인 측면뿐만 아니라 사회적·산업적 측면에서도 매우 중요합니다. 시니어의 관광활동을 통해 노인들은 변화된 현대사회를 인식하고 사회의식을 고취할 수 있게 되고, 나아가 사회적 유대감을 형성할 수 있게 됩니다. 또한 이에 따른 상품과 서비스의 수요·공급이 증가하면서 고용시장의 불안정성을 개선하고 일자리 창출에도 큰 도움이 될 수 있습니다. 이런 시니어관광을 활성화하기 위해서는 시니어관광객이 주로 찾는 여행지의 인프라를 구축하고, 실효성이 없는 경로우대정책의 개편, 시니어관광객의 관광 마인드 변화 등이 필요합니다.

최근에는 평균수명의 증가로 인해 건강에 대한 관심이 고조되면서 관광 산업 자체도 농촌관광, 생태관광 등 친환경적인 관광이 떠오르고 있는데요. 이에 따라 시니어와 관련한 관광트렌드도 힐링관광, 의료관광 등 양보다 질을 우선시하는 다양한 여행이 각광받을 것으로 보입니다.

관광PLUS⁺ **시니어관광의 발전을 가로막는 애로사항!**

1. 상품가격의 편차, 여행경비의 제약 등 미흡한 복지제도
2. 고령자의 응급상황을 대비한 지원책 미비
3. 각종 편의시설의 부족
3. 노인들에 대한 선입견으로 발생하는 부족한 서비스

　이런 문제점을 해소하기 위해서는 시니어만을 위한 특화된 관광상품을 개발하고, 기존의 실효성 없는 정책을 재검토하여 시니어 우대제도나 비용할인제도를 도입하는 정책 마련이 필요합니다. 또 기본적인 인프라 구축과 시니어관광 전문 가이드의 양성도 필요하겠지만 무엇보다 중요한 것은 시니어관광에 대한 인식의 전환이겠죠? 꾸준한 관련 산업의 개발 및 지원을 통해 고령사회에 대비한 시니어관광의 활성화가 이루어질 수 있기를 기대해 봅니다.

참고 : 한국관광공사, 〈시니어관광 활성화 방안 연구〉

19 전쟁의 상징, 판문점

20년 필기 12, 13, 14년 면접

판문점의 원래 지명은 '널문리'로, 6·25 전쟁이 일어나기 전까지는 평범하고 작은 마을이었습니다. 그러나 6·25 전쟁으로 1951~1953년 유엔군과 공산군 간의 휴전회담이 열리면서 세계적인 관심을 받기 시작했고, 이곳에서 휴전 협정이 이루어지면서 '공동경비구역(JSA ; Joint Security Area)'이라는 정식명칭이 결정되었습니다. 따라서 판문점은 정전협정체결로 전쟁과 분단의 상징이자 한편으로는 남북 만남의 역사적 상징이라는 이중적인 의미를 가지게 되었죠. 이 공동경비구역은 남북한 양측이 행정 관할권을 행사할 수 없는 지역이며, 군사분계선을 중심으로 하여 동서 800m, 남북 400m의 거리를 두고 있습니다. 판문점에는 현재 남측의 '평화의 집', '자유의 집'과 북측의 '판문각'과 '통일각' 등의 건물이 들어서 있습니다.

▲ 판문점의 콘크리트 경계석

판문점에서 처음 열린 회담은 천막을 치고 시작되었지만, 회담이 끝난 뒤에는 건물을 지어 남북한 사이의 회담이나 왕래를 위한 지점으로 활용되어 왔는데요. 당시에는 양측 군사정전위원회 관계자나 경비병 등이 구역 내에서 자유롭게 다닐 수 있었지만, 1976년 8월 18일 판문점의 공동경비구역 내에서 초소 관측을 위해 미루나무 가지치기 작업을 감독하던 미군 장교 두 명이 북한군들에게 무자비하게 도끼로 살해당한 일명 '판문점 도끼만행 사건'이 벌어지면서 다시는 서로 넘나들 수 없게 되었습니다. 이 때 경계를 표시하기 위해 회담장 중간에 콘크리트 단이 설치되었는데요. 군사분계선을 따라서 높이 5cm, 폭 50cm 정도의 작은 콘크리트 단이 남과 북을 가르는 상징적인 선이 되어버렸습니다.

판문점은 남북 분단의 현장으로 외국인 관광객의 발길이 잦은 세계적인 안보 관광지이기도 합니다. 우리나라의 안보 관광지는 그 희소성 덕분에 외국인에게 큰 인기를 끌며 관광객 수도 점차 증가하고 있는데요. 관광지식정보시스템에 따르면 매년 외국인 관광객의 증가 추세를 보이는 DMZ나 전망대에 비해 판문점은 오히려 그 비중이 조금씩 감소하고 있다고 합니다. 안전에 대한 위험성이 높고 각종 규정과 관람을 통제하는 경우가 상대적으로 많기 때문으로 추정되는데요. 편의시설의 설치 및 규제 완화와 같은 제도적인 기반을 마련하여 판문점이 남북 간 교류협력의 통로이자 세계적인 안보 관광 브랜드로 다시금 거듭날 수 있기를 기대해 봅니다.

관광PLUS⁺　　**판문점을 관광할 때의 주의사항은?**

　　판문점을 관광할 때에는 몇 가지 유의하여 준수해야 할 사항이 있습니다. 먼저 여행 당일 주민등록증이나 여권 등의 신분증을 필히 지참해야 하며, 방문 계획 10분 전에 도착하지 못할 경우 방문이 취소될 수 있습니다. 또 10세 미만의 어린이는 관광이 통제됩니다.

　　또 한 가지 중요한 규정은 바로 복장에 대한 지침입니다. 평상시 복장을 착용할 수 있지만, 민소매나 반바지, 운동복, 찢어진 청바지, 슬리퍼나 조리, 군복 스타일의 옷은 착용할 수 없습니다. 기본적인 청바지는 허용하지만 찢어지거나 물이 빠진 청바지를 규제하고 있는 이유는 과거 북한이 청바지를 입은 남측 관광객을 대상으로 '미국의 구호물자를 입고 있는 것'이라는 비난을 하면서 복장 단속을 실시했기 때문입니다.

　　판문점 공동경비구역은 북한군과 매우 근접한 지역으로 크고 작은 사건발생 가능성이 있어 민감한 지역입니다. 따라서 개인행동을 불허하며, 우리 안내원 및 경비 군인의 지시에 따라 순응해야 한다는 것도 중요한 유의사항입니다.

20 불황에도 끄떡없는 저가 항공사!

11, 13, 16, 19, 20년 필기 15, 16년 면접

똑같은 항공 노선을 이용하는데, 한 쪽이 더 저렴하다면? 당연히 이용객들은 저렴한 항공편으로 마음이 기울 수밖에 없을 텐데요. 우리가 흔히 알고 있는 대한항공, 아시아나항공과 같은 대형항공사(Full Service Carrier)에 맞서 저렴한 가격을 내세운 것이 바로 저가 항공사입니다.

저가 항공사의 공식적인 명칭은 본래 저비용항공(Low Cost Carrier)으로, 일반적인 대형항공사에서 제공되는 서비스를 간소화, 유료화하는 등 다양한 방법으로 운항 원가를 절감하여 소비자에게 대형항공사보다 저렴한 가격으로 서비스를 제공하다보니 자연스럽게 저가 항공사로 불리게 되었습니다.

그렇다면 저가 항공사들은 어떻게 운항 비용을 절감할 수 있는 것일까요? 앞에서 말했듯이 가장 큰 요인은 서비스를 단순화하고 최소화하여 제공하는 것입니다. 우리나라의 항공사가 기본적으로 제공하는 각종 서비스를 아예 제공하지 않거나, 또는 제공하더라도 일부 돈을 내고 이용하게 하는 것이지요. 이 방법은 모든 저가항공의 공통적인 원리입니다.

또 인터넷 예약 결제를 통해 시스템을 효율화하고 인건비나 수수료, 운영비를 최소화하는 등 다양하고 효율적인 운영을 통하여 각종 비용을 절감하고 있습니다. 따라서 일반적인 평균 운임 비용보다 20~50% 할인된 항공권을 판매할 수 있게 되는 것이지요.

국내 저가 항공사로는 제주항공, 진에어, 에어부산, 이스타항공, 티웨이항공 등이 있습니다. 저가 항공사는 우리나라 도입 초반 서비스나 안전에 대한 좋지 않

은 인식과 편견도 있었지만 여러 가지 전략적인 방법을 이용, 여느 항공사와 다름없는 서비스품질과 경쟁력으로 승부하였습니다. 최근에는 7번째 저가 항공사로 에어로케이가 출범해 앞으로 항공업계에 새로운 기대를 모으고 있습니다.

관광PLUS⁺ 대형항공사 비켜! 저가 항공사 나가신다!

최근 대형항공사와 저가 항공사들이 더욱 치열한 경쟁을 벌여왔는데요. 이런 와중에 국내의 저가 항공사(LCC)가 대형항공사들을 제치고 국내선 점유율이 70%를 돌파하였습니다.

국내 항공사는 2020년 초 코로나19 사태로 인한 경영난에 빠졌는데요. 저가 항공사들은 억눌린 해외여행 수요를 겨냥한 무착륙 관광비행을 상품으로 내놓는가하면, 진에어는 국내 항공사 처음으로 기내식을 콘셉트로 한 냉장 가정간편식(HMR · Home Meal Replacement) 상품인 '지니키친 더리얼'을 출시하기도 하였습니다. 이러한 이색 수요에 힘입어 저가 항공사의 국내여객 운송량은 빠른 회복세를 보이며 2020년 1,687만 명을 기록하였습니다. 국내선 여객 수요는 기저 효과가 더해져 코로나 이전 대비 94%까지 회복되었습니다.

이렇듯 저가 항공사가 경쟁력을 갖출 수 있었던 이유로는 국내선 수요 회복을 위한 노선 확대, 무착륙 국제비행 등 이색 상품 출시를 통해 여행객들의 니즈를 충족시킨 프로그램의 다양성을 꼽습니다. 또한 저가 항공사는 여행에 있어 가장 큰 비용 요소인 항공료를 국내선 특가 프로모션을 통해 초저가로 판매한다는 점에서 대형항공사보다 유리한 평가를 받습니다. 더불어 최근에는 국내 · 외 화물 운송을 통해 코로나 이전 수준으로 회복하기 위해 꾸준히 노력하고 있어 앞으로도 기존의 대형항공사와는 다른 강점을 살린 그 성장세가 꾸준할 것으로 기대되고 있습니다.

21 우리나라 최초의 호텔은?

우리나라에 세워진 최초의 호텔은 어디에 있었을까요? 지금 같으면 당연히 서울이라고 생각하겠지만 사실 인천이 최초입니다. 1883년 인천항이 개항하면서, 각국의 외국인들이 인천으로 모여들게 되었는데요. 이때는 경인선이 놓이기 전이었기 때문에, 인천에 도착한 외국인들은 대부분 하루 이상을 인천에 머무를 수밖에 없는 상황이었습니다. 당연히 많은 서양인들에게는 숙박시설이 필요하게 되었고, 이런 수요를 일찍이 파악한 일본인 해운업자 호리 히사타로는 1888년 현재의 인천 중구 중앙동에 호텔을 개관하게 됩니다. 이것이 바로 우리나라 호텔의 효시라 할 수 있는 '대불호텔' 입니다.

▲ 대불호텔

대불호텔은 처음에 2층 목조건물에서 시작하여 3층 벽돌건물로 확장한 것으로 추정됩니다. 침대가 있는 방 11개와 240개의 다다미방으로 구성되어 있었다고 하니 최초의 호텔이기는 해도 그 규모가 절대 협소하지는 않았음을 알 수 있습니다. 개관 후 인천으로 들어오는 많은 외국인들이 대불호텔을 이용하기 시작하면서 전성기를 이루게 되지만, 경인선이 개통되고 나서는 그 수요가 현저하게 떨어지게 됩니다. 기차를 이용하면 목적지까지 바로 갈 수 있으므로 인천에 일부러 머무를 필요가 없게 되었기 때문이죠.

결국 대불호텔의 건물은 1918년 중국인에게 인수되어 '중화루' 라는 중국음식점으로 탈바꿈합니다. 중화루 역시 큰 명성을 얻고 많은 사랑을 받지만 이후 대불호텔의 건물은 1978년 결국 철거되고 맙니다. 현재는 그 터만 남아 있는 상태가 되었죠.

반면 서울시 중구에 세워진 서양식 호텔
은 1902년 세워진 '손탁호텔'입니다. 독
일 여인 손탁(Antoinette Sontag)이 세
운 이 호텔은 객실과 가구, 장식품 등 실
내장식과 요리까지 모두 서양식으로 이
루어졌으며 중요한 역사의 현장이자 서

▲ 손탁호텔의 내부모습

울의 대표적인 호텔로 평가받았습니다. 다양한 모임 장소로 사용되었을 뿐만 아
니라 외교관들의 주 무대가 되면서 정치와 외교의 거점이 되었기 때문이죠. 하지
만 손탁호텔 역시 1975년 건물이 화재로 손실되면서 지금은 그 흔적을 찾아보기
어려워졌습니다.

관광PLUS⁺ **대불호텔의 복원? 재현?**

지난 2011년 5월, 인천 중구 중앙동 공사 현장에서 놀라운 일
이 일어났습니다. 바로 공사 중에 대불호텔의 기단 등 건축물의
잔재 일부가 발견된 것입니다. 붉은 벽돌 구조물이 나오면서 공
사는 중단되었고, 이어 공사 중지 명령이 내려졌습니다. 이 대불
호텔의 터가 민간사업자가 사들인 개인 소유의 부지인 것으로
밝혀져 결국 문화재청에서는 이를 매수하여 보존하기를 구에 권
고하였습니다.

이에 인천시 중구는 2013년부터 대불호텔의 복원 사업을 추진하였으나, 고증 자료가 부
족하다보니 외벽만 재현하고 내부 공간은 전시관 등으로 활용하는 재현 사업으로 변경하게
되었는데요. '복원'이 아닌 '재현'이기에 역사왜곡을 우려한 시민단체의 반발로 인해 한 때
논란을 빚기도 하였습니다. 하지만 구에서는 '옛 벽돌 구조물을 보존하고 전시하기 위해서
는 재현이 가장 현실적인 방법이기 때문에, 내부 공간 활용방안은 전문가 의견을 수렴해 결
정하겠다'는 뜻을 밝혔고 현재 대불호텔의 터를 활용하여 중구 생활사 전시관을 개관했습
니다.

사진 출처 : 경인일보

22

한류 열풍은 바다를 타고~ 낭만이 가득한 크루즈 관광

13, 17, 19년 **필기** 15, 16, 17년 **면접**

유람선산업과 관광이 융합된 크루즈 관광은 선박 안에 숙박시설, 위락시설 등의 편의시설을 갖춘 선박을 이용하여 관광하는 형태를 말하는데요. 인류의 소득 수준 향상에 따라 바다 위에서 낭만을 즐기려는 사람들이 늘어나면서 레저 산업 가운데서도 빠른 성장세를 보이고 있습니다. 세계관광기구(UNWTO)에 따르면 세계 크루즈 관광객의 연평균 증가율은 세계 관광객 연평균 증가율인 3.9%보다 높은 9.5%로, 21세기 유망 성장산업이라고 합니다.

크루즈 관광객은 대체로 소득수준이 높은 편이기 때문에 여타 단체 · 개별 관광객에 비해서 씀씀이도 상대적으로 크고 입 · 출항료와 접안료, 선박 관련 서비스 등까지 합하면 파생되는 경제효과가 매우 큽니다. 부가가치 역시 다른 여행상품보다 높은 편이며 일자리 창출 기능까지 더해져 지역경제 활성화에 미치는 효과도 막대하다고 할 수 있습니다.

아직 우리나라는 크루즈 관광의 불모지라고 생각하기 쉬운데요. 최근에는 우리나라도 크루즈 관광의 여행지 대열에 합류하고 있습니다. 외래 크루즈 관광객 2,000명을 대상으로 한 한국관광공사의 2019년 실태조사에 따르면 크루즈 여행객 10명 중 5명 이상이 한국을 방문한 경험이 있었다고 합니다. 관광을 목적으로 한국을 방문한 경험이 있는 외래 관광객의 한국 방문 횟수를 살펴본 결과, '2회'가 26.5%로 가장 높았으며, 이어 '1회'(25.1%), '5회 이상'(22.5%) 등의 순이었습니다(평균 방문 횟수는 4.4회). 또한 향후 3년 이내 '한국 재방문 의향이 있음'이 67.7%이며, 크루즈 여행지로서 '한국 추천 의향이 있음'이 74.8%로 나타났습니다.

우리나라는 삼면이 바다로 둘러싸여 있다는 지리적 특성을 이용해 해양관광을 발전시켜 나아가기 좋은 요건을 가지고 있습니다. 또 국내 주요 항구(제주·부산·인천)는 중국이나 일본 등의 주요 국가와 인접해 있어 관광에 유리하기도 합니다. 이렇게 우리나라를 찾는 크루즈 관광이 성장하기 시작하자 문화체육관광부와 한국관광공사, 각 지자체들도 시장 육성과 선점을 위해 힘을 쏟고 있습니다. 크루즈 관광 인프라 확대를 위해 크루즈선이 정박할 수 있는 선석과 터미널 공사를 진행 중이며, 크루즈선 유치를 위해 입안료와 접안료를 감면하는 등 다양한 마케팅을 펼치고 있습니다. 이 같은 활동에 힘입어 목포나 통영, 여수, 포항과 같은 중소 항구로까지 그 저변이 확대될 수 있기를 기대해 봅니다.

관광PLUS⁺ **누이 좋고 매부 좋은 크루즈 관광**

한국관광공사에 따르면 방한 크루즈 입국객 수는 2010년부터 2016년까지 연평균 80%의 성장세를 보였고 2015년 처음으로 100만 명을 돌파한 뒤 2016년 200만 명을 넘어섰다고 합니다. 크루즈 관광객의 대폭적인 증가는 중국 관광객 증가에 따른 것으로 중국인 크루즈 입국객은 전체의 72%(2016년 기준)를 차지했다고 하는데요. 크루즈 관광객이 국내에서 지출한 금액은 1조 1,200여억 원(2015년 기준)으로 조사되어 지역 경제 활성화 등에 크게 기여한 것으로 보입니다. 2014년 국내 입국 크루즈 관광객의 한국여행 경비로는 평균 1,068달러로 2013년 662달러에 비해 약 40%나 증가하였습니다.

그런데 크루즈 선박 유치의 장점은 이뿐만이 아닙니다. 관광객이 여객선을 통해 들어오다 보니 부족한 항공편 문제가 해결되고, 배 안에서 잠을 자는 크루즈 관광의 특성상 숙박시설 부족까지 자연스럽게 해결해주고 있다는 사실!

하지만 우리나라의 경우 크루즈 관광이 대부분 인바운드에 편중돼 있고, 체류형 관광으로의 프로그램 다변화와 인프라 확충 등이 시급하다는 문제점도 있습니다. 관광계의 새로운 태양으로 떠오르는 크루즈 관광산업이 개선되면 고부가가치와 함께 항공·숙박 문제까지 동시에 해결될 수 있으니 과연 누이 좋고 매부 좋은 일거양득(一擧兩得)의 관광산업임이 틀림없어 보입니다.

23

겨울이 관광 비수기라는 건 옛말! 한국의 스키관광

15년 **필기**

겨울에는 추위 때문에 다른 계절에 비해 상
대적으로 볼거리나 즐길 거리가 확연하게
줄어들 수밖에 없습니다. 따라서 관광객도
함께 감소해 관광 비수기로 손꼽히는 계절
이기도 한데요. 이런 겨울철 관광 비수기의

해결책으로 스키관광에 많은 관심이 쏠리고 있습니다.

우리나라의 스키장은 1975년 용평스키장이 강원도 평창에 처음으로 개장하면서
위락시설 관광자원으로 개발되기 시작했으며, 국내 기준으로 현재 전국에서 15개
의 스키장이 운영되고 있는데요. 주변국인 일본에 비해서도 훌륭한 시설과 서비
스, 합리적인 가격으로 외국인 관광객이 해마다 크게 증가하고 있는 추세고, 여기
에 '2018 평창동계올림픽' 이후 홍보 효과까지 더해지면서 2018-2019 동계시즌
스키관광객은 44,453명을 넘어섰습니다. 또한 그간 스키관광을 위해 우리나라에
들어오는 외국인들은 주로 눈을 보기 어려운 동남아시아 지역의 관광객이었습니
다. 그런데 유명 스키장을 중심으로 새로운 스키관광상품이 새롭게 등장하면서
동남아시아는 물론이고 '눈의 나라'라고 불리는 러시아 관광객까지 우리나라를
방문하고 있다고 합니다.

한국관광공사는 2019년 평창동계올림픽 유산을 활용한 동계 스포츠관광 활성화
사업을 추진했는데요. 주요 동계 스포츠 관광 상품으로 평창 Big3+ 상품을 내놨
습니다. 이는 중·고급 스키어들을 타깃으로 한 올림픽 유산 상품으로, 평창동계
올림픽 개최 지역에서 체류하며 평창지역 3개 스키장(알펜시아, 휘닉스평창, 용
평)과 정선 하이원리조트를 이용하는 상품입니다. 앞으로도 강원도의 동계관광

목적지 브랜드 이미지를 활용한 스키관광 상품을 개발하고, 보다 안전하게 스키를 체험할 수 있도록 다양한 활동들을 펼칠 예정이라는 포부도 밝혔습니다.

스키장은 보통 강원도라는 인식이 강했지만, 최근에는 서울과 가까운 지리적 이점을 살려 경기도 등지에서도 다양한 관광지와 스키를 연계한 상품을 개발하여 홍보하고 있습니다. 스키관광 상품개발과 함께 그에 따른 홍보가 적극적으로 이루어진다면 관광 비수기를 극복할 수 있는 최고의 대응책임과 동시에 기존 동남아시아 관광객뿐만 아니라 중국, 호주 등 관광객 시장을 넓혀 아시아 대표 겨울관광지로 입지를 굳힐 수 있게 될 것입니다.

관광PLUS⁺ 눈길 끄는 스키장 비수기 맞춤형 관광상품

한국관광공사가 강원도의 한 리조트와 함께 지난 2018년 4월 'April Snow Festival 2018'라는 눈썰매 대회를 개최했었는데요. 스키장의 비수기라 할 수 있는 4월에 남아있는 잔설을 활용하여 동남아시아 관광객을 겨냥한 맞춤형 관광상품을 출시한 것입니다. 겨울에만 눈썰매를 탈 수 있다는 고정관념에서 벗어나 새로운 고부가 관광상품을 개발한 것이지요.

한류열풍에 따라 동남아시아 지역에 한국 드라마가 방영되면서 드라마 속의 아름다운 겨울풍경 역시 관광객이 한국으로 '눈' 관광을 오게 되는 이유 중 하나가 되기도 합니다. 관광객이 보다 쉽게 한국의 눈을 즐길 수 있는 관광상품을 계속해서 개발해 나간다면 겨울철 관광비수기의 대응책인 스키장 관광의 비수기까지 해결할 수 있는 효자상품으로 거듭날 수 있겠지요?

생태관광이란 자연의 보전을 우선시하면서 관광객들이 자연자원을 감상 및 체험하고 관찰할 수 있는 관광을 말합니다. 대표적으로는 우포늪이나 순천만 갯벌 등의 자연자원을 예로 들 수 있습니다. 환경보전을 하면서 관광객들에게 자연에 대한 학습 기회를 제공하고, 거기에서 발생하는 수익으로 지역경제까지 활성화시킬 수 있는 일석삼조(一石三鳥)의 관광이라고 할 수 있지요.

이런 생태관광은 왜 필요하며, 그 효과는 또 무엇일까요? 국민소득의 증대와 주 5일제 시행에 따른 여가시간 증가는 여가 활동 패턴의 변화를 가져왔습니다. 일방적인 '관람형' 관광에서 '체험형', '참여형' 관광으로 움직이고 있는 것이지요. 또 사회가 변화하면서 레저와 문화에 자연이 어우러진 복합적인 여가활동 수요도 늘어나고 있는데요. 생태관광은 이런 여가 활동 변화에 대응할 수 있는 최적의 대안 관광으로 평가받고 있습니다. 게다가 생태관광지로 거듭나기 위해서는 우수한 자연 및 문화자원을 보존해야 할 필요가 있으므로 자연스럽게 생태계를 보존하고 환경보호에 대한 인식을 높일 수 있는 '착한' 관광산업이기도 합니다.

이뿐만이 아닙니다. 순천만 생태습지는 연간 지역경제 파급효과가 약 1,747억 원으로 추산된다고 하는데요. 크루즈 관광처럼 대규모 관광상품에 버금가는 경제적 효과도 있으니 개발비용 감소와 지역경제 활성화에도 이익입니다. 우리나라는 특히 우수한 생태자원도 많으므로 여기에 고유의 문화까지 결합시킨다면 다른 어느 나라에서도 찾아볼 수 없는 차별화된 관광지로 많은 해외 관광객 유치를 기대할 수 있을 것입니다. 결과적으로 자연보호와 경제발전 효과까지 거둘 수 있는 것이죠.

환경부가 지정한 생태관광지는 크게 습지, DMZ, 해양경관, 숲, 국립공원, 4대강 주변지역 등 6개의 카테고리로 분류됩니다. 습지로는 창녕 · 창원 · 순천과 같은 습지보호지역이자 철새도래지가 있으며, 고성 · 양구 · 철원 · 화천의 DMZ, 태안해안 · 변산반도 · 오대산 · 덕유산 · 지리산 등의 자연공원 및 국립공원, 금강 · 낙동강 주변의 생태경관지 등이 있습니다.

참고 : 환경부 생태관광 홈페이지(www.ecotour.go.kr)

관광PLUS⁺ **생태관광에도 에티켓이 있다!**

1. 자가용보다는 대중교통 이용하기
2. 두발로 자연이 주는 여유로움 느끼기
3. 정해진 탐방로 벗어나지 않기
4. 동물들을 위해 떠들지 않기
5. 지역특산 먹거리로 배도 채우고 자연도 느끼는 공정여행하기
6. 산나물 채취 등 자연을 훼손하는 행위를 하지 않기
7. 애완동물 데려오지 않기
8. 시설물 깨끗하게 이용하기
9. 쓰레기는 집으로 가져오기
10. 자연을 사랑하고 아끼는 마음으로 여행준비하기

출처 : 환경부 생태관광

25 우리나라 외래 관광객 1,750만 시대! 해결해야 할 문제점은?

값싼 관광 상품과 바가지요금!

외국인 관광객을 상대하는 여행업체들의 과잉경쟁으로 인해 원가에 미치지 못하는 상품을 판매하고, 저급한 식사나 쇼핑을 강요하는 악습이 생겨나고 있는데요. 이런 저가·저질 상품은 결국 관광 산업의 낮은 수익성을 초래하는 악영향을 낳게 됩니다. 또 외국인이 많이 찾는 기념품 판매점에서는 오히려 물건을 시중보다 훨씬 비싼 가격에 판매하는 경우도 있으며, 일부 택시나 콜밴 등이 요금을 조작하여 일반 요금의 10배가 넘는 돈을 챙기기도 해 관광객들의 눈살을 찌푸리게 하고 있습니다. 바가지요금 역시 한국의 이미지에 타격을 주고 관광객들의 발길을 돌리게 하는 주요 원인이라는 점에서 하루 빨리 개선해야 할 시급한 과제입니다.

중국과 일본에만 국한된 관광시장!

우리나라 관광시장은 중국과 일본이 그 절반 이상을 점유하고 있다고 해도 과언이 아닙니다. 때문에 우리나라는 관광 상품을 포함한 관광산업시장 자체가 중국과 일본에 치중하여 성장하고 있습니다. 하지만 이런 현상이 심화될 경우 우리나라와 중국, 일본 간의 외교 갈등이나 두 나라의 경제 사정에 따라 관광산업시장 전체가 흔들리게 될 위험이 있습니다. 이런 상황에서 큰 타격을 입지 않기 위해서는 아시아 지역 외 다른 나라를 고려하여 겨냥한 다양한 관광시장이 형성되어야 합니다. 눈앞의 이익을 쫓기보다는 멀리 내다보는 지혜로움을 가져야 할 필요가 있습니다.

⊞ 좀처럼 나아질 기미가 없는 관광객들의 불편사항!

외국인 관광객들이 느끼는 불편은 이미 예전부터 지속적으로 지적되어 온 사항들이 대부분입니다. 외래 관광객 실태조사(2013년 기준)에 따르면 한국 여행시 불편사항으로 언어소통 불편이 45.2%로 가장 높게 나타났으며, 교통 혼잡(13.5%), 높은 물가(12.8%)가 뒤를 이었습니다. 하지만 최근 서울시는 이런 점을 고려해 여러가지 대책을 마련하고 단계적으로 정비 및 실행해 나갈 예정이며 관광버스 전용주차장의 확보 등 외국인 관광객의 불편을 최대한 해소하기 위해 힘을 쏟고 있습니다.

관광PLUS⁺ **관광불편 해소를 위한 통첩! '관광산업 육성방안'**

2013년 7월 17일 열린 '제1차 관광진흥확대회의'에서 문화체육관광부는 '관광불편 해소를 위한 제도개선 및 전략 관광산업 육성방안'을 발표하였는데요. 이중 외국인 관광객의 불편해소를 위한 구체적인 내용에 어떤 것들이 있었는지 알아볼까요?

외래 관광객 여행 단계별 불편해소	**출/입국**	• 중국인 복수사증 발급대상 확대 • 동남아 복수비자 요건 완화 및 유효기간 확대 • 한국방문 우대카드 도입
	안내/여행사	• 관광경찰 제도 도입 • 우수여행상품 인증 확대 • 여행정보처리센터 상시운영 • 프리미엄 가이드 양성 • 중국전담여행사 관리 강화 • 중국어/동남아어권 가이드 확충
	숙 박	• 호텔부가세 사후 환급제도 도입 • 호텔업 등급제 의무화 및 평가제도 개선 • 게스트하우스 등 개별 관광객을 위한 소규모 숙박시설 활성화
	쇼 핑	• 사후면세 환급창구 확대 • 우수쇼핑인증제도 확대 • 외국인전용 기념품 판매점 제도 폐지
	관광지	• 한국만의 특색있는 음식, 한류, 전통문화 관광 콘텐츠 개발 • 자연친화적 생태관광 • 캠핑관광 활성화

출처 : 문화체육관광부

02 PART 무궁무진! 관광자원상식

전 인류의 보물, 유네스코 등재유산

01 | 10, 11, 12, 13, 14, 15, 16, 17, 18, 20, 21년 **필기** | 10, 11, 12, 13, 15, 17년 **면접**

유산은 앞선 시대를 살아온 선조들에게 물려받은 문화이자 삶 그 자체입니다. 이 문화 속에서 살고 있는 오늘날의 우리는 그 유산들을 소중히 보존하고 보호하여 후손들에게 물려주어야 할 의무가 있습니다. 따라서 교육, 과학, 문화 분야의 국제적인 협력을 촉진하고 세계평화와 인류 발전의 증진을 목적으로 만들어진 유엔전문기구인 유네스코(UNESCO ; United Nations Educational, Scientific and Cultural Organization)에서는 인류 전체를 위해서 보호하고 보전할 가치가 있는 유산들을 등록하고 있는데요. 그 종류는 세계유산, 무형유산, 기록유산으로 나뉘며 우리나라의 문화재 역시 해마다 그 등재의 수를 늘려가고 있습니다.

■ 세계유산

  '세계유산'은 세계 문화 및 자연 유산 보호 협약 (Convention Concerning the Protection of the World Cultural and Natural Heritage) 에 의해 인류의 보편적인 가치를 지닌 유산들을 보호 · 보존하고자 채택된 유산입니다. 이 협약에 의거하여 등재되는 세계유산의 종류는 그 특성에 따라 '문화유산, 자연유산, 복합유산'으로 분류되며 특별히 '위험에 처한 세계유산'은 별도로 지정됩니다. 세계유산에 등재되면 국제적인 기구와 단체들의 기술적 · 재정적 지원을 받을 수 있으며 인지도 상승에 의한 방문객의 증가 효과를 기대할 수 있습니다.

[우리나라의 세계문화유산]

유산명	등재연도
석굴암 · 불국사	1995
해인사 장경판전	1995
종 묘	1995
창덕궁	1997
수원 화성	1997
경주역사유적지구	2000
고창 · 화순 · 강화 고인돌 유적	2000
조선왕릉	2009
한국의 역사마을 : 하회와 양동	2010
남한산성	2014
백제역사유적지구	2015
산사, 한국의 산지승원	2018
한국의 서원	2019

[우리나라의 세계자연유산]

유산명	등재연도
제주화산섬과 용암동굴	2007
한국의 갯벌	2021

■ 인류무형문화유산

United Nations Educational, Scientific and Cultural Organization

Intangible Cultural Heritage

인류무형문화유산은 2003년부터 유네스코 무형 문화유산 보호 협약(Convention for the Safeguarding of Intangible Cultural Heritage)에 의거하여 문화적인 다양성과 창의성이 유지되고 보호될 수 있도록 가치 있고 독창적인 구전 · 무형유산을 선정하는 제도입니다. 무형유산에 등재되면 무형유산의 보호를 위한 유네스코의 각종 지원이 가능해지는데요. 여기에는 국제적 차원의 정보 및 경험 교환, 보전을 위한 연구 및 전문가의 활동, 필요 인력에 대한 훈련과 규범 마련, 보호를 위한 재정 및 기술 지원 등이 모두 포함됩니다.

[우리나라의 인류무형유산]

유산명	등재연도
종묘제례 및 종묘제례악	2001
판소리	2003
강릉단오제	2005
강강술래	2009
남사당놀이	2009
영산재	2009
제주칠머리당 영등굿	2009
처용무	2009
가 곡	2010
대목장	2010
매사냥	2010
줄타기	2011
택 견	2011
한산모시짜기	2011
아리랑	2012
김장문화	2013
농 악	2014
줄다리기	2015
제주해녀문화	2016
씨 름	2018
연등회, 한국의 등불 축제	2020

■ 세계기록유산

United Nations
Educational, Scientific and
Cultural Organization

Memory of
the World

세계기록유산은 유네스코가 전 세계 민족의 귀중한 기록물을 적절하게 보존하고 많은 사람이 기록유산에 접근할 수 있게 하려고 2년마다 세계적 가치가 있는 기록유산을 선정하고 있는 제도입니다. 문자로 기록된 책을 비롯하여 지도와 악보, 사진, 영화 등 여러 종류의 시청각 자료도 포함됩니다. 세계기록유산에 등재되면 보존을 위한 보조금과 기술적 지원을 받을 수 있고, 대중들에게 유네스코 로고 사용 등을 통한 홍보 효과를 얻게 됩니다.

[우리나라의 세계기록유산]

유산명	등재연도
훈민정음	1997
조선왕조실록	1997
승정원일기	2001
직지심체요절	2001
해인사 대장경판 및 제경판	2007
조선왕조 의궤	2007
동의보감	2009
일성록	2011
5·18 민주화운동 기록물	2011
난중일기	2013
새마을운동기록물	2013
한국의 유교책판	2015
KBS 특별생방송 '이산가족을 찾습니다' 기록물	2015
조선왕실 어보와 어책	2017
국채보상운동 기록물	2017
조선통신사기록물	2017

참고 : 유네스코와 유산(www.unesco.or.kr), 문화재청 홈페이지(www.cha.go.kr)

관광PLUS⁺ 미래의 유네스코 등재유산, 잠정목록!

'잠정목록'이란 세계유산으로 등록할 만한 가치가 있는 유산을 세계유산에 등재하기 위한 예비목록으로, 충분한 연구 및 자료 축적을 위한 제도입니다. 세계유산의 신청 자격을 얻기 위해서는 이 잠정목록에 최소 1년 전까지는 등재가 되어 있어야 합니다. 문화재청 등 관리 기관과의 협력을 통해 잠정목록에 있는 우리나라 유산들이 모두 세계유산으로 등재될 수 있기를 기대해 봅니다.

[문화유산]
- 김해·함안 가야고분군
- 고령 지산동 대가야 고분군
- 염 전
- 중부내륙산성군
- 화순 운주사 석불석탑군
- 대곡천 암각화군
- 낙안읍성
- 외암마을
- 강진 도요지
- 한양도성

[자연유산]
- 설악산 천연보호구역
- 남해안일대 공룡화석지
- 우포늪

'비빔밥' 하면 왜 전주일까?

고슬고슬한 밥에 갖은 나물과 양념을 넣고 비빈 맛깔 나는 비빔밥, 상상만 해도 군침이 절로 도는데요. 우리나라의 대표 음식 중 하나로 자리 잡은 비빔밥은 특히 전라북도 전주 지역이 아주 유명합니다. 그런데 그 많은 지역의 비빔밥 중 전주 지역의 비빔밥이 유명한 이유는 무엇일까요? 그 비밀을 알아보기에 앞서 먼저 비빔밥의 유래에 대해 살펴보도록 하죠.

사실 비빔밥의 역사와 유래는 명확하게 밝혀져 있지 않습니다. 본래 궁중의 음식이었다는 설, 농번기에 모든 반찬을 갖춰 상을 차리기 어려우니 한 그릇에 여러 음식을 섞어 먹게 되었다는 설, 제사를 마친 음식을 비벼 먹던 것에서 비롯하였다는 설 등 아주 다양한 유래가 있지만 그중에서도 궁중음식에서 비롯되어 서민 음식으로 발전되었다는 설을 가장 타당하다고 보고 있을 뿐입니다. 그러나 이렇게 설이 많다는 사실 자체가 밥과 반찬을 자연스럽게 비벼먹게 될 수밖에 없었던 우리 문화와 아주 밀접한 관련이 있다는 증거이므로, 비빔밥의 유래를 하나로 콕 짚어내는 것 자체가 무리한 일일지도 모릅니다.

그렇다면 지역에 따라 그 재료나 종류도 다양한 비빔밥 중에서도 전주비빔밥이 가장 유명한 까닭은 무엇일까요? 가장 큰 이유는 바로 지리적인 위치 때문입니다. 예로부터 전주는 농경문화의 중심지로, 쌀과 채소, 나물 등이 싱싱하고 풍부하기로 유명했습니다. 특히 좋은 수질과 기후는 콩나물 재배에 알맞아, 오래 삶아도 질감이 좋은 콩나물을 생산할 수 있었습니다. 전주비빔밥을 콩나물비빔밥이라고 말할 정도로 콩나물은 전주비빔밥에서 빼놓을 수 없는 중요한 재료이지요. 또 맛 좋은 황포묵도 한 몫을 하고 있습니다. 묵을 만들기 위해서는 물에 철분과 염분이 없는 좋은 수질을 가지고 있어야 하는데, 전주의 지하수가 이러한 조건을 잘 갖추고 있다고 하네요. 게다가 가까이 위치한 부안과 순창 지역 덕분에 젓갈과 고추장 등의 음식문화가 자연스럽게 발달할 수밖에 없었지요.

그리고 한 가지 더, 조리방법에서도 차이가 있습니다. 전주에서는 사골 국물을 우려내 고소한 밥을 짓고, 남은 고기는 육회로 이용하여 다른 재료와 잘 어울릴 수 있도록 조합을 이루었습니다. 결국 전주는 다른 지역과 차별화된 비법으로 콩나물과 갖은 재료를 이용한 특유의 맛이 입소문을 타면서, 우리나라의 비빔밥을 대표하는 지역으로 발돋움하게 된 것입니다.

관광PLUS⁺ 전주비빔밥 = 비싼 밥?

전주비빔밥이 최근 상품화로 인해 '비싼 밥'으로 인식되며 거품 논란에 휩싸였습니다. 전주비빔밥의 가격이 전국의 평균 비빔밥 가격에 비해 너무 높은 바람에 관광객들의 불만이 쏟아져 이미지에 큰 타격을 입게 된 것입니다. 이런 이유로 전주시와 비빔밥사업단 등의 관련 단체는 전주비빔밥의 가격을 낮추기 위한 계획을 세우고 있습니다. 곁들여지는 반찬 수를 줄이고, 레시피와 가격을 다양화하자는 것이지요.

일단 전주시는 비빔밥을 널리 알리고 가격 인하를 유도하기 위해 뷔페식 체험관을 운영하기로 하였습니다. 직접 비빔밥을 만들어 먹을 수 있는 전주비빔밥 체험관은 다양한 비빔밥 레시피를 소개하고, 각종 나물과 양념 등을 취향대로 골라 먹을 수 있는 뷔페식으로 운영되며 가격 역시 이전보다 비교적 저렴하고 다양한 수준에서 책정됩니다. 또 한옥마을 내의 비빔밥 전문점들도 반찬 가짓수를 줄여 더 저렴한 비빔밥을 선보일 예정이라고 합니다.

상술에 치우치지 않고 지역 고유의 정체성을 지키기 위한 각고의 노력을 통해 전주비빔밥이 하루빨리 논란에서 벗어나 비빔밥의 명성과 위상을 되찾게 되기를 바랍니다.

03 전통 건축의 비밀, 한옥의 우수성

16, 17년 면접

하늘을 뚫을 듯한 높은 빌딩 사이에서 바쁘게 생활하다 보면 시골집의 뜨뜻한 구들장에서 낮잠을 자고 일어나거나 대청마루에 앉아 시원한 바람을 맞으며 달달한 수박을 한 입 크게 베어 무는 상상을 한번쯤 하게 됩니다. 한옥은 한국의 전통 건축양식으로 지은 재래식 집으로 서양식 주택인 양옥에 대비한 말인데요. 도시에서나 시골에서나 한옥을 발견하는 것은 그리 쉬운 일이 아닙니다. '한옥체험'의 시대를 살아가고 있는 우리가 반드시 알고 있어야 할 한옥의 우수성과 아름다움, 그리고 변화한 한옥의 가치에 대해 살펴봅시다.

한옥의 가장 큰 특징으로는 자연과의 조화를 들 수 있습니다. 한옥은 기와집과 초가집이 가장 보편적이며, 너와집, 굴피집, 귀틀집, 움집 등으로 구분됩니다. 예로부터 뒤로는 산을 등지고, 앞으로는 물을 마주하는 배산임수(背山臨水)의 터에 짓는 한옥은 온돌로 방바닥을 데워 추운 겨울을 나고, 마루가 있어 여름을 시원하게 보낼 수 있습니다. 주변의 자연환경에서 쉽게 구할 수 있는 나무를 재료로 기둥과 서까래, 문, 대청마루를 만들고, 흙과 짚을 섞어 흙벽을, 전통 한지로는 창을 바르고 바닥을 깔았습니다. 특히 바닥은 한지를 깐 뒤 콩기름 등을 발라 윤기를 내고 방수도 가능하게 만들었지요.

한편, 한옥의 형태는 지방에 따라 그 구조에 조금씩 차이가 나타나는데요. 북부지방은 눈이 많이 오고 추운 날씨 때문에 대부분의 가사작업을 실내에서 할 수 있도록 마루가 없고 방들이 서로 붙어있는 양통형집을 짓습니다. 중부지방은 대개 ㄱ자 형태의 집을 짓는데, 창문이 적고 작은 대청마루가 집의 중심에 있는 것이 특징입니다. 남부지방은 무더운 여름에 바람이 잘 통할 수 있도록 개방적인 一자형으로 집을 짓습니다.

한옥의 아름다움은 두말할 것도 없지요. 멋스러운 지붕의 곡선, 아무렇게나 받쳐 놓은 주춧돌, 층층이 쌓아올린 담장, 단청 등 한옥의 곳곳에서 안정적이고 고전적인 아름다움을 느낄 수 있습니다. 무엇하나 자연과 어울리지 못하는 것이 없습니다. 그러나 얼마 전까지만 해도 한옥은 '구식' 취급을 받으며 옛 모습을 잃어가고 있었는데요. 최근 힐링이 대세가 되면서 우리나라 전통 한옥에 대한 관심도 증가하고 있습니다. 지역마다 새롭게 조성되거나 보호되고 있는 한옥마을과 이곳을 방문하는 국내외 관광객의 급증은 이러한 현상을 뒷받침하고 있습니다. 또 정부차원에서 다양한 지원도 이루어지고 있습니다. 한국관광공사는 우수 한옥체험숙박업체를 선정하여 관리하고 있으며, 국토교통부는 한옥에 대한 관심과 수요 증가에 따라 한옥 전문인력 양성에 나서기도 했습니다.

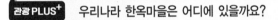

관광PLUS⁺ **우리나라 한옥마을은 어디에 있을까요?**

수도권/강원도 : 남산골 한옥마을, 북촌한옥마을, 용인한국민속촌, 고성 왕곡마을

충청도/전라도 : 아산 외암마을, 전주 한옥마을, 담양 창평 삼지내마을, 보성 강골마을, 순천 낙안읍성마을, 영암 구림한옥마을, 남도 한옥민박마을, 섬진강 다무락마을

제주도 : 성읍민속마을

경상도 : 경주 양동민속마을, 고령 개실마을, 대구 옻골마을, 봉화 달실마을, 성주 한개마을, 안동 군자마을, 안동 하회마을, 영양 두들마을·주실마을, 영주 무섬마을·선비촌, 예천 금당실마을, 의성 사촌마을·산운마을, 거창 황산전통한옥마을, 산청 남사예담촌, 하동 청학동

04 느림의 삶을 지향하는 슬로시티 운동

기술의 혁명으로 얻게 된 '빠른' 속도는 인간에게 편리함을 선사했지만, 그 대가로 느리게 사는 즐거움과 행복을 잃게 만들었습니다. '빠른' 삶이 지속될수록 인간은 '느린' 삶을 그리워하게 되었지요. 이런 빠른 삶에서 벗어나 자연과 조화되고 여유로운 삶을 살자는 취지에서 비롯된 운동이 있습니다. 바로 슬로시티(Slow City) 운동인데요. 슬로시티(Slow City)란 1999년 이탈리아의 파올로 사투르니니(Paolo Saturnini) 전 시장을 비롯한 몇몇 시장들에 의해 처음 시작된 것으로, 자연과 전통문화를 보호하고 조화를 이루면서 속도의 편리함에서 벗어나 느림의 삶을 추구하자는 국제운동입니다. 공식 명칭은 '느린 도시'라는 뜻의 치타슬로(Cittaslow)로, 우리에게 익숙한 슬로시티는 이를 영어식 표현으로 바꾼 것입니다.

국제슬로시티연맹의 로고는 마을을 이고 가는, 느림의 대명사 달팽이입니다. 로고만 보아도 슬로시티 운동의 목적이 느껴지는 것 같요? 국제슬로시티의 가입을 위해서는 에너지 및 환경정책, 인프라 정책, 도시 삶의 질 정책, 농업·관광 및 전통예술 보호 정책, 방문객 환대·지역주민 마인드와 교육, 사회적 연대, 파트너

십 등 7개 항목의 평가기준을 통과하여야 합니다.

슬로시티는 1999년 이탈리아에서 시작된 이래 2021년 7월을 기준으로 30개국 278개 도시로 확대되었으며, 우리나라도 현재 16개의 슬로시티를 가지고 있습니다. 우리나라의 국제슬로시티로는 전남의 신안 증도와 완도 청산, 담양 창평,

그리고 경남의 하동 악양, 충남 예산 대흥, 전북 전주 한옥마을(풍남동·교동), 경북 상주 함창·이안·공검, 경북의 청송 주왕산·파천, 강원도 영월 김삿갓, 충북 제천 수산, 충남 태안군 소원면, 경북 영양군 석보면, 경남 김해시, 충남 서천군 등이 있습니다.

이런 슬로시티는 풍부한 자원과 환경으로 이름나 관광객에게도 사랑받고 있습니다. 느림의 미학을 추구하는 동시에 관광지로서의 개발을 함께 추구하는 것이 이 운동의 기본 취지에 어긋난다는 관점도 있지만 주민들이 자발적이고 주체적으로 참여하여 마을의 유적과 먹거리, 축제 등의 관광자원을 체계적으로 연계시킨다면 슬로시티의 가치를 공유하는 동시에 새로운 지역관광의 영역을 개척할 수 있는 좋은 기회가 될 것입니다.

참고 : 한국 슬로시티 홈페이지(www.cittaslow.co.kr)

관광PLUS⁺ 슬로시티의 명예를 되찾은 신안 증도!

슬로시티의 재심사는 전 세계 슬로시티 가운데서 지정된 지 5년이 지난 곳을 대상으로 1년에 2차례씩 이루어지는데요. 지난 2013년, 아시아에서는 최초로 2007년에 지정된 국내의 슬로시티 4곳(담양 창평, 완도 청산, 장흥 유치·장평, 신안 증도)에 대한 국제슬로시티연맹의 재인증 심사에서 전남 장흥군이 탈락하고 신안군이 보류된 것으로 확인되었습니다.

신안 증도는 재인증 평가항목의 답변 불충분, 5년간의 성과보고 미흡, 증도의 일반 숙박업소와 식당 등에서 슬로시티 로고 부정사용, 신안군의 슬로시티 철학 인식과 관심 부족 등을 사유로 2014년 4월 30일까지 회원자격을 잠정 보류하는 결정과 재인증받을 것을 요구하는 통보를 받았는데요. 이에 신안군에서는 국제슬로시티연맹의 기준에 부합하는 가입 서류의 재작성, 슬로시티 한국본부 측 관계자 초청 교육 및 면담 수시 실시, 로고 부정 사용 정비 완료 등 재가입을 위한 각고의 노력을 기울인 결과 2014년 8월 1일부로 국제슬로시티연맹의 재인증 평가에서 회원자격이 회복됐음을 다시 통보받았습니다.

앞으로 있을 재인증 심사에서도 다시는 이런 현상이 발생하지 않도록 지자체와 한국 본부에서 협력하여 품질 유지와 성숙한 모습을 보여줄 수 있는 노력을 기울어야 할 때입니다.

05 건물에 숨을 불어넣는 작업, 단청(丹靑)

11, 12, 13, 15, 20년 **필기** 14년 **면접**

인류가 시작된 이래로 사람들은 다양한 상징을 포함한 기호나 문자, 문양과 그림 등의 여러 가지 형태를 표현의 한 수단으로 사용하였습니다. 그리고 이런 문양이나 색채는 미(美)의 추구와도 일맥상통하여 건축미술에도 영향을 주었습니다. 우리나라의 단청은 고대를 지나 삼국시대부터 시대의 변천에 따라 꾸준하게 발전과 변화를 거듭하며 오늘날의 단청으로 자리 잡게 되었지요. 단청이란 공예품이나 목조건물 등을 청(靑), 적(赤), 황(黃), 백(白), 흑(黑)의 오방색으로 채화하여 아름답고 장엄하게 장식하는 것을 말합니다. 광물질을 원료로 한 암채(岩彩)를 안료로 사용하며, 기본색상인 오색은 오행사상과 깊은 관계가 있습니다. 청은 동쪽으로 목(木)을, 적은 남쪽으로 화(火)를, 황은 중앙으로 토(土)를, 백은 서쪽으로 금(金)을, 흑은 북쪽으로 수(水)를 의미합니다.

단청의 종류에는 금단청, 모루단청, 긋기단청, 가칠단청, 금모루단청, 갖은금단청 등이 있는데요. 금단청은 비단처럼 갖은 무늬를 다양하게 그려 넣는 것으로 가장 화려한 단청이라고 할 수 있습니다. 모루단청은 부재의 끝 부분에 여러 가지 무늬를 그려 넣은 것이며, 긋기단청은 검정이나 흰색 선으로 테두리에서 긋기만 하여 장식한 간소한 것, 가칠단청은 문양이나 긋기 없이 단일한 색으로 바탕칠만 하는 것을 말합니다. 또 목조건축물 중 단청을 하지 않은 궁전이나 집은 백골집이라 부릅니다.

이런 단청은 단순히 미(美)를 추구하기 위한 목적이었을까요? 생각보다 단청은 매우 다양하고 기능적인 역할을 수행했는데요. 첫째로 기후의 변화에 따른 부식이나 건습 등을 방지해 기물이나 건축물을 장기적으로 보존·보호하고 내구성을 강화하는 역할을 했으며, 둘째로 목재라는 재질에 나타나는 거친 조악함을 은폐하기 위한 목적, 셋째로는 궁궐과 사원 등의 장식을 통해 건물의 특수성과 위계성을 강조하는 구실을 하였습니다. 한편으로는 건물의 상징과 식별, 또 통일성과 다양성을 추구하기 위함이기도 했습니다. 단청은 역사적 흐름에 따라 민족의 감정과 기호에 많은 영향을 받으며 발전하였습니다. 따라서 단청의 장식과 색조는 그 시대상을 반영하는 동시에 특수성을 갖게 됩니다. 중국과 일본에도 단청은 있었지만 기술적으로나 그 다양함에 있어 우리나라처럼 발전되지는 못한 수준입니다. 건축물에 화려한 문양을 직접 채색한 방식은 우리나라가 거의 유일하므로, 가히 자부심을 가질만한 전통 건축미술이라 할 수 있습니다.

관광PLUS⁺ 부실공사로 몸살 앓는 숭례문 단청

지난 2008년 2월 화재로 훼손된 숭례문이 약 5년간의 공사 끝에 2013년 복구사업을 마치고 우리 곁으로 돌아왔지만, 검증되지 않은 재료사용과 단청문제로 재시공이 필요한 것으로 밝혀졌습니다.

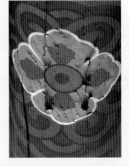

천연안료를 써야 할 단청에 부실한 화학안료와 화학접착제 등을 사용하고, 전통방식에 있어서도 검증되지 않은 기법을 적용하여 단청이 벗겨지고 균열이 생긴 것입니다. 이 때문에 단청이 벗겨진 곳은 약 500곳이 넘는 상황이고 상태도 너덜너덜할 정도로 심각하다고 합니다.

재시공에 필요한 시간도 문제이지만 더 큰 관건은 이제 단청을 무엇으로, 어떻게 칠해야 하는가입니다. 전통 방식에 대한 연구가 아직 진행 중이고, 검증된 것이 없는 상황에서 마땅한 재시공 방법을 정할 수 없기 때문인데요.

단청은 우리나라만이 가진 고유의 특징적인 문화이자 역사적으로 소중한 관광자원입니다. 따라서 그에 대한 이해와 연구 역시 앞으로도 계속해서 이루어 나가야 할 과제가 될 것입니다.

서울 5대 궁궐의 모든 것!

13, 15, 16, 17, 18, 20년 **필기**   11, 12, 15, 16, 17, 20년 **면접**

퓨전 사극으로 큰 인기를 끌었던 드라마 '뿌리깊은 나무'와 '해를 품은 달'의 촬영지가 어딘지 알고 있나요? 두 인기드라마는 서울의 5대 궁궐 중 최고로 꼽히는 경복궁에서 촬영되었습니다. 해외에서까지 우리나라의 사극 드라마가 인기를 끌면서 경복궁은 관광명소로 더욱 사랑받고 있는데요. 영국의 버킹엄 궁전, 중국의 자금성처럼 한 나라의 역사와 문화를 알기 위해선 궁궐에 대해 알고 있어야 합니다. 조선을 대표하는 5대 궁궐에는 경복궁, 창덕궁, 창경궁, 덕수궁, 경희궁이 있는데요. 서울의 역사와 문화를 고스란히 품은 서울의 5대 궁궐에 대해 살펴봅시다.

■ 경복궁

▲ 경복궁 근정전

태조가 조선을 건국하면서 가장 먼저 세운 궁궐은 경복궁입니다. 경복궁이 처음 지어졌을 때 궁의 규모는 390여 칸으로 그리 크지 않은 규모였는데요. 경복궁의 경복(景福)은 큰 복을 빈다는 뜻으로 「시경」 중 '이미 술에 취하고 이미 덕에 배부르니 군자만년 그대의 큰 복을 도우리라'라는 구절에서 따온 것입니다. 정문인 광화문을 지나면 정전인 근정전이 나오고 근정전 뒤로는 사정전(임금의 사무실)과 강녕전(임금의 침실), 교태전(왕비 거처)이 이어집니다. 근정전에서 왼편으로 나가면 인공 연못 위로 경회루(연회의 장)가 자리하고 있습니다. 경복궁은 임진왜란 때 불타 무너지고, 복원 뒤에는 명성 황후가 살해되는 비운을 겪었지만 현재는 서울을 대표하는 문화·역사 공간으로 자리 잡았습니다.

■ 창덕궁

창덕궁은 경복궁에 이어 두 번째로 지어진 궁궐입니다. 나라에 전쟁이나 재난이 일어나 공식 궁궐인 경복궁을 사용하지 못할 때를 대비해 지어진 이궁인데요. 원래 궁궐의 중요 건물들이 유교예법에 따라 질서 정연하게 배치되는 것에 반해 창덕궁은 이런 관례를 따르지 않고, 정문인 돈화문과 정전인 인정전, 편전인 선정전 등이 중심축 선상에 배치되어 있지 않은 것이 특징입니다. 그 이유는 경복궁이 평지에 세워진 것과는 달리 창덕궁은 북쪽 응봉의 지형을 따라 지어졌기 때문입니다. 이처럼 창덕궁은 자연에 순응하며 조화를 이룬 건물로써 경치와 조화된 궁궐의 아름다움을 인정받아 1997년 유네스코 세계문화유산으로 등재되었습니다.

■ 창경궁

창경궁은 숙종이 장희빈을 처형하고 영조가 사도세자를 뒤주에 가두어 죽인 일 등 우리에게 잘 알려진 궁중의 비극이 일어난 곳인데요. 일제강점기에는 동물원, 식물원 등이 들어서면서 창경원으로 격하되는 수모를 겪기도 하였습니다. 창경궁은 정문인 홍화문, 정전인 명정전, 편전인 문정전 등으로 이루어진 궁궐로 세종 때 상왕(上王)이 된 태종을 모시기 위해 지어졌습니다.

■ 덕수궁

덕수궁은 경운궁으로 불리다가 고종황제의 장수를 빈다는 뜻의 덕수궁으로 이름이 바뀐 궁궐입니다. 조선 후기엔 궁궐다운 건물도 없었지만 고종 말년 조선왕조가 주변 열강들 사이에서 존폐의 위험에 놓이자 왕이 이곳으로 처서를 옮기게 되었고, 비로소 궁궐의 모습을 갖추게 되었습니다. 정전인 중화전, 서양식 건물인 정관헌·돈덕전 등이 들어섰고 궁의 정문인 대한문도 완성되었습니다. 1960년대에 도시계획에 따라 덕수궁 담장이 안쪽으로 옮겨지면서 대한문이 안으로 옮겨지기도 했지만 덕수궁은 전통 목조건축과 서양식 건축이 함께 남아있고 구한말의 현장을 느낄 수 있는 역사적인 공간입니다.

■ 경희궁

경희궁은 서울의 5대 궁궐 중 서쪽에 있어 서궐로도 불렸으며, 맨 처음에는 경덕궁이라는 이름을 가지고 있었습니다. 경희궁은 광해군 때 세워진 궁궐인데요. 광해군의 이복동생이었던 정원군의 집에 왕기가 있다는 말에 광해군이 그 집터를 빼앗아 세운 것입니다. 그러나 인조반정으로 왕위에서 물러나게 된 광해군은 정작 이 경희궁을 사용하지 못하게 되었습니다. 숙종이 태어나고 승하한 곳으로도 유명한 경희궁은 본래 여러 가지의 부속건물들이 있어 그 규모가 약 7만여 평 정도로 꽤 대단했다고 전해지지만, 순조 때의 큰 화재로 인해 주요 건물의 절반 정도가 모두 소실되었습니다. 이후 부분적인 재건과 수리가 있었지만 일제강점기에 일본인들의 학교로 사용되면서 중심부의 주요 건물들이 대부분 옮겨지거나 철거되었고, 곧 궁궐로서의 모습과 가치를 찾아보기 어려워졌습니다. 남아있는 건물로는 숭정전과 회상전, 흥정당, 흥학문, 황학정 등이 있는데 현재는 모두 다른 곳으로 옮겨져 보존되고 있습니다. 더이상 이 자리에 궁궐이 있었다는 사실을 보여주는 유물이 많이 남아있지 않다고 하니 참으로 안타까운 일입니다.

관광PLUS⁺ **라이징 스타인 '세자'는 해가 뜨는 동쪽에 머문다?**

궁궐은 외전 · 내전 · 동궁 · 후원 · 궐내각사로 구성되어 있는데요. 외전은 왕이 공식적인 업무를 위해 신하들을 만나는 공간이었습니다. 외전에서 핵심이 되는 공간이 바로 정전인데요. 정전은 궁궐에서 가장 큰 행사가 열리던 곳으로 왕의 즉위식, 왕과 신하의 조회가 있었던 곳입니다. 또 다른 외전인 편전은 왕이 공부하거나

기록으로 남는 회의가 이루어지던 곳입니다. 내전은 궁의 중앙에 위치하며 임금이 자던 침전, 왕비가 머물던 중궁전, 왕의 어머님이 머무는 대비전으로 구성되어 있습니다.

동궁은 왕위 계승자인 세자가 머무는 곳인데요. 왕위 계승자를 '떠오르는 태양'과 같다고 하여 동편에 처소를 정한 것입니다. 후원은 왕을 비롯한 궁궐 사람들의 휴식공간으로 연못, 아담한 정자가 배치됩니다. 궐내각사는 여러 관리들이 업무를 보던 공간입니다.

07 지붕 위의 파수꾼, 잡상

15년 필기   10, 11년 면접

궁궐과 같은 건물의 처마 지붕 위에 여러 가지 동물 모양의 장식이 올라가 있는 것을 보신 적 있으신가요? 이 장식 기와는 '잡상'이라고 불리는 토우(土偶)입니다. 소설 〈서유기〉에 나오는 인물인 손오공과 저팔계 등을 형상화한 것으로, 재앙이나 악귀를 막아준다는 주술적인 뜻이 담겨 있습니다. 지붕은 그 건물에서 하늘과 가장 가까이에 있는 높은 장소이므로 잡상을 건물 마루에 올려 둠으로써 액운을 막기 위한 상징적인 조형의 기능을 하게 된 것입니다.

그런데 왜 하필 〈서유기〉에 나오는 등장인물들을 형상화 했을까요? 아마도 〈서유기〉에서 당나라 태종이 밤마다 꿈에 나와 기와를 던지며 괴롭히는 귀신을 쫓기 위해 문관·무관의 형상을 지붕에 내세워 전문을 수호하게 하였다는 내용에서 유래한 것으로 추정됩니다. 실제로 〈서유기〉에 나오는 주인공 외에 해치나 사자 등의 동물이 등장하기도 하지만 정확한 형상을 분간하기 어려운 경우가 많습니다.

잡상은 궁궐이나 궁궐과 관련이 있는 건물에만 올려졌으며 일반 민가에는 사용할 수 없었습니다. 또 마루의 길이나 건물의 품격에 따라 그 수도 달라지는데요. 일반적으로는 보통 5개 정도의 잡상을 올리지만 대표적으로 숭례문에는 1층에 7개·2층에 9개, 경복궁의 근정전에는 7개, 경회루에는 가장 많은 11개가 있습니다. 잡상은 3, 5, 7 등의 홀수로 늘어놓으며, 잡상이 많을수록 건물의 품격이 높은 것을 의미하지만 실제로 숭례문이나 홍화문, 돈화문 등 많은 건물에 올려진 수가 제각각이며 그 순서도 일정하지 않고, 여기에 대한 정확한 이유는 아직까지 밝혀지지 않았습니다.

잡상은 순우리말로 '어처구니'라고도 하는데요. 우리가 흔히 말하는 '어처구니가 없다'라는 말이 이 잡상에서 유래했다는 설이 있습니다. 궁궐을 지을 때 지붕 공사의 마무리 단계로 어처구니를 올려야 하는데, 실수로 이를 놓치게 되면 건물이 미완성이나 마찬가지가 되므로 황당하고 어이가 없다는 뜻의 '어처구니가 없다'라는 말이 시작되었다는 것입니다.

관광 PLUS⁺

지붕 위의 또 다른 파수꾼, 망새

잡상 외에도 건물 위에서 화재를 예방하고 수호를 상징하는 조형물이 또 있는데요. 건물 지붕에서 가장 높은 용마루 양쪽 끝에 올려놓는 치미와 취두, 용두가 그것입니다.

▲ 왼쪽부터 차례로 치미, 취두, 용두의 모습

이 세 가지 모두 '망새'라는 이름으로 혼용되기도 하지만 사실 그 개념은 조금씩 상이합니다. 먼저 치미는 봉황(꼬리)을 본뜬 모양으로 추정되며 고려 중기부터 용두와 취두 등의 장식기와로 변모하면서 자취를 감추게 되었습니다. 취두는 기이하게 생긴 새(매 등)의 머리 모양으로 용의 그림 등이 새겨져 있으며, 용두는 추녀마루 하단에 얹히는 조형물로 용의 머리를 표현한 장식입니다.

이들은 장식이나 주술적인 의미 외에도 기능적인 역할을 했는데요. 취두는 지붕에서 서로 이어지는 부분을 보완하기 위해, 용두는 기와지붕의 끝을 막아 기와가 흘러내리지 않게 하는 기능을 겸하기도 했다고 합니다.

08 대한민국 관광 1번지, 천혜의 섬 제주도

20년 필기 11, 12, 13, 15년 면접

제주도는 우리나라 서남해 쪽에 있는 가장 큰 화산섬으로 인구는 2021년 4월 기준 69만여 명, 면적은 1,850km²(제주특별자치도 홈페이지 기준)에 달합니다. 서울의 면적이 605.2km²인 것을 생각하면 서울보다도 3배나 큰 면적입니다. 1946년 전라남도 관할의 섬에서 분리되어 도(道)로 승격하였고, 2006년 '제주특별자치도 설치 및 국제자유도시 조성을 위한 특별법'에 의하여 '도'에서 '제주특별자치도'로 승격되었습니다.

제주도는 천혜의 자연환경으로 우리나라를 대표하는 관광지라고 이야기해도 손색이 없는데요. 2021년 2월 제주도를 찾은 관광객은 1,256만여 명, 이 중 해외 관광객이 3,056명입니다. 제주관광공사에서 발표한 '2020 제주 방문관광객 실태조사'에 따르면 제주도를 방문하는 이유 1위는 여가, 위락, 휴식을 위한 여행목적이 82.8%로, 제주도 여행 전보다(79.0%) 여행 후에(80.0%) 제주 이미지 평가가 높아진 것으로 나타났습니다. 또한 제주를 방문하는 내·외국인 관광객 수는 2001~2004년에는 400만 명대, 2005~2008년까지는 500만 명대, 2009년부터는 10% 이상의 증가율을 기록하고 있어 대한민국 대표 관광지다운 명성을 떨치고 있습니다.

특히 제주도의 한라산은 다양한 식생 분포와 동식물의 보고로서 1966년 천연기념물 한라산천연보호구역으로 지정되어 보호받고 있습니다. 1970년에는 국립공원으로 지정되었으며, 2002년에는 유네스코 생물권 보전지역으로, 2007년에는 한라산·성산일출봉·거문오름용암동굴계 등 3개 지역으로 구성된 '제주 화산섬과 용암동굴'이 유네스코 세계자연유산으로 등재되었으며 2010년에는 세계지질공원으로 인증을 받아 현재까지 세계에서 유일무이한 유네스코 3관왕의 자리에 올랐습니다. 게다가 2011년 11월에는 베트남 하롱베이, 브라질 아마존, 필리핀 지하강 등과 함께 뉴세븐 원더스 재단의 '세계 7대 자연경관'으로도 선정되는 명예까지 안게 되었습니다.

관광PLUS⁺ **제주도, 방역·관광 두 마리 토끼 잡는다**

제주도에서는 2021년 5월 위드코로나 시대의 방역·관광 공존을 위한 안전+친절 제주관광 이미지 확산 캠페인을 집중 추진한다고 밝혔습니다. 연휴에 맞춰 제주를 찾는 관광객이 증가하고 있으나 불친절, 골프장과 렌터카 등에서의 관광요금 인상 등에 대한 관광민원도 지속적으로 발생하고 있는데요. 제주도에서는 제주관광 이미지 제고를 위한 관계기관 및 부서와의 긴급회의를 개최하고, 사업체를 포함해 유관기관 및 관련부서 주관의 '안전+친절 제주관광 이미지 확산 추진계획'을 마련하게 되었다고 합니다.

주요 중점 추진사항으로는 코로나19 방역계도와 병행해 친절 및 공정가격 등 제주관광 이미지 제고를 위한 활동을 전개하게 됩니다. 코로나19 방역관련으로는 ▲5월 가정의 달 방역·관광 공존의 관광수용태세 계도 ▲도내 관광사업체 방역물품 지속 지원 ▲공항 내 코로나19 방역캠페인 전개가 있습니다. 이와 함께 관광지 친절 및 공정가격 등 제주관광 이미지 제고를 위해 ▲건전관광 질서 확립을 위한 불공정행위 합동단속 ▲도지사 핫라인-관광불편신고센터 운영 ▲기관 및 부서별 공정가격 받기 자정운동을 전개한다고 밝혔습니다. 이번 도의 정책은 적극적인 방역 준수와 다양한 캠페인 전개를 통한 '청정 관광제주'의 명예를 유지하겠다는 제주도의 포부인 셈입니다.

안심Touch

09 고려청자 VS 조선백자

"건주(建州)의 차, 촉(蜀)의 비단, 정요(定窯)의 백자, 절강(浙江)의 차 등과 함께 고려비색(高麗翡色)은 모두 천하제일이다. 다른 곳에서는 따라 하고자 해도 도저 히 할 수 없는 것들이다."

위 문장은 송나라 태평노인이 지은 것으로 알려진 〈수중 금(袖中錦)〉에 실려있는데요. 자기(瓷器) 문화를 처음 꽃 피운 중국보다 고려의 청자를 최고로 인정했음을 짐작할 수 있게 합니다. 청자는 순청자, 상감청자, 화청자로 구분 할 수 있는데요. 특히 상감청자는 기술이나 미적 가치 면 에서 단연 뛰어나다고 할 수 있습니다.

▲ 청자상감운학문매병

중국도 청자를 만들기는 하지만 우리의 청자와 비교했을 때, 상감 기법과 뛰어난 비색만은 따라올 수 없는 경지였다고 합니다. 상감 기법은 중국에서 금속공예에 사용되던 기법으로, 고려시대에 독창적인 방식으로 발달한 것입니다. 반건조 상 태의 성형한 그릇에 조각칼로 학 또는 구름 문양을 음각하고 백토 또는 자토를 채워 넣은 다음 유약을 발라 구우면 백토는 흰색으로, 자토는 검은색으로 나와 아름다운 무늬가 새겨지게 됩니다. 또한 청자는 섭씨 1,200도 이상의 고온에서 제작되는데요. 흙과 유약이 고온에서 융합되어야만 신비로운 비취색이 감도는 특유의 색깔을 창출할 수 있습니다.

백자는 크게 순백자, 청화백자, 상감백자, 진사백자, 철회백자 등으로 구분할 수 있는데요. 그렇다면 조선시대의 백자는 고려시대의 청자와 비교했을 때 어떤 매 력이 있을까요? 어떤 이들은 청자가 백자보다 더 뛰어난 것이라고 하는데, 미학 적으로는 어떨지 몰라도 기술적으로는 그 반대입니다. 백자는 청자보다 조금 더

▲ 백자대호(달항아리)

높은 온도에서 훨씬 더 순도가 높은 흙으로 만들어집니다. 또 잡물이 제거된 유약을 사용하기 때문에 청자 표면에서 볼 수 있는 미세한 균열도 찾아 볼 수 없지요. 이러한 기술적인 우수성 때문에 조선시대에 들어와 백자가 청자를 밀어내고 유행한 것일까요? 사실은 기술적인 면보다 당시의 정신과 더 관련이 깊습니다. 조선시대의 백자는 단순한 그릇이 아니라 조선의 미학과 세계관을 형상화한 것이었습니다. 당시 유행하던 성리학에서는 밖으로 화려하게 드러내기보다는 내적인 청렴함을 중요시했습니다. 조선의 사대부가 지향하는 청순함과 결백함은 청자의 화려함과 어울리지 않지요. 따라서 흰 옷을 즐겨 입던 백의민족에게 가장 잘 어울리는 그릇 또한 백자가 된 것입니다.

화려하고 섬세한 귀족적인 아름다움을 가진 고려청자, 소박하고 단아한 유교적 성격을 담고 있는 조선백자는 시간의 흐름에 따라 원래의 모습이 변하고 유행은 달라졌을지라도 그 시대의 정신과 당시의 첨단 기술이 집약된 우리 민족의 보물이라는 사실은 영원히 변하지 않을 것입니다.

관광PLUS⁺ **도기, 자기, 사기, 옹기? 모두 비슷한 그릇 아닌가요?**

- 도기(陶器) : 붉은 색의 진흙인 도토(陶土)를 500~1,100도 사이의 온도에서 구워 만든 그릇
- 자기(瓷器) : 일종의 돌가루인 자토(瓷土)를 1,300도 정도의 온도에서 구워 만든 그릇
  예 고려청자, 조선백자
- 사기(沙器) : 자기 중에서 백토로 만들어 희고 매끄러운 그릇
- 옹기(甕器) : 진흙만으로 반죽해 구운 질그릇에 잿물을 입혀 구워 윤이 나고 단단한 그릇
  예 독, 항아리, 뚝배기

안심Touch

10 열정의 도시! 부산의 대표 축제

'부산' 하면 무엇을 제일 먼저 떠올릴 수 있나요? 우리나라 제2의 도시, 자갈치 시장, 해운대 등 나름대로의 추억과 어울려 생각나는 것들이 있겠지만 이 모든 것들을 설명하는 데 있어서 '부산'과 '바다'는 떼려야 뗄 수 없는 관계입니다. 무궁무진한 매력이 있는 부산, 여기서는 부산을 대표할 수 있는 축제를 중심으로 살펴보겠습니다.

▲ 바다축제

부산의 대표적인 여름 축제이자 부산으로 피서를 온 관광객들에게 가장 잘 어울리는 축제로 '바다축제'를 들 수 있습니다. 바다축제는 '축제의 바다 속으로'를 슬로건으로 8월경 해운대 · 광안리 · 송도 · 송정 · 다대포의 5개 해수욕장에서 개최됩니다. 전국 최대 규모의 해변콘서트와 체험이벤트인 물의 난장, 현인가요제, 매직페스티벌 등 다양한 공연 · 체험 · 해양스포츠 행사가 진행됩니다.

▲ BIFF 영화의 전당   ▲ 자갈치축제

부산이 세계적인 도시로 발돋움하는 데는 항구도시로서의 역할이 컸습니다. 그러나 최근 부산의 이름을 세계적으로 전파하는 데 톡톡한 노릇을 하고 있는 것은 부산국제영화제(BIFF)라고 할 수 있습니다. 2021년 제26회째를 맞는 BIFF는 아시아를 중심으로 세계 영화의 새로운 장을 펼치기 위해 해마다 개최되는 비경쟁영화제입니다. 해마다 10월이면 전 세계 영화인의 시선이 집중되고 있으며 명실상부한 아시아 최고의 영화제로 자리 잡았습니다. 남포동 일대의 BIFF 거리에서부터 메인행사가 열리는 영화의 전당까지 부산의 가을은 영화의 파도가 넘실댑니다. 비슷한 시기 자갈치 시장에서는 우리나라 최대의 수산물 축제인 자갈치축제가 열립니다. '자갈치 시장'은 충무동쪽 보수천 일대 자갈투성이였던 자리에 시장이 섰다고 하여 붙은 이름인데요. '오이소! 보이소! 사이소!'를 외치는 정겨운 자갈치 아지매들의 목소리와 풍성하고 다양한 볼거리, 먹을거리, 살거리 행사로 전통과 현대가 조화롭게 어우러집니다. 길놀이 퍼레이드, 축하공연, 수산물 깜짝경매, 장어·문어 이어달리기, 자갈치달인 2종경기, 자갈치아지매 팔씨름대회 등 다양한 행사도 함께 진행되고 있으므로 10월에 부산을 찾은 관광객은 영화도 보고, 부산 바다의 정취도 물씬 느낄 수 있습니다.

앞서 소개한 다른 축제들에 비해 역사가 길지는 않았지만 밤하늘의 아름다운 낭만을 잊지 못하여 많은 사람들이 손꼽아 기다리는 축제 중 하나인 불꽃축제는 점점 인기를 더해 가고 있습니다. 부산시민의 1/3이 동참하고, 한 번에 150만

▲ 세계불꽃축제

명가량이 참석한다고 하니 그 인기를 절로 실감할 수 있을 것입니다. 부산의 바다와 하늘, 광안대교를 배경으로 수만발의 화려한 불꽃과 레이저 조명, 웅장한 음악이 함께 어우러지는 세계적인 규모의 부산세계불꽃축제는 더욱 크고 화려해지고 있습니다.

관광PLUS⁺ PIFF? BIFF!

아시아 최대 영화제로 성장한 부산국제영화제의 영문 약칭이 2011년 제16회부터 'PIFF'에서 'BIFF(Busan International Film Festival)'로 변경된 사실을 알고 계신가요?

2000년 국어의 로마자 표기법 변경에 따라 부산의 영문 표기법이 Pusan에서 Busan으로 바뀌었지만 영화제 조직위와 부산시는 그동안 국내외 혼란을 우려해 PIFF라는 명칭을 유지해 왔는데요. 그러나 제16회부터는 부산영화제에 대한 국제적인 위상과 입지가 충분히 확보됐다고 판단하고, 영문 명칭을 BIFF로 변경하였습니다.

부산국제영화제와 영화를 사랑하는 여러분, 부산국제영화제는 이제 피프가 아니라 '비프'입니다!

예로부터 우리 선조들은 건물 하나를 지어도 항상 각각의 용도에 맞게 꾸밈없이 직설적이고 깊은 뜻이 담긴 이름을 붙이고는 했습니다. 궁궐, 사찰, 서원 등 어느 하나 의미 없는 이름을 지닌 것이 없으며 선조들의 이런 지혜는 비단 건물 외에 서울의 동서남북에 세워진 사대문도 마찬가지입니다.

태조는 도읍을 한양으로 옮기기 위해 궁궐과 종묘를 건설한 후 1395년 '도성축조도감'을 설치, 한양을 방위하기 위한 도성을 쌓게 됩니다. 내부적으로는 치안과 질서를 유지하면서도 외부적으로는 다른 나라의 침입을 막는 막중한 기능을 담당하는 성곽 구축 작업이 시작된 것이죠. 이 과정에는 사대문과 사소문을 건설하는 작업도 포함되어 있었습니다.

사대문이란 한양 성곽에 세운 4개의 큰 대문으로 동쪽의 흥인지문, 서쪽의 돈의문, 남쪽의 숭례문, 북쪽의 숙정문을 이르는 말입니다. 그리고 이 사대문은 각각 유교의 기본 가치인 4가지 덕목, 즉 인의예지(仁義禮智)를 상징하고 있습니다. 흥인지문은 동쪽을 나타내는 인(仁)을 포함하고 있으며 인(仁)을 일으킨다는 의미를 가집니다. 돈의문은 의(義)를 갈고 닦는 문, 숭례문은 예(禮)를 숭상하는 문이며 숙정문은 지(智), 곧 지혜를 넓히는 문이라는 뜻을 담고 있습니다. 각각 인간으로서 갖추어야 할 네 가지의 마음인 어짊과 의로움, 예의와 지혜에 빗대어 성문의 이름을 지은 것입니다. 그렇다면 이 사대문이 어떤 것인지 좀 더 자세하게 알아볼까요?

■ 흥인지문

동쪽 정문인 흥인지문은 종로구에 위치해 있으며, 1963년 보물로 지정되었습니다. 지금의 문은 1869년 고종 때 새로 지은 것으로 흔히 '동대문'이라고도 불립니다. 특히 바깥쪽에 세워진 반원 모양의 옹성은 도성의 성문 중에서 유일하게 흥인지문에만 갖추어져 있는 것이며, 적을 공격하기에 매우 합리적으로 계획된 건축물입니다.

■ 돈의문

서쪽 정문인 돈의문은 본래 종로구 경희궁 앞 마루턱 즈음에 있었지만 일제강점기인 1915년, 도로 확장을 위한다는 이유로 일제에 의해 헐려져 사대문 중 현재 유일하게 남아있지 않은 문입니다. 서울시는 본래 2013년까지 돈의문을 복원할 예정이었으나 예산과 원형 복원 문제, 교통 문제까지 겹쳐 그 일정이 중장기적으로 미뤄진 상태입니다.

■ 숭례문

남쪽 정문인 숭례문은 중구에 있으며 성문 중에서도 규모가 매우 커 한국을 대표하는 문화재 중 하나로, 1962년 국보로 지정되었습니다. 견실한 목조건축의 수법을 보여주는 서울에서 가장 오래된 목조건축물이었지만 2008년 화재로 석축을 제외한 건물이 모두 훼손되었습니다. 2013년 5월 복원되었지만, 부실공사로 인해 현재 재시공이 필요한 상황입니다.

■ 숙정문

북쪽 정문인 숙정문의 원래 이름은 숙청문
이었습니다. 숙청문과 숙정문이 혼용되어
오다가 자연스레 숙정문으로 자리 잡은 것
으로 추정되는데요. 1413년에는 풍수학자
최양선이 맥을 손상시킨다고 청한 이후로

문을 폐쇄하고 사람들의 통행을 금지하였습니다. 그러나 음양오행 사상에 따라
가뭄이 들 때는 음(북)을 상징하는 숙정문을 열고 숭례문을 닫았다고 합니다. 지
금의 숙정문은 1976년 복원한 것으로, 2006년부터 일반인에게도 개방되기 시작
했습니다.

관광PLUS⁺ 사대문이 있다면 사소문도 있다!

사대문을 알아보았으니 사대문 사이에 있었던 사소문에 대해서도 알아볼까요? 도성 축조
때 세워진 소문으로는 동북쪽에 홍화문, 동남쪽에 광희문, 서남쪽에 소덕문, 서북쪽에 창의문
이 있습니다. 홍화문은 중종 때 혜화문으로 개칭되었는데요. 전차를 부설하면서 석문까지 철
거되어 그 형태를 알아볼 수 없게 되었다가 복원되었습니다. 광희문은 시신을 내보내던 문으
로 일제강점기와 6 · 25전쟁으로 성벽 일부가 철거되고 훼손되기도 하였으나 꾸준한 정비 사
업으로 복원되어 2014년 초부터 시민들에게 개방되었습니다. 소덕문은 성종 때 소의문으로
개칭되고 일제에 의해 철거된 뒤로 지명만 남아있는 상태입니다. 창의문은 창건된 이후로도
풍수지리적인 이유 때문에 일반적인 출입이 금지되던 문으로, 서울 도성의 사소문 가운데 유
일하게 온전하게 전해내려온 문입니다.

12 엇갈린 운명 '종묘와 사직단'

14, 15, 17년 필기   10, 11, 13, 15, 16, 17년 면접

유교를 바탕으로 한 조선이 개국하면서 도읍지에 반드시 필요한 세 가지가 있었습니다. 바로 궁궐, 종묘, 사직단인데요. 궁궐은 왕이 생활해야 하는 공간이고, 종묘는 역대 왕들을 모시는 곳이며, 사직단은 토지의 신과 곡식의 신을 모시는 곳입니다. 궁궐이 의식주를 해결하는 기본적인 공간이라면 종묘와 사직단은 조선왕조의 이념과 권위를 나타내는 상징적인 공간이지요. 종묘와 사직단은 조선 500년의 역사를 상징했지만 조선 왕조가 무너지면서 엇갈린 운명을 겪게 됩니다. 현재 종묘는 세계문화유산에 등재되어 세계의 관심을 받고 있으나 일제시대 때 사직단은 격을 낮춰 공원으로 조성되었고 주변 환경은 크게 훼손되었습니다.

사적 종묘는 조선왕조의 왕ㆍ왕비ㆍ죽은 뒤 추존된 왕과 왕비의 신주(죽은 사람의 위패)를 모시는 사당입니다. 1995년에 유네스코 세계문화유산으로 등재되어 독특한 건축양식과 가치를 인정받았습니다. 종묘는 동시대의 단일 목조건축물 중 연건평(건물이 차지한 바닥의 면적을 종합한 평수. 층이 있다면 각 층의 평수를 모두 합한 것) 규모가 세계에서 가장 크면서도 유교의 검소함이 깃들었습니다. 또한 19칸(중국의 종묘는 9칸)의 긴 정면과 수평이 강조된 세계의 유례 없는 독특한 건축물로 평가받고 있습니다. 건물은 크게 정전과 영녕전으로 나뉘는데 정전에는 왕위에 오른 선왕과 왕비의 신주를, 영녕전에는 후에 추존된 선왕의 부모 또는 복위된 왕의 신주를 모셨습니다. 종묘제례는 종묘에서 역대 왕조에게 지내는 제사로 조선 왕조의 제사 중 규모가 가장 크고 중요해서 '종묘대제'라고 합니다. 종묘제례에 연주되는 음악과 춤은 종묘제례악이라고 하며 2001년 유네스코 인류무형유산으로 등록되었습니다.

사적 사직단(사직단 대문은 보물)은 토지의 신에게 제사를 지내는 동쪽의 국사단, 곡식의 신에게 제사를 지내는 서쪽의 국직단으로 구성되어 있습니다. 종묘가 죽은 왕족을 위한 제사를 지내던 곳이라면 사직단은 농업 사회를 살아가는 백성들을 위해 농사의 풍년을 기원하며 왕이 친히 하늘에 제사를 올렸던 곳입니다. 사직단의 제사는 일제시대 통감부가 시설을 대부분 철폐시켜 폐지되었는데요. 1922년에 사직단 주변에 도로를 내고 공원을 조성하여 부속 건물들이 철거되었고 1940년에 도시 공원이 되면서 인왕산 자락의 울창한 숲에 있었던 사직단은 본래의 모습을 잃게 되었습니다. 해방 후에는 도시 확장으로 정문은 뒤로 이건되고 1970년에 북쪽엔 정독도서관, 동사무소, 파출소가 서쪽에는 수영장 등이 건립되어 주변 환경이 다시 훼손되었습니다.

관광PLUS⁺ **언제까지 예산 탓만? 시급한 사직단 복원 사업**

사극을 보면 "종묘사직을 지키시옵소서, 종묘사직이 위태롭습니다"라는 말이 나옵니다. 이처럼 종묘와 사직은 조선의 흥망성쇠와 운명을 함께하는 조선의 상징이었는데요. 종묘사직 중 경복궁 동쪽에 있는 종묘는 세계문화유산으로 지정돼 보존되고 있지만 사직단은 일제강점기 때 공원으로 격하된 뒤부터 주위에는 체육시설, 도서관 등이 생기게 됩니다. 을씨년스럽기까지 한 사직단 주변 환경을 복구하자는 각계의 목소리에 따라 2012년 1월부터 관리 권한을 위임 받은 문화재청은 2015년부터 사직단 복원에 나선다는 입장을 밝힌 바 있습니다.

사직단 복원정비는 2015년 제례공간인 전사청 권역 등 핵심영역에 대한 발굴조사를 시작으로, 2027년까지 주요 전각과 지형 등을 복원해 나갈 예정입니다. 사직단 복원정비를 통해 국민의 문화향유권 신장과 함께 서울의 4대궁, 종묘와 같은 전 국민의 역사교육공간이자 훌륭한 관광자원으로 거듭날 수 있기를 기대해 봅니다.

13 국가무형문화재로 지정된 전통주는?

10, 13, 19년 필기 13, 15년 면접

술은 단순히 즐기기 위한 식품 이상의 의미를 지닙니다. 우리나라에서는 각종 제사나 의식에서 반드시 술이 사용되었고, 그에 따라 지방 특색과 자연환경에 맞는 술을 빚어왔지요. 멥쌀, 찹쌀을 주원료로 하는 향토술은 누룩을 사용해 빚은 곡주, 곡주에 한약재를 섞은 약용주, 곡주를 증류한 증류수로 나누어 집니다. 각 지역의 수만큼이나 다양한 향토술은 일제강점기에 불법으로 단속되기도 하였고 해방 후에는 서양 술의 유입으로 자취를 감출 위기에 놓이기도 하였습니다. 하지만 1986년 11월에 국가무형문화재로 향토술담그기를 지정하면서 전통주를 개발하고 지키려는 노력이 이어져 왔습니다.

문배주는 서울 전역에 분포하는 향토술로 문배를 사용하지 않았는데도 술의 향기가 문배나무의 과실과 같아 문배주라는 이름이 붙었습니다. 엷은 황갈색을 띠고 문배향이 강하며 40도 정도입니다. 고려시대 한 가문에 대대로 비밀스럽게 전해지던 제조법으로 술을 빚어 고려 태조 왕건에게 바치니 왕건이 매우 기뻐하며 높은 벼슬을 주었다는 이야기가 전해져 옵니다. 이처럼 문배주는 고려 시대부터 왕이 마시는 술이었으며 요즘에도 외국인 손님이 방문하면 문배주를 대접하는 전통이 있습니다. 빌 클린턴, 고르바초프 등도 한국을 방문하여 문배주를 즐긴 바 있지요.

면천두견주는 충남전역에 분포하는 향토술로 진달래 꽃잎을 섞어 담아 향기가 나기 때문에 두견주라 부릅니다(진달래꽃을 두견화라고도 합니다). 색은 연한 황갈색으로 신맛이 나며, 누룩냄새가 거의 없고 진달래 향기가 일품이지요. 도수는 21도 정도이며 혈액순환 촉진과 피로회복에 효과가 있습니다. 두견주는 고려의 개국공신 복지겸이 병이 들어 좋은 약을 써도 병이 낫지 않자 그의 어린 딸이 아미산에 올라 100일 기도를 드린 뒤 아미산에 활짝 핀 진달래꽃으로 술을 빚어 아버지의 병을 낫게 했다는 술로 전해집니다.

경주교동법주는 경북전역에 분포하는 향토술로 경북 경주시 교동에 있는 최부자 집에서 대대로 빚어 온 전통 있는 술입니다. 법주의 주원료는 토종 찹쌀로 투명한 미황색이며 곡주 특유의 향기와 단맛, 신맛을 지니고 있지요. 도수는 16~18도 정도입니다.

참고 : 문화재청 홈페이지(www.cha.go.kr)

관광PLUS⁺ 시 · 도 무형문화재로 지정된 전통술

- 성읍민속마을오메기술은 제주특별자치도 무형문화재 제3호입니다. 제주도는 논이 귀한 섬이기 때문에 밭 곡식인 조로 술을 빚습니다. 좁쌀로 빚은 탁주를 '오메기술'이라고 부르는데, 이는 탁주를 만드는 술떡인 오메기에서 그 이름을 가져온 것입니다.
- 김천과하주는 경상북도 무형문화재 제11호입니다. 경북 김천에서 수백년간 내려온 전통 있는 술로 찹쌀과 누룩을 원료로 하여, 김천시 남산동에 있는 과하천의 물로 술을 빚으면 술맛도 좋고 술맛이 변하지 않는다하여 과하주라는 이름이 붙었습니다.
- 전주이강주는 전라북도 무형문화재 제6-2호로 조선 중엽부터 내려온 술입니다. 맑고 깨끗한 물과 밀, 백미를 이용하여 소주로 증류를 내서 빚습니다.
- 고려 때 원나라에서 들어온 소주에 약제 등을 가미하는 기술이 발전하여 제조된 것으로 추정되는 진도홍주는 전라남도 무형문화재 제26호입니다. 누룩의 제조, 담금과 발효, 증류의 세 단계를 거쳐서 완성됩니다.
- 경상북도 무형문화재 제12호인 안동소주는 안동지방에서 전수되어 온 증류식 소주입니다. 쌀과 보리, 조, 수수와 콩 등의 곡물을 불리고 누룩을 섞어 발효시켜 만듭니다.

14 우리나라의 세시풍속 이모저모

15, 16, 17, 19년 **필기**　12, 15년 **면접**

세시풍속(歲時風俗)은 예부터 전해지는 농경사회의 풍속으로 촌락마다 전승되는 의식·의례행사·놀이입니다. 해마다 되풀이되며 농경사회의 풍속이기 때문에 농사력(農事曆)이 반영됩니다. 세시풍속에는 음력의 달별, 24절기, 명절, 이에 따른 의식 및 의례 행사도 포함되어 그 종류가 다양하고 시대에 따라 바뀌기도 합니다.

귀신날, 부인날과 같이 이름이 재미있는 풍속뿐만 아니라 설, 추석과 같은 우리나라 대표 명절들도 세시풍속에 포함되는데요. 한국의 세시풍속은 주로 정월(正月)에 집중됩니다. 한 해를 처음 시작하는 정월에 그해를 설계하고 가족의 건강과 공동체의 화목을 다지기 위함입니다.

설날은 정월 초하룻날(매달 첫째 날)로 웃어른께 세배를 드리고 세배하러 온 손님에게는 떡국·고기·술을 대접하고, 친척들이 모여 서로 새해를 축하하는 덕담(德談)을 나누며 윷놀이를 즐깁니다. 아침 일찍 제사를 지내는 '차례', 설날 아침에 갈아입는 새옷인 '설빔', 조상의 묘에 새해 인사를 하는 '성묘', 1년 동안 복이 들어오길 기원하는 마음으로 달아두는 '복조리' 등은 설날의 주요 풍속입니다.

정월의 가장 큰 세시풍속은 정월대보름(음력 1월 15일)입니다. 정월의 보름날에 한 해의 풍요를 기원하기 위한 의례가 이루어집니다. 쌀, 보리, 콩, 조, 기장 등 다섯 가지 이상의 곡식을 섞어 지은 밥을 나누어 먹었으며 세집 이상의 밥을 먹어야 그해의 운이 좋아진다고 합니다. 주요 놀이로는 달맞이·달집 태우기·쥐불놀이가 있으며, 아이들은 연날리기·바람개비 돌리기 등을, 어른들은 줄다리기·놋다리밟기 등을 즐겼습니다. 밤에는 온 마을 사람들이 모여 집단 경기를 즐겼습니다. 이 모든 행사는 농경 사회였던 우리 민족의 풍요를 기원하는 것들이었습니다.

삼짇날은 3이 겹치는 날인 음력 3월 3일로 봄의 시작을 알리는 명절입니다. 강남 갔던 제비가 돌아오고 뱀이 땅속에서 나온다는 날이기도 합니다. 한식은 동지(冬至) 후 105일째 되는 날로 양력 4월 5일 무렵(음력 2월 또는 3월)입니다. 일정 기간 불의 사용을 금하여 더운 밥을 먹지 않고 찬밥을 먹는 고대 중국의 풍습이 전해진 것입니다.

단오는 음력 5월 5일로 우리말로는 '수릿날'이라고 합니다. 이 날에는 나쁜 귀신을 쫓기 위해 창포물에 머리를 감고 세수를 하였습니다. 창포 삶은 물에 머리를 감으면 머리칼이 윤기가 난다고 전해집니다. 민속놀이로 남자는 씨름과 활쏘기, 여자는 그네뛰기를 하였습니다.

삼복(음력 6~7월 사이)은 초복·중복·말복으로 절기상 가장 힘겨운 농사인 김매기가 마무리되는 시점입니다. 영양보급을 위하여 삼계탕을 끓여먹습니다. 유두는 음력 6월 15일로 동류두목욕(東流頭沐浴)이란 말에서 나온 약자입니다. 유두에는 음식을 장만해 맑은 개울에서 목욕하고 머리를 감으며 서늘하게 하루를 보냅니다. 이는 액을 쫓고 여름에 더위를 먹지 않기 위함입니다.

음력으로 7월 7일인 칠석은 헤어져 있던 견우와 직녀가 만나는 날로, 견우와 직녀 두 별을 보고 절하며 바느질이 늘기를 빈다고 합니다. 추석은 음력 8월 15일로 바쁜 일손을 잠시 쉬는 1년 중 가장 즐거운 명절입니다. 농사일이 거의 끝나 햇곡식과 과일을 먹을 수 있고 달이 가장 밝습니다. '더도 말고 덜도 말고 한가위만 같아라'는 말은 추석의 풍요로움을 일컫는 것입니다.

추석에는 새옷을 정갈하게 차려입고 송편과 술을 빚어 아침 일찍 차례를 지내고 성묘와 벌초(조상 묘에 자란 잡초를 베고 묘 주위를 정리)를 통해 조상을 기립니다. 강강술래, 소싸움, 닭싸움 등과 같은 풍년을 축하하는 놀이를 즐깁니다.

중양절은 음력 9월 9일로 양수가 겹쳤다는 3월 3일의 삼짇날, 5월 5일의 단오와 같은 명절입니다. 각 가정에서 화채, 국화전, 국화주를 만들어 먹었습니다. 배불리 먹고 산이나 계곡에서 단풍을 즐겼는데 이는 가을소풍의 유래라고 볼 수 있습니다.

섣달그믐날은 음력으로 한 해의 마지막 날인데요. 제석, 제야 등으로도 부릅니다. 밤에 자면 눈썹이 희어진다고 하여 잠을 자지 않았고 집 안팎을 깨끗이 대청소하여 묵은 해의 잡귀와 액을 물리쳤습니다.

관광PLUS⁺ 월별 세시풍속 알아보기

정 월	1월	곡식날, 귀신날, 대보름, 마디좀, 부인날, 사람날, 삼패일, 상묘일, 상미일, 상사일, 상술일, 상신일, 상오일, 상유일, 상인일, 상자일, 상진일, 상축일, 상해일, 설, 수수날, 인동토일, 작은보름, 정초십이지일, 조금일, 춘일, 패일
봄	2월	무방수날, 밴대채날, 영등날, 이월 초하루, 좀생이날
	3월	삼짇날, 한식
여 름	4월	초파일
	5월	단오, 삭은단오, 숙취일
	6월	삼복, 유두, 유월스무날, 토왕일
가 을	7월	멍에놀날, 백중, 칠석
	8월	공자탄일, 추석
	9월	심방의 본명일, 중양절
겨 울	10월	말날, 손돌날, 하원
	11월	–
	12월	나막신쟁이의 날, 납일, 섣달그믐, 신구간

참고 : 국립민속박물관, 한국세시풍속사전

비운의 국모, 명성 황후

고종의 아내이자 뛰어난 지략과 외교술로, 국정의 모든 권력을 쥐고 있었던 시아버지 대원군에게 맞서 조선 후기를 주도한 왕비로 평가받는 명성 황후. 그녀의 파란만장한 일대기는 수많은 소설과 영화, 드라마, 뮤지컬로 재탄생되면서 인기를 끌었는데요. 급변하는 역사의 흐름 속에서 비운의 국모라 불리는 명성 황후의 일대기는 과연 어떠했을까요?

어린 나이에 일찍이 아버지를 여의고 어머니와 단 둘이 자란 명성 황후는 대원군의 아내의 눈에 들어 왕비 자리에 추천받게 됩니다. 외척 세력에 의해 좌지우지되는 정치를 견제한 대원군에게도 내세울 것 없이 몰락한 친정을 가진 명성 황후는 며느리 자리에 적합한 인물이었고, 결국 그녀는 고종의 비에 간택됩니다.

그러나 대원군의 예상과는 달리 어릴 때부터 총명하기로 이름난 명성 황후는 대원군의 반대파를 모아 정치적 입지를 강화하게 되는데요. 사실 명성 황후가 처음부터 정치에 관심이 많았다기보다는 대원군과의 관계 악화가 그 원인이 되었다고 보는 것이 옳습니다. 대원군이 고종의 후궁이었던 궁인 이씨와 그의 아들을 유독 어여삐 여겼고, 명성 황후가 낳은 원자도 일찍이 요절하자 그 원인을 가지고 대원군과 대립하게 되었죠. 대원군이 원자에게 처방한 산삼이 문제가 된 것이라는 이유에서였습니다.

대원군의 쇄국정책에 반대하여 외교 정책을 펼쳤던 명성 황후는 1876년 일본과의 조약을 시작으로 문호를 개방하게 됩니다. 이후 1882년 구식군대에 의해 임오군란이 일어나고, 청나라에 지원을 요청하여 위기에서 벗어난 명성 황후는 1884년 갑신정변 때에도 청나라를 개입시켜 개화당 정권을 무력화하고 사태를 진압합니다. 갑신정변 이후 일본이 조선에 행사하는 경제적 영향력이 점점 강해지고 1894년 갑오개혁이 일어나면서 명성 황후는 친러시아 정책으로 일본을 몰아내려고 했는데요. 이에 일본은 조선 침략에 방해가 되는 명성 황후를 살해하기 위해 대원군을 끌어들였고, 결국 일본 공사 미우라의 주도 아래 명성 황후는 1895년 경복궁 안에 있는 건청궁에서 낭인들에 의해 잔혹하게 시해 당하게 됩니다. 시해 장소에 대해서는 의견이 분분하나 건청궁 옥호루라고 보는 것이 일반적입니다.

명성 황후에 대한 평가는 보는 시각에 따라 그 견해의 차이도 큽니다. 나라를 망친 여인에서 시작하여 조선의 국권을 위해 투쟁한 철의 여인으로 평가받기도 하지요. 그러나 평가를 떠나 조선의 국모였던 명성 황후가 일본에 의해 잔혹하게 시해당한 을미사변은 결코 잊어서는 안 되는 우리나라의 가슴 아픈 역사입니다.

관광PLUS⁺ **가슴 아픈 역사의 현장, 경복궁 건청궁**

건청궁은 고종이 대원군의 그늘에서 벗어나 스스로 정치적으로 독립하려는 의지를 보여주기 위해 국가 재정이 아닌 사비로 1873년에 세운 건물입니다.

경복궁 안에서도 가장 깊숙한 안쪽에 자리 잡고 있으며 본래 국왕과 왕비 거처 공간으로 사용되었으나, 건청궁 안의 옥호루에서 명성 황후의 시해 사건이 발생한 이후 일본에 의해 1909년 철거됩니다.

건청궁의 장안당은 고종이 거처하는 장소였으며 명성 황후가 머물던 공간은 곤녕합이라는 건물이었는데요. 옥호루는 바로 이 건물의 남쪽에 있는 누각이었습니다. 건청궁은 문화재청에 의해 복원되어 2007년부터 제한적으로 관람을 허용하다 2009년부터는 전면 개방되었습니다.

16 보물과 국보, 뭐가 다를까?

10, 15, 16, 17년 면접

국가지정문화재 중 하나인 국보(國寶)와 보물(寶物). 같은 보배 보(寶)자를 사용한 이 두 가지의 개념에 도대체 무슨 차이가 있을까요? 앞에서 살펴봤던 사대문 중에서도 숭례문은 국보이지만 흥인지문은 보물입니다. 똑같은 사대문인데도 불구하고 하나는 국보이고 하나는 보물로, 지정된 종류가 다른 점에 대해 의아해지는 것이 당연합니다.

보물은 예로부터 대대로 물려오는 귀중한 가치가 있는 문화재로, 국보 다음가는 중요유형문화재를 이릅니다. 유형문화재 중에서 중요하다고 판단되는 것이 보물로 지정됩니다. 반면에 국보는 그야말로 나라의 보배라고 할 수 있습니다. 보물과는 '등급'이 다른 것이죠. 국보는 보물 중에서도 그 가치가 크고 유례가 드물고 중요한 것에 해당합니다. 보물에 해당하는 문화재 중 역사적·학술적·예술적 가치가 큰 것, 제작 연대가 오래되었고 그 시대의 대표적인 것으로 보존가치가 큰 것, 제작의장(製作意匠)이나 제작기술이 우수하고 유례가 적은 것, 형태·품질·제재·용도가 현저히 특이한 것, 저명한 인물과 관련이 깊거나 그가 제작한 것 중에 해당사항이 있어야만 국보가 될 수 있습니다.

숭례문과 흥인지문은 모두 '문'이라는 공통된 건축물로 그 외형에도 별다른 차이가 없어 보이는데요. 하지만 국보와 보물로 등급이 갈리게 된 데에는 가장 먼저 역사적인 이유를 들 수 있습니다. 1398년에 완성된 숭례문은 현존하는 서울의 목조건축물 중에서도 가장 오래된 것인데 반해 흥인지문은 (1398년에 완성하였다가)조선 말인 1869년에 아예 새로 지은 건축물입니다. 숭례문이 제작 연대에서 400여 년이나 앞서 있는 것이죠. 또 숭례문은 현존하는 성문 중에서도 규모가 크고 절제와 균형의 미를 자랑하고 있습니다.

공포양식도 흥인지문과 같은 다포 양식이지만 특히 그 형태와 짜임 면에서도 건실함을 보여줍니다. 흥인지문이 조선 후기의 건축 양식을 잘 반영하고 있는 문화재라면, 숭례문은 고려에서 조선으로 넘어가는 조선 전기 전통 건축의 변화 양상을 반영하고 있어 그 건축사적 의미와 건축미의 특징적인 면에서 가치를 인정받은 것입니다. 2008년 방화 사건으로 인해 건물의 대부분이 화재로 손실되면서 국보 해제 논란이 일었지만, 그 상징성과 역사성을 감안하여 지위가 유지되었습니다.

관광PLUS⁺   **문화재 줄세우기는 이제 그만!**

국보와 보물 등의 문화재에 늘 따라붙는 번호는 어떻게 지정되었는지 궁금하지 않으셨나요? 1962년 문화재보호법이 제정되면서 지정순서에 따라 번호를 붙인 것이라고 합니다. 이러한 지정번호에 대해서는 늘 논란이 많았습니다. 단순히 지정순서에 따라 번호를 붙였다고 하더라도, 번호를 매기는 것은 사람들로 하여금 문화재의 가치에 따라 서열화한 것으로 인식하게 만든다는 것이었죠. 이러한 논란 끝에 문화재청에서는 대외적으로는 문화재에 지정번호를 붙이지 않고, 내부 관리용으로만 남겨둔다는 입장을 발표했습니다.

문화재 지정번호가 폐지되면서 혼란을 야기할 수 있는 부분은 바로 국보 '금동미륵보살반가사유상'을 어떻게 구분할 것인지 입니다. 이전까지 '금동미륵보살반가사유상'은 각각 국보 제78호와 국보 제83호로 구분을 하였었는데, 국보인 것과 소재지가 모두 동일하여 혼동을 일으킬 수 있다는 염려가 있었습니다. 이에 국립중앙박물관은 두 국보에 대한 애칭 공모 행사를 진행하여 국민들의 혼란을 막으면서도 직접 참여를 유도하여 문화재에 대한 관심도 높이고자 하고 있습니다.

125

17

800여 년 세월의 무게를 간직한 안동하회마을

우리나라의 대표적인 민속마을로 유명한 하회마을은 국보와 보물, 국가민속문화재를 포함한 다수의 문화유산과 함께 조선시대 마을의 모습을 고스란히 갖추고 있는 풍산 류씨의 씨족마을입니다. 마을 이름이 '하회(河回)'인 것은 낙동강 물이 마을 주변을 한 바퀴 감싸고 돌아 흐르는 데서 유래하여 물 하(河)자에 돌 회(回)자를 쓴 데서 시작되었습니다.

1984년 국가민속문화재로 지정되었으며, 2010년에는 경주양동마을과 함께 한국의 역사마을로 유네스코 세계유산에 이름을 올렸습니다. 문화재청 자료에 의하면 하회마을과 양동마을이 우리나라 씨족마을을 대표하게 된 이유는 한국의 씨족마을 중 가장 오랜 역사를 간직하고 있고, 전통적인 풍수의 원칙을 잘 지키고 있으며, 전통적인 공간구성을 기능적·경관적으로 유지하고 있다는 점, 살림집과 정사·정자·서원 등의 건축물을 다수 보유하고 있다는 점, 고문헌과 예술작품 및 마을 행사 등을 유지하고 있다는 점이었다고 합니다.

안동하회마을은 종손가 유물이나 유적, 하회별신굿탈놀이와 같은 마을 행사 등을 통해 우리나라의 전통생활문화를, 또 대양진당·충효당·남촌택·북촌택 등의 대표적 가옥을 통해 전통건축양식을 연구할 수 있는 소중한 문화유산들이 잘 보존되어 있어 우리나라 정신·문화의 보존과 발전에서 중요한 위치를 차지하고 있는 마을입니다.

그렇다면 안동하회마을이 일반 민속촌과 차별되는 가장 큰 특징은 무엇일까요? 한국민속촌은 각 지방별로 서민 및 양반의 가옥을 이건하거나 복원하여 전시해 놓은 국제적인 관광지입니다. 한마디로 관광을 목적으로 하여 인공적으로 조성된 야외민속박물관인 것이죠. 그러나 안동하회마을은 현재에도 200명이 넘는 주민들이 실제로 거주하고 있는 자연마을이라는 것이 가장 큰 차이점입니다. 인공적으로 조성된 관광지가 아닌 실제 주민들의 생활 터전이 관광지로 활용되고 있는 것입니다. 실질적인 생활공간과 관광을 위해 개발된 공간이 함께 존재하고 있으며 한말까지는 350여 호가 살았으나 현재는 약 150여 호 정도가 살고 있다고 합니다.

지난 2009년 328만 명이었던 안동의 관광객은 2010년 하회마을이 세계문화유산 등재를 토대로 하여 500만 명을 돌파했으며, 2012년, 2013년에는 550만 명을 유지했습니다. 이에 따라 2014년부터는 특히 해외관광객 유치에 총력을 다하고 있습니다. 이를 위해 안동시는 증가하는 관광객에 맞춰 다양한 인프라를 확충하고 각종 관광홍보 마케팅과 함께 한자마을을 조성하는 등 관광지로서의 개발에 노력을 쏟고 있습니다.

관광PLUS⁺ 양반과 서민의 문화가 공존하는 하회마을의 민속놀이

하회마을은 '하회별신굿탈놀이(국가무형문화재)'와 '하회선유줄불놀이'로 특히 유명한데요. 선유줄불놀이는 양반들이 음력 7월에 함께 모여 즐기던 풍류놀이로, 불꽃놀이와 뱃놀이 등의 축제를 말합니다. 선유줄불놀이가 선비들의 놀이였다면, 별신굿탈놀이는 서민들의 놀이였습니다. 별신굿은 마을의 수호신에게 마을의 평화와 풍년을 기원하는 굿으로, 수호신을 즐겁게 하기 위해 탈놀이를 하게 되었다고 합니다. 무동마당·주지마당·백정마당·할미마당·파계승마당·양반과 선비마당·혼례마당·신방마당의 8마당으로 구성되어 있으며, 이 별신굿에 쓰이는 하회탈(국보)은 11개 중 현재 각시·중·양반·선비·초랭이·이매·부네·백정·할미의 9개 탈만 전해지고 있습니다.

참고 : 안동하회마을 홈페이지(www.hahoe.or.kr)

18

전통 + 건강 + 관광의 삼박자! 김치

11, 12, 13, 15, 16, 17년 면접

김치는 배추, 무 등을 굵은 소금에 절여 씻은 다음 고춧가루, 파, 마늘, 생강 등의 양념과 젓갈을 넣고 버무려 저장한 한국의 저장 발효식품으로, 지방마다 특유의 비법과 재료를 사용하는 등 그 종류도 다양합니다. 유래를 살펴보면 삼국시대부터 소금과 젓갈 등을 사용한 김치가 제조된 것으로 보이며, 임진왜란 전후에 고추가 일본을 통해 우리나라로 들어오면서 오늘날 우리의 밥상에 올라오는 형태의 빨간 김치가 만들어졌다고 합니다. 현재 배추김치의 맛과 형태는 약 100년 전에 완성된 것으로 된장, 간장과 비교하면 역사는 훨씬 짧지만 한식에서 차지하는 위치나 인지도 면에서 상당한 영향력을 가지고 있습니다. 무엇이 이토록 김치를 위대하게 만든 것일까요?

김치는 독특한 향미를 지닌 건강 발효식품으로 채소와 발효현상 덕분에 영양 및 생리학적 측면에서 전 세계적으로 우수한 식품으로 인정받고 있습니다. 계절에 상관없이 채소에 함유된 무기질 성분과 풍부한 식이섬유를 섭취할 수 있을 뿐만 아니라 젓갈로부터 아미노산과 칼슘을 흡수할 수 있습니다. 특히 자연 젖산 발효식품으로 살아있는 젖산균이 풍부하여 잘 익은 김치의 경우 우유 발효 제품보다 최고 100배 많은 젖산균을 섭취할 수 있습니다. 또한 당과 지방함량이 낮은 저칼로리 식품으로 항암 및 면역증진 효과가 있는 것으로 알려져 현대인들에게 유용한 식품이라고 할 수 있습니다.

한편, 문화재청의 추진으로 '김장문화'가 2013년 12월 유네스코 인류무형유산에 등재되었습니다. 유네스코 문화유산에는 요리 자체가 등재된 적이 없기 때문에, 요리가 아닌 한국 문화로서의 김장을 강조하여 등재된 것입니다. 특히 가족과 이웃들이 함께 모여 김치를 담그고 나누어 먹는 풍습, 또 오랜 세월에 걸쳐 전해 내려져 왔으며 우리 국민의 대부분이 가정에서 직접 김치를 담그고 나누어 먹으며 소통한다는 점을 높이 평가받았습니다.

김치와 김장문화는 예부터 혹독한 겨울을 나야하는 우리나라 사람들에게 꼭 필요한 음식이자 풍습이었습니다. 함께 만들고 함께 나누어 먹는 이 풍습은 구성원 간의 협력과 공동체 정신을 요하고 지역과 세대, 경제적·사회적 차이를 뛰어넘어 전승되어 왔습니다. 김장문화는 정체성과 소속감을 통해 대한민국 전체를 포괄하는 우리만의 자랑스러운 무형유산입니다.

관광PLUS⁺ 　**김치의 세계화를 위한 한 걸음, 광주세계김치축제**

　　매년 10~11월경 개최되는 '광주세계김치축제'는 전국의 김치축제 중에서도 손꼽히는 문화관광축제입니다. 처음으로 개최되던 1994년 당시에는 김치를 주제로 한 지역축제였지만 2009년 문화축제로 이름이 바뀌고, 김치의 대표 축제로 자리를 잡으면서 그 위상을 떨치고 있습니다.

　　또한 꾸준한 축제 개최와 다양한 프로그램, 각양각색의 홍보활동으로 우리 고유의 문화이자 음식인 김치의 우수성을 국내뿐만 아니라 세계 여러 나라에 알리며 국내외 관광객을 유치하는 데도 큰 역할을 하고 있습니다. 2020년도에는 제27회 광주세계김치랜선축제가 성황리에 개최되었습니다.

19 온돌에 숨어있는 과학적 원리

14년 필기 | 09, 11, 12, 13, 15년 면접

온돌은 방바닥에 돌을 깔고, 아궁이에 불을 지펴서 구들을 달구어 방을 데우는 한국 고유의 복사식 난방방식입니다. 온돌은 장갱(長坑), 화갱(火坑), 난돌(暖埃), 연돌(烟埃), 구들 등 다양한 이름으로 불리기도 하고 그 양식도 매우 다양하지만 따뜻하게 데운 돌로 바닥을 데운다고 생각하면 그 원리를 쉽게 이해할 수 있습니다. 그러나 그 구조는 꽤 복잡한데요. 불을 때는 아궁이, 아궁이에서 나온 열을 전달받은 구들, 그리고 그 열기가 쉽게 빠져나가는 것을 막는 개자리, 연기가 통하는 연도, 마지막으로 연기를 배출하는 굴뚝으로 구성됩니다.

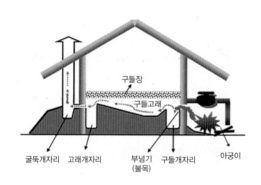

구들장

구들고래

굴뚝개자리 고래개자리   부넘기 구들개자리   아궁이
(불목)

온돌의 핵심은 뜨거운 연기가 지나는 고래 위에 놓은 구들장인데요. 아궁이에서 불을 지필 때 발생하는 불과 뜨거운 연기가 부넘기(불길이 넘어가게 만든 언덕)라는 구멍을 통해 고래 쪽으로 빨려 들어가면 구들 개자리에 도달하게 됩니다. 이곳에서 속도가 늦춰진 열기가 고래를 데워 구들까지 온기를 전하게 되는데요. 열이 골고루 퍼지게 하려면 고래와 구들장을 제대로 놓아야 하므로 이 기술을 온돌의 핵심으로 봅니다. 또 뜨거운 열기를 더욱 효율적으로 사용하기 위해 고래가 끝나는 부분에 고래개자리를 만들고, 굴뚝을 통한 열손실을 막기 위해 굴뚝개자리를 장치합니다.

온돌의 효율을 높이기 위한 과학적인 생각은 여기서 끝이 아닙니다. 구들 위에 연기가 위로 새지 않게 황토 진흙까지 발라줍니다. 아궁이에서 한 번 지펴진 불

은 음식을 조리하는 것에 그치지 않고 구들을 데워 그 열기로 따뜻한 방에서 생활할 수 있게 하는 등 일석이조의 효과도 있습니다.

의식주 생활 전반이 서구화되어버린 현대에도 온돌만은 약간의 변형을 가한 형태로 여전히 우리 주거생활의 한 부분을 차지하고 있는데요. 방바닥을 고루 덥혀주기 때문에 습기가 차지 않고 화재에도 비교적 안전할 뿐만 아니라, 한번 뜨거워진 구들장은 오랫동안 방바닥을 따뜻하게 해주어 추운 겨울을 따뜻하게 날 수 있게 해줍니다. 여름에도 찬 기온을 그대로 유지하고 있는 온돌 덕분에 시원함을 느낄 수 있습니다.

뿐만 아니라 온돌은 우리민족의 삶과 함께 끊임없이 진화하고 있는데요. 고래를 놓고 구들장을 만드는 온돌 시공의 기술상의 어려움과 온도조절이 어렵다는 단점 등을 극복하기 위해 꾸준히 개량·발전하여, 온수 파이프를 바닥에 묻어 온도를 높이는 방식으로 아파트 등의 현대식 주거공간에도 활용되고 있습니다.

관광PLUS+ 중국 시장을 녹인 '온돌 한류'

중국에 진출한 업종에서 단연 돋보이는 성과를 내는 것 중 하나가 보일러 업계라고 합니다. 라디에이터 난방보다 에너지 효율이 높은 온돌 구조로 무장한 국내 보일러기업들은 이미 중국의 아파트 가격을 좌우할 만큼 높은 영향력을 자랑합니다.

같은 아파트라도 한국식 온돌과 보일러가 적용된 아파트가 라디에이터 방식을 적용한 곳보다 거래가격이 높다고 전해집니다. 온수가 24시간 나오고 바닥 전체가 난방이 되기 때문에 베이징 등 추운 겨울이 있는 지역에서는 한국식 보일러가 시공된 아파트에 프리미엄이 붙기 때문입니다. 중국의 난방문화를 한국식 온돌문화로 바꾼 것은 주거문화에서 한류를 정착시킨 사례로 볼 수 있습니다. 한국에서 성공한 제품이 반드시 중국시장에서 통한다는 보장은 없습니다. 이러한 시점에서 국내 보일러 기업들의 문화 마케팅은 세계의 시장인 중국을 공략하는 데 있어서 국내 중소기업에게 시사하는 바가 크다고 할 수 있습니다.

문화재는 조상들의 삶의 지혜와 철학이 담겨있으며 우리가 살아온 역사를 보여주는 중요한 문화유산입니다. 문화재보호법에서 정의하는 문화재의 정의는 '인위적이거나 자연적으로 형성된 국가적·민족적 또는 세계적 유산으로서 역사적·예술적·학술적 또는 경관적 가치가 큰 것'입니다. 그 종류는 유형문화재, 무형문화재, 기념물, 민속문화재로 나누어 집니다. 이 중에서도 보존가치가 높은 문화유산을 엄격한 규제를 통하여 항구적으로 보존하고자 하는 제도로 '문화재 지정제도'가 있습니다. 국가지정문화재는 문화재청장이 문화재보호법에 의하여 문화재위원회의 심의를 거쳐 지정한 국가문화재로서 국보, 보물, 사적, 명승, 천연기념물, 국가무형문화재 및 국가민속문화재 등 7개의 유형으로 구분됩니다.

얼핏 보기에는 큰 차이점이 없어 보이지만 이 유형에 따른 지정 요건과 그 예는 모두 다릅니다. 간략하게 문화재의 유형별 지정 요건과 그 사례에 대해 살펴볼까요?

지정 종류	지정 요건	지정 사례
국 보	보물에 해당하는 문화재 중 인류문화의 견지에서 그 가치가 크고 유례가 드문 것	서울 숭례문, 훈민정음 등
보 물	건조물·전적·서적·고문서·회화·조각·공예품·고고자료·무구 등의 유형문화재 중 중요한 것	서울 흥인지문, 대동여지도 등
사 적	기념물 중 유적·제사·신앙·정치·국방·산업·교통·토목·교육·사회사업·분묘·비 등으로서 중요한 것	수원 화성, 경주 포석정지 등
명 승	기념물 중 경승지로서 중요한 것	명주 청학동 소금강, 여수 상백도·하백도 일원 등
천연기념물	기념물 중 동물(서식지·번식지·도래지 포함), 식물(자생지 포함), 지질·광물로서 중요한 것	대구 도동 측백나무 숲, 노랑부리백로 등
국가무형 문화재	여러 세대에 걸쳐 전승되어 온 무형의 문화적 유산 중 역사적, 학술적, 예술적, 기술적 가치가 있는 것, 지역 또는 한국의 전통문화로서 대표성을 지닌 것, 사회문화적 환경에 대응하여 세대 간의 전승을 통해 그 전형을 유지하고 있는 것	종묘제례악, 양주별산대놀이 등
국가민속 문화재	의식주·생산·생업·교통·운수·통신·교역·사회생활·신앙 민속·예능·오락·유희 등으로서 중요한 것	덕온공주당의, 안동하회마을 등

참고 : 문화재청 홈페이지(www.cha.go.kr)

관광PLUS⁺ **국가지정문화재만 중요한 문화재일까?**

　문화재청에 따르면 2021년까지 문화재청에서 지정한 국가지정문화재는 총 4,191건으로 2020년 대비 59건 증가하였습니다. 이 중 국보는 350건, 보물은 2,277건, 사적은 519건, 명승은 121건, 천연기념물 468건, 국가무형문화재 151건, 국가민속문화재 305건이었습니다. 국가지정문화재의 수는 낮은 증가율이긴 하지만 매년 꾸준하게 상승세를 유지하고 있으며, 앞으로도 지속적으로 늘어날 전망입니다.

　지정문화재로서는 국가지정문화재 외에도 시·도 문화재보호조례에 의한 시·도지정문화재도 있습니다. 또 비록 법령에 의거하여 지정되지는 않았지만 지속적인 보호와 보존이 필요한 비지정문화재도 있지요.

　관련 기관의 판단에 따라 그 중요도에 의해 분류가 되기는 하지만 국가지정문화재만 '중요한' 문화재라고 판단할 수는 없습니다. 실제로 시·도지정문화재나 비지정문화재 중에서 국가문화로 지정 및 승격되는 경우도 많고, 아직 그 가치를 인정받지 못해 빛을 발휘하지 못하고 있는 문화재도 많이 있습니다. 게다가 상대적으로 관리가 소홀할 수밖에 없어 도난사건도 자주 발생하고 회수율도 낮습니다.

　따라서 비지정문화재에 대해서도 지속적인 조사를 통해 문화재로 지정하여 관리하려는 노력이 필요합니다. 모든 문화재는 선조 때부터 내려온 소중한 문화유산으로 우리는 보존과 보호에 최선을 다해야 할 것입니다. 그렇다면 바로 오늘, 내가 살고 있는 지역의 문화재에는 어떤 것들이 있는지 알아보는 시간을 가져보는 것은 어떨까요?

21 대한민국의 상징, 태극기

태극기는 국가의 상징 중 하나로서 엄숙하고 권위적인 이미지를 가지고 있었는데요. 2002년 한-일 월드컵을 계기로 국민에게 친근한 존재가 되었습니다. 월드컵이라는 큰 축제를 통해서 국민들은 태극기를 몸에 두르고, 태극기와 하나 되어 대한민국 축구의 승리를 응원하였습니다. 하지만 태극기를 아끼고 사랑하는 국민들은 많아졌어도 여전히 태극기를 정확히 그리지 못하거나, 네 모서리에 있는 건곤감리가 무엇인지 모르는 사람들이 많이 있습니다.

태극기는 흰색 바탕 가운데에 있는 태극 문양, 네 모서리의 건곤감리(乾坤坎離) 4괘로 구성되어 있습니다. 우리민족이 백의민족이듯 흰색 바탕은 순수함, 평화를 사랑하는 민족성을 나타내며 태극 문양은 음(파랑)과 양(빨강)의 조화를 상징하는 것입니다. 우주 만물이 음양의 조화로 이루어진다는 대자연의 진리를 담고 있는 것이죠. 모서리에 표현되어 있는 건곤감리는 각각 하늘·땅·물·불을 상징합니다.

 태극기는 1882년 9월 박영효가 선상에서 태극 문양과 그 둘레에 건곤감리 4괘를 그려 넣은 '태극·4괘 도안'의 기를 만들고 10월 본국에 이를 보고하였다는 기록이 전해집니다. 고종은 1883년 3월에 왕명으로 '태극·4괘 도안'의 '태극기'를 국기(國旗)로 제정·공포하였습니다. 이후 다양한 형태의 국기가 사용되어 오다가 1948년 8월 15일 대한민국 정부가 수립되면서 태극기의 제작법 통일의 필요성에 의해 그해 10월 「국기제작법 고시」를 확정·발표하게 됩니다.

태극기는 5대 국경일인 3.1절(3월 1일)·제헌절(7월 17일)·광복절(8월 15일)·개천절(10월 3일)·한글날(10월 9일)과 국군의 날(10월 1일), 현충일(6월 6일), 국민장·국장 기간, 정부 지정일에 게양합니다. 국경일 및 기념일에는 깃봉과 태극기 깃면이 바로 접하도록 게양해야 하고 현충일·국민장 또는 국장기간·정부 지정일에는 깃봉에서 태극기 깃면의 너비만큼 공간을 두고 게양해야 합니다.

국기는 24시간 게양할 수 있는데요. 야간에는 조명시설을 설치하여 게양효과를 높이는 것이 좋습니다. 또한 태극기가 아무리 좋고 자랑스럽더라도 심한 비·바람 등으로 국기가 훼손될 가능성이 있다면 게양하지 않아야 합니다.

관광PLUS⁺ **태극기를 빨면 민족의 혼이 빠져 나간다?**

대한민국 국기법이 있다는 사실을 알고 있었나요? 1948년 태극기가 국기로 정식 채택된 지 59년만인 2007년에 '대한민국 국기법'이 제정되었는데요. 국기의 게양·관리방법에 대한 내용들이 담겨있습니다. 여기서 퀴즈! 태극기를 빨면 민족의 혼이 빠져 나가기 때문에 태극기의 세탁을 자제해야 한다는 것은 사실일까요?

정답은 '아니요'입니다. 대한민국 국기법 시행령 제22조에 따르면 국기에 때가 묻거나 구겨진 경우에는 국기를 훼손하지 아니하는 범위에서 국기를 세탁하거나 다림질하여 게양·보관할 수 있습니다. 또한 대한민국 국기법 제10조에 따르면 국기가 훼손된 때에는 이를 지체없이 소각 등의 적절한 방법으로 폐기하여야 합니다.

안심Touch

우리나라 가면극에 숨겨진 비밀

13년 면접

탈은 '배탈이 나다, 탈나다'와 같이 부정적인 의미로 쓰입니다. 가면이나 탈이라고 하면 보기만 해도 웃음이 나는 하회탈이 연관되어 부정적인 의미가 있을 거라고 생각하기 쉽지 않은데요. 조상들은 가면을 탈나게 하는 것, 부정적인 것으로 여겨 가까이 하는 것을 꺼렸다고 합니다. 한국 가면극은 주술적인 의미뿐만 아니라 탈이 나게 하는 부정적인 것을 없애는 의미도 있어 가면극에 사용했던 가면들은 모두 소각시키는 것이 관례였습니다.

가면극은 연기자가 얼굴에 가면을 쓰고 등장하는 극입니다. 동양 가면극이 대체로 무언극(無言劇)이었던 것에 반해 한국의 조선시대에는 해학적이고 풍자가 넘치는 대사가 특징인 탈놀이가 주류를 이루었습니다. 이처럼 한국 가면극은 현실성, 비판정신이 그 기조를 이루었는데요. 양반에 대한 반항, 부부의 갈등, 서민생활의 실상 등을 다루었습니다. 또한 한국의 가면은 바가지나 종이로 이루어진 것이 많아 현재까지 보존된 것이 드물고 앞서 이야기한 것처럼 공연이 끝나면 소각시키는 관례 때문에 현존하는 가면의 값어치는 매우 높다고 볼 수 있습니다.

일본의 가면극은 노(能)라고 불립니다. 우리나라의 가면극처럼 시대를 풍자하는 의미를 가지고 있지만 우리나라의 가면극이 역동적이고 직설적인데 반해 일본의 노는 절제된 내면 연기가 특징입니다. 중국의 가면극인 변검은 얼굴의 가면을 순식간에 바꾸는 것이 특징인데요. 극중 인물의 내적 심리를 표현하기 위하여 순간적으로 얼굴모양을 바꿉니다. 또한 배우의 동작이 크고 화려한 것도 특징이지요.

▲ 일본 가면

▲ 중국 가면

우리나라의 가면극이 마당과 직설적 풍자를 특징으로 한다면 일본의 가면극은 억제된 표현과 무표정한 가면이, 중국은 감정표현과 화려함이 특징이라고 할 수 있습니다.

우리나라 가면극의 기원을 살펴보면 농경의식설, 기악설, 산대희설이 있습니다. 농경의식설은 농사가 잘 되라고 농민들이 거행하던 농경의식이 가면극의 기원이라는 것이고, 기악설은 중국에서 배워 일본에 전했다는 기악(伎樂)이 가면극의 기원입니다. 산대희설은 산대희에서 산대극이 생겨났고 산대극이 각 지방에 전파되면서 가면극이 이루어졌다는 것인데요. 산대희는 산처럼 높은 무대를 만들어 벌이는 국가적인 행사였는데, 산대희가 없어지면서 민간에서 산대놀이로 그 명명이 이어졌다고 합니다.

관광PLUS⁺ 이매탈의 턱은 어디에?

국가무형문화재인 하회별신굿탈놀이는 주민들이 병을 앓지 않고 평안하게 지내길 기원하는 부락제를 마친 후에 벌이는 가면극입니다. 하회별신굿탈놀이는 지배계층인 양반과 선비를 풍자한 극으로 유명한데요. 상민들의 억눌린 감정을 마음껏 표출할 수 있도록 도와주었던 하회탈의 유래는 허도령전설에서 찾을 수 있습니다.

하회탈의 제작 시기인 고려 중엽의 하회마을에는 허씨들이 모여 살았습니다. 마을에 재앙이 들자 허도령의 꿈에 신이 나타나 "탈을 12개 만들어 그것을 쓰고 굿을 하면 재앙이 물러날 것이다"라고 하면서 "탈이 다 만들어질 때까지 누구도 보여주어선 안 된다"는 금기를 일렀습니다. 허도령은 이 꿈을 꾸고 나서 목욕재개를 하고 두문불출하며 탈 제작에 몰두하였지요. 그러던 어느 날 허도령을 사모하던 처녀가 방의 문에 구멍을 뚫고 들어다 보자 "누구도 보아선 안 된다"는 금기가 깨져 허도령은 피를 토하면서 죽게 되었습니다. 이 때 마지막으로 만들던 이매탈의 턱을 완성하지 못한 채 허도령이 죽어 지금까지 턱이 없는 채 전해져 오고 있답니다.

23 불로장생의 꿈, 십장생

귀한 아들을 얻은 부자가 아들이 오래 살기를 바라는 마음에 '목숨이 끝나지 않는다'는 의미의 '수한무', 오래사는 '거북이', 천년을 산다는 '두루미', 18만 년인 삼천갑자를 살았다는 '삼천갑자 동방삭'을 합쳐서 아들이름을 '김수한무 거북이와 두루미 삼천갑자 동방삭'이라 지었다는 옛 이야기가 전해오고 있는데요. 이처럼 옛 조상들은 오래 사는 것들을 귀하게 여겼습니다. 그 중에서 10가지의 장수하는 것들은 숭배의 대상이 되었는데요. 해·산·물·돌·소나무·달 또는 구름·불로초(먹으면 늙지 않는다는 상상 속의 식물)·거북·학·사슴이 바로 '오래 살고 죽지 않는다'는 십장생입니다.

※ 기록에 따라 돌 대신 대나무가 들어가기도 합니다.

십장생 중에 해·달·구름·학은 천상(天上)계를, 소나무·사슴·불로초·산·돌·소나무는 지상(地上)계를, 물·거북은 수(水)계의 영원한 생명을 상징합니다. 옛 조상들은 그림이나 조각 등에 십장생을 소재로 이용하였는데 조선시대에는 설날에 십장생 그림을 궐내에 걸어놓는 풍습이 있었습니다. 혼례 때 신부의 수저주머니나 선비의 문방구에도 십장생을 그리고 수놓았다고 합니다. 궁중을 비롯하여 민간에 이르기까지 십장생을 가구나 장식품의 문양으로 사용하고 매일 바라보면서 장수를 기원하였습니다.

▲ 서울특별시 유형문화재 제137호, 십장생도

조선시대 말기에 제작된 십장생도(十長生圖)는 2001년 12월 31일에 서울시유형 문화재 제137호로 지정되었는데요. 현재 서울역사박물관에 소재해 있습니다. 이는 십장생으로 상상의 선(仙)계를 표현한 작품입니다.

십장생도는 주로 상류층에서 오래 살기를 기원하는 마음으로 사용하였는데요. 왕이 중신들에게 십장생도를 새해 선물로 내렸다는 문헌기록이 남아있습니다. 십장생도를 살펴보면 소나무들 사이에 불로초가 자라고 사슴이 한가롭게 뛰어놀고 있습니다. 산봉우리 위의 구름 사이로 학이 날아다니고 그림의 왼편에는 해와 거북이, 오른 편에는 물, 돌, 복숭아나무가 보입니다. 화려한 색채와 십장생의 조화로움, 신비한 분위기가 잘 표현된 그림입니다.

관광 PLUS⁺ ### 십장생이 등장하는 문화재

문화유산 가운데 십장생을 소재로 한 것들이 많이 있습니다. 보물 '경복궁 자경전 십장생 굴뚝'은 경복궁 자경전 뒤뜰의 담장에 덧붙여 설치된 조선시대 굴뚝으로 직사각형 공간에 십장생이 새겨져 있습니다. 굴뚝이면서도 장식적인 기능까지 겸비한 아름다운 작품으로 평가받고 있죠.

▲ 경복궁 자경전 십장생 굴뚝

국가민속문화재 십장생수 이층농은 오동나무로 만든 이층농으로 좌우 여닫이 문판에 십장생 자수가 놓여있습니다. 보물 제주도 관덕정은 제주도의 가장 오래된 건물 중 하나로 팔각 지붕의 누각입니다. 관덕정 대들보에도 십장생 그림이 그려져 있습니다. 보물 백자 청화매월 십장생문 팔각접시는 조선 후기 백자접시로 그릇 겉 부분에 십장생이 등장합니다.

24 관광의 꽃! 문화관광축제

그 지역만의 특색을 살린 다양한 축제들은 내·외국인 관광객의 시선을 사로잡는 1등 공신입니다. 자연환경이나 특산물, 문화유산과 결합된 축제의 프로그램들은 관광을 하는 동안 자유롭고 즐겁게 즐기며 체험까지 할 수 있는 이점을 가지고 있어 문화와 사회, 나아가 경제적인 파급 효과도 실로 엄청납니다.

지난 2020년 2월 문화체육관광부는 우리나라의 수많은 축제 가운데 축제 현장평가, 전문가 심사 등의 엄정한 심사를 거쳐 35개의 2020-2021년 문화관광축제를 선정하였는데요. 어떤 축제들이 선정되었는지 살펴볼까요?

2020-2021년 문화관광축제

구 분	축제명
부 산	광안리어방축제
대 구	대구약령시한방문화축제, 대구치맥페스티벌
인 천	인천펜타포트음악축제
광 주	추억의충장축제
울 산	울산옹기축제
경기도	연천구석기축제, 시흥갯골축제, 안성맞춤남사당바우덕이축제, 수원화성문화제, 여주오곡나루축제
강원도	평창송어축제, 춘천마임축제, 평창효석문화제, 원주다이내믹댄싱카니발, 강릉커피축제, 정선아리랑제, 횡성한우축제
충청도	음성품바축제, 한산모시문화제, 서산해미읍성역사체험축제
전라도	임실N치즈축제, 진안홍삼축제, 순창장류축제, 영암왕인문화축제, 담양대나무축제, 보성다향대축제, 정남진장흥물축제
경상도	포항국제불빛축제, 봉화은어축제, 청송사과축제, 밀양아리랑대축제, 통영한산대첩축제, 산청한방약초축제
제주도	제주들불축제

이렇게 문화관광축제로 선정되면 관광진흥기금이 지원되며 한국관광공사에서 해외 홍보와 축제 마케팅을 지원해주는 혜택까지 받을 수 있다고 합니다.

지역축제가 더욱 활성화되려면 어떤 것들이 개선되어야 할까요? 지역축제의 관광객은 대부분 외래 관광객입니다. 당연히 관광객이 지방으로 이동하기에 편리한 교통수단이 개선되어야 합니다. 또 물리적인 시설을 확충해 관광객들의 편의를 위해야 하며 다양한 프로그램의 개발도 좋지만 무엇보다 프로그램의 참가활동 자체가 편리하도록 개선될 필요성이 있습니다.

그러나 지역축제를 활성화한다는 명목으로 돈벌이를 위해 무분별하게 축제를 생성하다보면 원래 있던 축제들의 특수성과 가치마저 하락할 수 있으므로 유의해야 합니다. 여기에 국내외적인 홍보와 축제 안내 기능까지 강화된다면 금상첨화가 되겠죠?

참고 : 문화체육관광부 홈페이지(www.mcst.go.kr)

관광PLUS⁺ **문화체육관광부가 선정한 대한민국 대표 축제!**

• 춘천마임축제
런던 마임축제, 프랑스 미모스 축제와 함께 세계 3대 마임축제 중 하나로 몸, 움직임, 이미지를 기반으로 한 공연 예술 축제입니다. 현대 마임과 신체극, 무용극, 광대극, 거리극 등 마임이라는 장르를 넘어 다양한 장르의 작품을 수용하는 것이 특징입니다. 국내외 마임 아티스트들의 익살스러운 마임과 화려한 퍼포먼스가 펼쳐지며, 관객들이 참여하고 체험하며 다 함께 즐기는 특별한 프로그램들이 준비되어 있습니다.

• 인천펜타포트음악축제
인천광역시에서 2006년부터 매년 여름에 사흘간 열리는 록 페스티벌입니다. 2006년 첫 축제가 시작된 이래 매해 여름 송도에서 개최됩니다. 2016년에는 국·내외 아티스트 80여 팀이 공연에 참여했으며, 관객만 해도 8만 6천여 명이 다녀갔을 정도로 성황을 이뤘다고 합니다. 영국 타임아웃 매거진에서 '꼭 가봐야 할 세계 페스티벌 50'에 선정하기도 했죠. 우리나라 록 페스티벌의 시초로 역사와 전통을 이어가며 국·내외 음악팬들에게 높은 인기를 끌고 있습니다.

• 제주들불축제
제주도의 목축문화인 들불놓기(방애)를 현대적으로 재현한 제주도의 대표 축제입니다. 매년 3월 새별오름에서 펼쳐지는 제주들불축제에서는 오름(기생화산)에 들불을 놓아 밤하늘을 붉게 수놓습니다. 커다란 오름을 따라 붉은 불꽃이 일렁이는 모습은 그야말로 장관이죠. 들불놓기 이외에도 오름 전체를 대형 스크린 삼아 조명을 비추는 미디어 파사드쇼와 횃불 대행진, 화산섬 제주의 탄생을 의미하는 화산불꽃쇼 등 화려한 볼거리가 제공됩니다.

한 · 중 · 일 젓가락 사용법

25

13년 면접

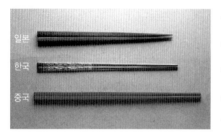

젓가락은 우리나라는 물론 중국, 일본, 싱가포르, 베트남, 몽골 등 주로 동아시아 지역에서 널리 사용되고 있는데요. 특히 한 · 중 · 일 세 나라의 젓가락 사용 비율이 가장 높고 문화도 잘 발달되어 있습니다. 일반적으로 젓가락을 사용하여 식사를 하는 것은 삼국의 공통점이라고 할 수 있지만, 조금만 자세히 살펴보면 각 나라의 식습관이나 문화에 따라 미묘한 차이가 있다는 것을 발견할 수 있습니다. 한 · 중 · 일 젓가락의 모양, 재질, 길이, 사용방법에 대해 구체적으로 살펴봅시다.

일본의 경우 음식이 개인에게 각각 제공되므로 덜어먹을 필요가 없고, 지역적인 특성으로 인해 생선을 많이 먹기 때문에 가시를 잘 발라내기 위해 끝이 뾰족하고 비교적 짧은 젓가락을 사용합니다. 대부분 나무로 만든 것을 사용하고 있으며 위쪽이 아래쪽보다 굵어서 사용하기 쉽습니다. 또한 한국만큼 숟가락을 사용하는 것이 발달되지 않았기 때문에 국물을 먹을 때도 그릇을 들고 입을 갖다 대고 젓가락을 이용해서 먹습니다.

중국은 온 식구가 둘러앉아 식사를 하므로 사람과 음식 사이의 거리가 멀고, 대부분 원형 탁자에서 공동음식을 덜어 먹는 문화가 발달해 있으므로 멀리 있는 음식을 집기 위해 젓가락이 길어졌습니다. 이는 인구가 많고 가족 내 인원이 많은 중국의 특징이 잘 반영된 것이라고 볼 수 있습니다. 또한 대부분의 중국 음식이 기름에 튀기거나 구운 것들이기 때문에 집기가 어려워 가늘고 길어졌다는 의견도 있습니다. 일본과 마찬가지로 국물 요리를 먹을 때를 제외하고는 숟가락을 거의 사용하지 않는 것도 특징이라고 할 수 있습니다.

한국의 밥상은 찌개나 반찬을 공동으로 먹는 것이 중국식과 비슷하지만 개인별 밥그릇과 국그릇을 가지고 있는 점은 일본식과 비슷합니다. 따라서 한국의 젓가락은 중국 젓가락보다는 짧고, 일본 젓가락 보다는 깁니다. 뿐만 아니라 중국이나 일본에 비해 넓적한 모양인데요. 그 이유는 세밀한 젓가락질이 필요한 우리나라의 다양한 반찬들 때문입니다. 젓가락으로 김치도 찢어 먹고, 무른 두부도 잘라 먹고, 작고 동그란 콩자반도 집어먹어야 하는데 중국의 뭉툭한 나무젓가락으로는 지금보다 훨씬 불편했겠지요. 중국과 일본에 비해 한국에서만 금속을 사용한 젓가락이 사용되고 있는 것도 이러한 이유에서 비롯된 것이라는 분석도 있습니다.

우리가 매일 접하면서 익숙해진 작은 젓가락이 실은 각국의 상차림 특징과 문화적인 특성까지 반영하고 있다니 새삼 놀라운 일입니다. 한 나라의 오랜 음식 문화와 역사가 깃들어 있는 각국의 젓가락을 보니, 문화란 아주 사소한 물건 하나까지 영향을 미치지 않는 곳이 없는 삶의 일부와 마찬가지라는 것을 깨닫게 되지요?

관광PLUS⁺ 수저에도 담겨있는 음양의 원리

우리나라의 젓가락 문화가 중국·일본과 뚜렷하게 구별되는 가장 큰 차이점은 바로 숟가락을 함께 사용한다는 점입니다. 일본이나 중국도 처음에는 수저를 함께 사용했고, 현재에도 짧은 숟가락을 사용하고 있기는 하지만 그 빈도수는 많지 않습니다. 또 얕은 접시가 위주인 서양에  비해 우리나라의 식기는 뚝배기나 사발처럼 움푹 패여 있는 형태가 많은데요. 이것은 뜨거운 국물을 좋아하는 식(食)문화를 가지고 있기 때문입니다.

그런데 놀라운 사실! 숟가락과 젓가락이 각각 음(陰)과 양(陽)을 상징하고 있다는 것을 알고 계셨나요? 수저는 액체와 고체의 음식을 포괄하는 식사 도구입니다. 숟가락(국물)은 음(陰), 젓가락(건더기)은 양(陽)에 속합니다. 따라서 두 개를 함께 사용하는 것은 곧 음양의 조화를 의미하지요. 수저와 같은 작은 물건에도 이렇게 음양의 조화를 철저하게 생활화한 것, 바로 우리나라의 자랑스러운 식(食)문화입니다.

3

관광통역안내사
필기 + 면접
용어상식사전

제 **3** 장

용어상식사전

01 필수관광용어
PART

 01 관광 관련 개념

관광(tourism)

관광은 사전적으로 '다른 지방이나 다른 나라에 가서 그 곳의 풍경·풍습·문물 따위를 구경함'이라는 의미를 가진다. 학문적으로는 '정주지(定住地)에서 일상생활권 밖으로의 이동과 정주지로 다시 돌아올 목적을 수반하는 생활의 변화에 대한 욕구에서 생기는 일련의 행동'으로 정의한다.

① 동양적 의미 : B.C 8세기 중국 주나라 『역경』에 '관국지광 이용빈우왕(觀國之光 利用賓于王)'이란 문구에서 유래를 찾아볼 수 있다. 즉, 나라의 광명을 살펴보는 것은 왕의 손님이 되기에 족하다는 의미이며, 관광은 '그 지방의 우수하고 훌륭한 것을 그 지방의 대표자나 권력자들이 방문하는 손님에게 보이고 대접하는 것은 좋은 것이다'라는 의미이다.

② 서양적 의미 : 관광에 해당하는 영어는 'Tourism'이다. 이 단어는 라틴어 'Tornus(토르누스 : 도르래)'로 동일한 장소에서 휴식하고 끝나는 것을 의미한다. 파생어 tourism 또는 tourist라는 어휘는 1811년 영국 잡지의 하나인 「스포츠 매거진(Sporting Magazine)」에 처음으로 소개되었으며, 관광은 1975년 세계관광기구(WTO ; World Tourism Organization)에서 공식적으로 'Tourism'으로 사용되고 있다. 관광은 1박 이상 체재를 하고, 소비지출이 수반되며, 방문목적도 관광활동은 물론 레저 및 레크리에이션, 친구 및 친지방문, 비즈니스 및 전문적인 일, 건강 및 치료, 종교 순례 등과 같이 뚜렷해야 한다.

■ 여행(travel, journey, tour)

여행을 뜻하는 영어 단어로는 'travel, journey, tour' 등이 있는데, 여행이란 일반적으로 사람이 2개 지점 또는 그 이상 지리적으로 떨어진 지점을 이동하는 행위를 말한다. 여행은 정보나 경제의 이동을 수반하게 되어, 여행업, 교통업, 숙박업, 외식업, 쇼핑업 등의 관련 산업을 형성시킨다. 그렇기 때문에 국제관광정책을 비롯하여 여러 가지 정책의 대상이 되는 경우가 많다. 즉, 여행은 이동 그 자체로서 관광을 포함하는 개념이며, 숙박이나 소비지출을 반드시 수반하지 않아도 된다.

■ 레저(leisure)

라틴어 'Licere(리세레)'에서 파생된 것으로 본래 '허락 되다'라는 의미였다. 시간의 관점에서 정의하자면, 하루의 생활시간에서 생활필수시간(수면, 식사 등)과 사회생활시간(일과 공부 등)을 제외한 자유활동시간을 말한다. 그리고 활동의 관점에서는 자유시간의 활동을 통칭하는 것으로서 레크리에이션과 관광을 포괄하는 개념이다. 레저에는 휴식, 기분전환, 자기계발의 세 가지 기능이 있다.

■ 레크리에이션(recreation)

어원적으로는 재창조를 의미하는 것이지만, '레크리에이션'으로 발음할 경우 휴양·보양·기분전환·오락이라는 의미를 뜻하고, '리크리에이션'으로 발음할 경우 개조·재건·재창조란 뜻을 가지고 있다. 즉, 레크리에이션을 통하여 육체적으로는 심신을 회복하고, 정신적으로 기분 전환을 하여, 자신을 재창조하는 의미를 내포하고 있다. 구체적인 수단으로는 놀이·스포츠·오락·여흥·여행 및 기타 취미활동 등을 들 수 있다.

02 관광객 및 여행의 분류

WTO에 의한 관광객의 분류

WTO(세계관광기구, World Tourism Organization)는 관광통계에 포함되는 관광객을 관광자와 당일 방문자로 구분한다. 관광자(tourist)는 1박 이상을 체재하는 것으로, 당일 방문자(excursionist)는 숙박을 하지 않는 것으로 규정하였다. 이들의 관광목적은 관광활동은 물론, 레저 및 레크리에이션, 친구 및 친지방문, 비즈니스 및 전문적인 일, 건강 및 치료, 종교 및 순례, 기타 등으로 구분하였다. 당일 방문자의 경우 크루즈여객, 국경지대를 넘나드는 상인, 그 지역에 비거주하는 항공사 및 크루즈의 승무원 등을 들고 있다. 한편, 비관광자는 관광통계에 포함되지 않는 자로서, 직접 국경을 넘나들면서 출퇴근하는 사람, 이주자, 유랑자, 통과여객, 망명자, 주둔외국군대의 군인, 외교관 및 영사, 매일 일상적으로 오가는 사람 등이다.

OECD에 의한 관광객의 정의

경제협력개발기구(OECD ; Organization for Economic Cooperation and Development)는 소수의 선진국들만의 조직이기 때문에, 결의나 권고도 실행에 옮기기가 쉽다. 국제관광객은 24시간 이상 6개월 이내의 기간 동안 체재하는 자를 말하며, 일시방문객은 24시간 이상 3개월 이내의 체재자를 구분하여 정의하고 있다.

단체여행

모집대상자가 희망하는 적당한 여정을 작성하여 여정에 따라 충실히 이행하는 형식으로 10인 이상의 여행을 말한다. 단체여행에는 개인·가족·그룹여행에 대하여 많은 사람을 한 곳에 모아서 여정을 모두 통일하는 경우와 탈것의 운임과 이용하는 시설요금의 할인을 받을 때에 정해진 기준으로서 사용되는 경우 등 두 가지의 의미가 있다. 전자의 경우, 지역·직장·학교 등이 동일한 서로 낯익은 집단과 여행회사가 기획하여 모집한 불특정 다수의 집단으로 나누어지는데, 최근에는 단체라고 해도 개인을 더 중시하는 형태로 변화되고 있다.

기획자에 따른 여행의 분류

① 주최여행 : 여행사가 여정, 여행조건, 여행비용 등을 사전에 기획하여 참가자들을 모집하는 단체여행이다.

② 공최여행 : 여행사가 그룹 혹은 단체의 대표와 일정, 여행조건 등을 사전협의 후 결정하여 실시하는 여행이다.

③ 청부여행(도급여행, 주문여행) : 개인, 단체를 불문하고 특정객이나 단체의 주최자의 희망에 따라 여정을 작성하고, 이 여정에 의거한 여행조건 및 여행비를 산정하여 총비용을 제시하는 형식으로 주문을 맡아 실시한다.

안내조건 및 여행안내원 유무에 따른 여행의 분류

안내조건에 따른 여행의 분류

① IIT(Inclusive Independent Tour) : 안내원이 관광지 안내만 서비스 하고 그 외의 부분은 여행자가 단독으로 여행하는 방식으로, Local Guide System이라고도 한다.

② ICT(Inclusive Conducted Tour) : 안내원이 전체 여행기간을 책임지고 안내하는 방법으로 단체여행에 많이 이용된다.

여행안내원 유무에 따른 여행의 분류

① FIT(Foreign Independent/Individual Tour) : 여행안내원 없이 외국인이 개인적으로 여행하는 형태로 개인여행에서 많이 볼 수 있다.

② FCT(Foreign Conducted Tour) : 여행 시작부터 완료까지 Tour Conductor가 동행하는 형태로 단체여행은 대개 FCT 방식을 취한다.

■ 여행의 형태

① 피스톤형 : 여행객이 목적지에 가거나 돌아오는 동안 업무 이외에는 아무런 행동 기간을 갖지 않고 통일코스로 직행하는 형태이다.

② 스푼형 : 정주지에서 목적지까지 왕복은 동일 코스로 하고, 목적지에서는 휴식 등 여가 시간이 있어 관광 또는 유람을 하는 형태이다.

③ 안전핀형 : 정주지에서 목적지까지 직행해서 목적지에서는 스푼형과 같이 자유로운 시간을 보내다가 돌아올 때는 갈 때와는 다른 경로를 경유하는 형태이다.

④ 텀블린형 : 정주지에서 하나의 유행(遊行), 탐행지역까지 직행하지 않고 회유를 반복하는 형태로 숙박 및 체류 기간이 길고 소비도 많은 특색을 가진다.

 03 관광현상과 구성요소 및 관광의 효과

■ 관광시스템(tourism system)

관광현상을 발생시키는 총체적인 구조를 말하는 것으로 관광주체, 관광객체, 관광매체의 기본 3요소에 관광환경이 더해져서 4요소로 구성되어 있다. 즉, 관광현상이 발생하려면 관광주체인 관광자가 있어야 하고, 관광대상으로서 관광자원이 있어야 하며, 관광자와 관광자원을 연결시켜 주는 관광매체로서 각종 관광사업체가 있어야 한다. 그리고 관광주체, 관광객체, 관광매체는 정치 · 경제 · 사회 · 문화 · 기술 · 보건 등의 여러 요인에 의하여 많은 영향을 받게 되는데, 이를 관광환경이라고 하며, 관광시스템의 제4요소로서 의미가 있다.

■ 관광사업(tourism industry)

관광사업은 관광산업과 혼동하여 사용되고 있지만 관광이라는 개념 자체가 광의적인 의미로 한 국가나 국제 사회에 대한 경제적 기여도를 바탕으로 한 국제성 또는 글로벌화를 규정하고 있는 반면에, 관광사업은 관광 현상의 연구 대상 중에서 사회적·경제적 효과를 얻고자 하는 조직적인 활동을 의미한다고 할 수 있다. 즉, 관광객을 위하여 재화나 서비스를 제공하고 관광 왕래를 촉진시키기 위해 행하는 활동의 전부를 의미한다. 따라서 국제 관광객의 왕래를 통하여 국제 친선, 문화 교류, 국제 수지 개선, 국민의식의 세계화, 경제 성장 및 무역 수지 개선 등에 크게 기여하게 된다. 이러한 관광사업은 한 국가에 있어서 사회적 공공성과 개인적 사익성을 동시에 추구하는 사업이며, 그 규모 및 종사자가 더욱 증대하고 있는 국제적 사업으로서 각광받고 있다.

■ 관광사업과 관광산업의 개념 비교

관광사업과 관광산업은 동의어로 사용하는 경우가 많다. 관광산업에 대한 개념을 2가지 측면에서 고찰하면 다음과 같다.

① 광의적 의미 : 공익적인 활동에 중점을 두고 행해지는 관광사업 또는 영리를 목적으로 하는 관광사업 등 양자를 조화롭고 균형적으로 발전시키기 위한 복합 산업이다.

② 협의적 의미 : 공익을 목적으로 하는 사업 중 관광에 관계되는 것만을 의미함으로써 협의의 관광사업을 공익적인 것에 한정하기도 한다. 또한 관광산업은 경제면을 중시한 표현으로 관광사업과 어감의 차이만 있는 것으로 볼 수 있다. 그러나 대부분 관광사업이라는 용어는 국가, 지방자치단체, 공공단체 및 관광 사업자 단체 등의 시설이나 행정을 의미하는 경우가 많으며, 관광산업은 관광 관련 사기업 경영 등에 적용되는 경우가 많다.

⊞ 관광사업의 기본적 특성

① 복합성 : 관광 여행 일정에서 수행되는 여러 과정과 같이 여러 가지 업종이 복합적으로 이루어지고 있다는 의미이다.

② 입지의존성 : 경영적 입지조건에 따라 크게 영향을 받을 수 있으므로 관광자원의 입지에 의존하는 성격이 높다.

③ 공익성과 기업성 : 관련업종의 복합체로 성립되는 특수성 때문에 공익성과 기업성을 포함하고 있다.

④ 매체성 : 관광사업을 위하여 주체인 관광객과 객체인 관광자원을 결합시켜 주는 매체역할을 제공해 주는 특성을 말한다.

⑤ 양면성 : 수동적인 면과 능동적인 면이 상호 의존관계를 가지고 조화롭게 발전시켜 나아가는 것을 의미한다.

⑥ 다각성 : 관광사업을 하는 데 있어서 광범위할 뿐만 아니라 다각적인 성격을 띠고 있는 것을 의미한다.

⑦ 공공성 : 국제적인 임무나 국가적인 임무를 수행해야 하는 사업이므로 사회적 공공성이 우선되어야 하는 특성을 지니고 있다.

⑧ 변동성 : 정치 · 경제 · 사회 · 소득상황에 이르기까지 각종 변화에 따라서 흥망성쇄가 좌우되는 특성을 지니고 있다.

⑨ 관광서비스성 : 관광객에게 제공되는 서비스는 국제적 환대로 바뀌어져 상대방에게 전달되므로, 국제친선을 도모하게 된다.

⊞ 관광정보(tourism information)

협의로는 관광을 할 때 필요로 하는 교통, 숙박, 관광지의 매력성 등에 관한 정보를 가리키지만, 광의로는 관광에 관한 상거래, 관광통계, 관광정책 등을 포함하는 보다 전문적이고 광범위한 정보를 말한다. 협의의 관광정보는 관광안내소나 여행회사, 매스미디어 등으로 누구나 이용할 수 있지만, 그 이외의 정보이용은 관광산업종사자에 한정되는 경우가 많다.

📖 관광문화(tourism culture)

관광이 만들어 내는 문화이다. 관광용 문화공연 또는 선물용 공예품 등이 대표적인 사례이다. 모조품인 경우가 있어, 본물성(本物性)이 결여된 2류의 물건이라고 생각하기 쉽다. 그러나 무엇이 '전통적'이고, '관광용'인가를 구별한다는 것은 매우 곤란한 일이다.

📖 문화마찰(cultural conflict)

서로 다른 문화주체 간의 상호행위에 따라 발생하는 마찰 중에서 문화의 차이에 관한 것을 가리킨다. 관광은 다른 문화 간의 교류·상호이해를 촉진하기 위한 중요한 수단의 하나로서, 문화마찰의 경감과 해소에 기여할 것으로 기대되고 있다. 그러나 한편으로는 그 고장의 문화적 규모를 무시·경시한 관광객의 행동이 그 지역 사람들로부터 반감을 사는 등 새로운 마찰을 낳게 되는 위험마저 내포하고 있다.

📖 관광소비(consumption for tourism)

관광은 레저의 일종이며, 생활필수품과는 구별되는 경우가 많다. 관광을 위한 소비는 총소득에서 필수품의 소비 및 필요저축을 공제하고 남은 것으로서 충당된다. 따라서 경기변동 및 장래의 불확실성에 크게 영향을 받는다. 예를 들어 경기가 2배로 좋아지면, 관광소비는 2배 이상의 신장을 나타내며, 다른 편에서 자산 디플레이션(deflation) 등에 의한 불확실성의 증대는 저축성향을 높여서 관광소비가 격감하는 가능성을 가지게 된다. 또한 관광소비는 관광자 측에서 볼 때 관광서비스의 수입이며 소득의 유출이다.

🔲 관광지출(expense for tourism)

관광을 위한 모든 지출을 말한다. 사용방법에 따라서는 관광소비와 같은 것으로 생각되는 경우도 있으며, 그러한 점에서 명료하지 않다. 국민소득통계에 의하면 '지출'은 소비와 투자에 해당하며, 주로 국내경제를 중심으로 짜여져 있다. 그런데 관광의 경우에는 그 지출의 장소가 외국 또는 다른 지역인 경우가 많으며, 통계를 잡는 데도 문제가 남는다. 그러나 관광지출은 국민소득에 있어서의 지출의 일부임에는 틀림이 없다.

🔲 관광의 경제효과(economic effect of tourism)

① 주요한 산업이 없는 국가나 지역에서 산업 설립의 기반이 되는 자본의 축적을 초래하는 자본축적효과

② 소득과 고용을 창출시켜 그 나라나 지역의 소득수준의 향상에 공헌하는 소득·고용창출효과

③ 노동집약적 산업이라고 간주되고 있는 관광산업으로 인해 다른 지역으로부터의 노동 이동 등에 의한 지역 간 격차 축소효과

④ 관광산업은 제3차 산업으로 분류되며 제1차·2차 산업 등 후방연관이 강한 산업이므로, 그러한 산업과 그 지방 특유의 산업 보호·육성 추진에 도움이 되는 후방연관효과

⑤ 국제관광의 추진에 의한 외국인 관광객의 증가에 따른 외화획득효과

⑥ 관광이 성립되기 위하여 교통수단(도로·철도·공항·주차장 등), 상하수도, 전력, 숙박시설 등 관광 기반시설(infrastructure)의 정비가 필요하다는 사실에 의한 지역사회기반 정비효과 등의 효과

▦ 관광의 파생적 영향 · 효과(derived effect)

관광객과 관광지출의 증가(감소), 관광개발이나 재개발의 결과로 파생되는 여러 가지의 효과를 가리킨다. 소득 · 고용창출효과, 투자유발효과 및 세수효과, 그리고 개발이나 재개발에 따라 생기는 사회 · 환경의 영향 등도 이러한 효과에 포함시켜서 생각할 수 있다.

▦ 관광의 누적적 영향 · 효과(cumulative effect)

누적이란 1차 효과뿐만 아니라 2 · 3차 등으로 파급효과가 확산되는 경우, 2차 이후의 효과까지 모두 누계하는 것을 말한다. 마이너스에든 플러스에든 모두 작용을 하며, 마이너스에 대한 확산 누계를 효과라고 부르는 경우도 있다. 예를 들어 경제학에서의 승수효과는 누적적 효과의 일종이지만, 누적적 효과 그 자체는 승수효과처럼 질서정연한 것이 아니라도 좋다.

▦ 관광의 소득창출효과(income creative effect)

관광지출이나 관광객 수의 증가에 따라 관광지역에 있는 기업의 매출액이 증가하고, 그로 인하여 기업 내 종업원들의 소득이 증가하고, 다시 지출됨으로써 그 지역 내 기업의 매출액의 증가를 불러일으킨 결과 다시 기업 고용자들의 소득 증가를 낳게 한다는 일련의 연쇄작용으로, 소득이 창출되어 가는 것을 말한다.

▦ 관광의 고용창출효과(effect of employment creation)

관광객 지출의 증가에 의하여 관광에 필요한 여러 가지 재화와 서비스를 생산 · 공급하는 기업과 교통업, 숙박업, 레스토랑, 주차장 등에서 서비스의 충실과 생산 확대를 위하여 신규고용이 증대되는 것, 그리고 그러한 산업의 수요증가에 대응하여 관련기업의 고용이 증대되는 것을 가리킨다. 전자는 1차적 고용창출효과, 후자는 2차적 고용창출효과라고 부르는 경우도 있다.

⊞ 관광투자(investment for tourism)

관광산업에서 투자가 요청되는 것은 주로 시설과 개발이다. 전자는 호텔 등의 시설을 중심으로 하며, 후자는 관광자원의 창조와 인프라 정비중심이다. 투자는 자금이 투입되는 것을 의미하며, 국내에서 조달되는 것과 국외에서 들어오는 자금이 있다. 그리고 형태로서 차입에 의한 것과 자본참가에 의한 것이 있는데 개발에 있어서는 차입의 경우가 많고, 호텔 등에 대하여는 그 나라의 규제에 의하기도 하지만, 자본 참가의 형태를 취하는 것도 있다. 투하된 자본은 자산으로서 서비스를 낳고, 그 서비스의 판매에 의하여 수입을 얻으며, 차입에는 이자를 자본참가에는 배당으로서 자본제공자들에게 이익을 돌려준다. 따라서 국외 투자의 경우 수익의 일부는 언제나 국외로 흘러나간다. 또한 관광자원에 매력이 있으면 해외로부터의 자금조달이 용이해진다.

⊞ 관광의 투자유발효과(investment induced effect)

관광객과 관광지출의 증가에 따라, 그들의 수요를 충족시키기 위하여 여러 가지 관광시설의 정비·확충을 위한 투자의 증가가 생기거나, 그로 인하여 경제활동 전반이 활발해짐으로써 파생적으로 다른 산업(기업)에서의 투자도 증가하는 등의 효과를 말한다.

⊞ 관광의 조세효과(effect of tax revenue)

세수효과(稅收效果)라고도 한다. 관광객의 목적국 또는 관광지에서의 지출 증가는 그 나라의 관광 및 관광관련 재·서비스의 매출액을 증가시킨다. 그로 인해 소비세수입을 증가시키기도 하고, 매출액의 증가는 법인소득과 고용자 소득을 증가시키며, 그것은 법인세수입과 소득세수입을 증가시키고, 관광부문의 발전은 다시 그 나라와 지역경제의 관광 외 부문에 파급시켜 경제 전반에 걸쳐서 활발하게 활동하게 한다. 경제활동규모의 증대는 또한 세수를 증대시키는 것을 말한다.

🔲 관광승수(tourism multiplier)

어떤 지역에서 관광객의 총 관광지출의 증가에 의하여, 그 지출 증가분(초기 지출)의 파급효과를 통해 그 지역의 산출, 소득, 고용 등 경제규모의 추가적 증대를 추계·측정하는 데 도움이 되는 수치를 말한다. 따라서 관광객의 지출이 증가되더라도 그 지역으로부터 타 지역으로 새어나가는 부분이 클수록 승수치는 작아진다. 관광승수로는 여러 가지 것을 생각할 수 있는데, 예를 들면 아처(Archer, B.H.)는 『Tourism Multipliers : The State of the Art(1997)』에서 관광승수로 매출액(EH는 거래액), 산출, 소득, 고용, 투입·산출 등의 관점에서 바라볼 수 있다고 하여 각 승수 타입을 논하고 있다.

🔲 관광의 승수효과(multiplier effect)

케인즈(Keynes, J. M.)는 『일반이론(1936)』에서 승수이론을 사용하여 국민소득(유효수요)의 증대에 대한 (공공)투자의 역할을 중요시하였다. 그의 (투자)승수는 칸(Kahn, R. F.)의 고용승수(The Relation of Home Investment to Unemployment, 1931)에 유래하는 것이다. 승수효과란 일반적으로 총투자가 증가하면, 파급효과를 통하여 소득 또는 고용 등의 확대는 투자(독립투자) 증가분의 승수배(乘數倍)의 값이 된다는 효과를 의미한다.

🔲 관광의 사회적 영향(social influences of tourism)

관광은 관광객을 받아들이는 사회에 커다란 영향을 미치게 된다. 특히 문화인류학이나 사회학의 입장에서의 관광연구는 이러한 문제에 관심을 보이고 있다. 관광개발의 도입은 경제효과, 고용의 확대 등 긍정적인 사회적 영향을 가져오기도 한다. 반면, 상업적인 관계가 반입됨으로써 사회적인 갈등이 생기기도 하며 전통적인 사회관계가 파괴되거나 더 나아가서는 매매춘, 마약 등 사회적·도덕적인 측면에서 부정적인 영향을 초래한다고 지적되어 왔다. 최근의 NGO(비정부조직) 등에 의한 관광개발의 반대규탄도 이러한 문제와 관련되어 있는 경우가 많다.

■ 관광의 문화적 영향(cultural influences of tourism)

관광개발은 경제적인 효과를 초래하는 한편, 개발에 의하여 때때로 자연환경과 전통문화가 변용 · 파괴된다는 부정적인 지적도 있다.

① 컬추럴 브로커(cultural broker) : 문화중개인 · 관광이라는 이문화(異文化) 접촉의 장면에서, 관광객과 그 지방 토박이들과의 사이에서 양자 접촉의 양과 질을 조작하는 사람

② 국민성(national character) : 국민은 어떤 문화적 특질을 가지고 있다는 사고방식

③ 에스니시티(ethnicity) : 이민, 난민, 소수민족, 선주민족 등 국민국가에 포함되어 버린 하위의 집단인 에스닉 그룹이 자기들과 다수파 국민들 사이의 이질성을 표출시키는 성격의 총체. 관광을 계기로 하여 에스닉 그룹의 문화부흥운동이 높아져서 에스니시티가 강화 · 현재화되는 사례가 적지 않은 것처럼 오늘날 관광과 에스니시티는 깊은 관계가 있다.

04 관광의 다양한 형태

■ 의료관광(medical tourism)

의료관광은 산업적 관점에 따라 다양한 정의가 존재한다. 즉, 건강상태를 개선시킬 목적을 가진 사람이 집을 떠나 행하는 레저형태로서, 특별한 흥미가 있는 관광(SIT) 중 하나이다. 21세기 신성장동력산업으로 선정된 의료관광은 의료와 관광이 융복합되어 새로운 관광의 한 형태로 발전되고 있다. 2009년 5월 의료법의 개정으로 의료관광산업의 발전의 계기가 마련되었으며, 정부는 의료관광 활성화를 위한 법적 토대를 마련하였다. 즉, 관광진흥법 제12조의2에 의한 의료관광활성화를 위해 문화체육관광부장관은 외국인 의료관

광(의료관광이란 국내 의료기관의 진료, 치료, 수술 등 의료서비스를 받는 환자와 그 동반자가 의료서비스와 병행하여 관광하는 것을 말한다)의 활성화를 하기 위하여 대통령령으로 정하는 기준을 충족하는 외국인 의료관광 유치·지원 관련 기관에「관광진흥개발기금법」에 따른 관광진흥개발기금을 대여하거나 보조할 수 있다.

관광진흥법 제12조의2 제1항에서 "대통령령으로 정하는 기준을 충족하는 외국인 의료관광 유치·지원 관련 기관"이란 다음 각 호의 어느 하나에 해당하는 것을 말한다.

① 「의료 해외진출 및 외국인환자 유치 지원에 관한 법률」 제6조 제1항에 따라 등록한 외국인환자 유치 의료기관 또는 같은 조 제2항에 따라 등록한 외국인환자 유치업자

② 「한국관광공사법」에 따른 한국관광공사

③ 그 밖에 법 제12조의2 제1항에 따른 의료관광의 활성화를 위한 사업의 추진실적이 있는 보건·의료·관광 관련 기관 중 문화체육관광부장관이 고시하는 기관

관광진흥법 제12조의2 제1항에 따른 외국인 의료관광 유치·지원 관련 기관에 대한 관광진흥개발기금의 대여나 보조의 기준 및 절차는 「관광진흥개발기금법」에서 정하는 바에 따른다.

◫ 종교관광(sighting at religious places)

종교적인 장소를 관광대상으로 하여 방문하거나, 종교행사의 참가를 목적으로 하는 관광을 말한다. 종교학자 오토(Oto, R.)에 의하면 성스러운 것은 사람을 두려워하게 하는 반면, 사람을 매료시키는 면도 있다고 한다. 성지는 이러한 특성 때문에 사람들이 모이는 관광대상이 된다. 불각, 사당, 성인의 유적지, 유명한 교회, 사찰 등을 그 예로 들 수 있다.

■ 건강관광(health tourism)

병으로부터의 회복이나 건강의 희구를 목적으로 하는 이동이 여러 사람에게 받아들여져 일정한 양식화가 이루어졌을 때에 이것을 건강관광이라고 부른다. 공간의 이동이나 일상과는 다른 이질적인 시공간이 인간의 의식이나 신체상태를 변화하게 한다는 신념에 의하여 가능해진다. 이러한 관광의 원형은 치료를 목적으로 하는 순례이지만, 오늘날에는 탕치나 전지요양, 나아가서는 장기이식 등의 고도요양이나 심령수술을 구하는 여행 등으로 전문화되고 있다.

■ 에코투어(eco tour)

자연파괴 또는 문화유산, 생활양식을 포함하는 지역 생태계를 보호할 목적으로 자연관찰과 문화체험을 한데 엮은 여행을 말한다. 관광개발이나 방문객의 급격한 증대가 그 지역의 환경악화를 초래하고 있다는 사실에 대한 반성으로 주목받기 시작하였다. 투어시 소그룹으로 나누어 지역의 적정한 수용력이나 생태계를 손상하지 않도록 규제를 지키고, 동행하는 전문해설자에 의하여 즐겁게 배울 수 있는 조건 등이 필요하다.

■ 에코 투어리즘(ecological tourism)

생태관광, 환경관광이라고도 한다. 환경 피해를 최대한 억제하면서 자연을 관찰하고 이해하며 즐기는 여행 방식 또는 여행 문화로 친환경적 관광을 통해 도시와 농어촌 지역 사이의 교류를 확대함으로써 도시와 지역사회 모두에게 도움이 되는 새로운 관광형태이다. 제2차 세계대전이 끝난 후 프랑스에서 처음으로 시작되었으며, 관광이 경제적 이익의 수단으로 인식되면서 전 세계적으로 이익을 우선으로 하는 관광개발이 계속되고, 이로 인한 자연파괴가 늘어나자 1960년대부터 북아메리카를 중심으로 환경에 미치는 영향을 최소화하자는 운동의 일환으로 나타나기 시작하였다.

🔲 그린 투어리즘(green tourism)

농촌에서 체재하는 형태의 여가활동을 가리킨다. 이러한 이용자에게 숙박 서비스를 제공하는 민박경영 등 농가가 행하는 관광적 활동도 지칭하여 사용된다. 서유럽에서는 이미 오랜 역사를 가지고 있으며, 바캉스의 한 형태로서 사회적으로 정착되고 있다. 지역자원을 활용하는 소프트 투어리즘의 하나라고 할 수 있다.

🔲 소셜 투어리즘(social tourism)

여러 가지 이유로 관광에 아무런 연고도 없는 사람들이 관광을 실현할 수 있는 조건을 갖추려고 하는 사회적 지원이다. 국가, 지방자치단체, 각종 단체 등이 관광을 즐길 수 있는 기회를 모든 사람들에게 보증하려는 생각 또는 활동을 말한다. 경제적 부담이나 신체적 · 정신적 장애 등의 이유로 관광에 참여할 수 없는 사람들을 대상으로 한다.

🔲 아웃바운드 투어리즘(outbound tourism)과 인바운드 투어리즘(inbound tourism)

아웃바운드 투어리즘이란 어떤 나라로부터 밖으로 향하여(outbound) 생기는 관광객의 흐름(tourist flow)을 말한다. 인바운드 투어리즘은 외국으로부터 내국으로 향하여(inbound) 생기는 관광객의 흐름을 말한다.

🔲 여행 성격에 의한 관광의 종류

① 패키지 투어(Package Tour) : 주최여행의 전형적인 형태로서 모든 일정이 포괄적으로 실시되는 여행

② 시리즈 투어(Series Tour) : 동일한 형태와 목적, 코스로서 정기적으로 실시되는 여행

③ 크루즈 투어(Cruise Tour) : 유람선 여행

④ 컨벤션 투어(Convention Tour) : 국제회의여행

⑤ 차터 투어(Charter Tour) : 전세여행

⑥ 인센티브 투어(Incentive Tour) : 포상여행

⑦ 팸 투어(Familization Tour) : Fam Tour 라고도 하며, 주로 여행도매상
   이 소매업자를 초대하여 여행시키는 것

⑧ 다크 투어(Dark Tour) : 역사적으로 비극적인 사건이 일어났던 곳과 관
   련이 있는 곳들을 여행하며, 반성하고 교훈을 얻는 여행

⑨ 인터라인 투어(Interline Tour) : 항공회사가 가맹에이전트를 초대하는 여행

■ 패키지 투어(package tour)

소비자인 여행자를 위하여 운송부문과 지상부문(숙박·관광·식사 등)을
'팩(한 덩어리)'으로 판매하는 것이며, 통칭 '팩(pack)여행', '주최여행'과
같은 뜻이다. 여행업자 쪽에서 보면 익숙해있지 아니한 여행에도 안심하고
참가할 수 있는 메리트가 있다고는 하지만, 여행 일정에 제약을 받게 되는
경우가 많다. 이것과 유사한 포괄여행(inclusive tour)은 항공운임을 중심으
로 하여 지상수배부분을 포함한 규칙 면에서 본 개념이다.

■ 인클루시브 투어(inclusive tour)

운송부문(항공)과 지상부문(숙박·관광·식사 등)이 포함된 포괄여행을 말한
다. 일정한 사람 수에 따른 단체포괄여행(GIT ; Group Inclusive Tour)이 일반
적이지만, 개인에 대하여 적용되는 개인포괄여행(IIT ; Inclusive Individual
Tour)도 있다. 항공운임은 지상부문을 포함한다는 조건으로 할인운임이 적용
된다. 여기에는 여행출발 전에 여행비용이 지불되며 출발지로부터 다시 출발
지로 돌아온다는 것 등 기본조건이 충족되어야 하며, 항공운임에 지상부문의
비용을 가산한 판매가격이 방면 및 분야·일수·시기·여행형태별로
IATA(국제항공운송협회, International Air Transport Association)에 정해
져 있다.

■ 옵셔널 투어(optional tour)

처음에 시작하는 여행일정에는 포함되지 아니하는 투어로서, 현지에서 신청하는 여행을 말한다. 여행의 메뉴를 옵션(선택의 자유)으로 설정하는 옵셔널 투어는 지정된 투어가 아니라 자유시간이 많은 투어를 선호하는 여행수요가 강해짐에 따라서 그 종류도 많아졌다. 관광이나 식사를 적게 함으로써 여행 본체의 가격을 낮추고 현지의 옵셔널 투어에서 모자란 수입을 올리려고 하는 측면도 있다.

■ FCT(foreign conducted tour)

인솔자가 딸린 해외여행을 말하며, 해외여행의 원형이라고도 할 수 있는 여행 형태이다. 지금도 해외여행은 FCT가 대부분을 차지하고 있다. 해외여행에 숙달되지 아니한 여행자는 현지사정에 어둡고 현지언어도 자유로이 구사할 수 없기 때문에, 인솔자나 현지 안내인의 동행은 더없이 든든한 것으로 경험이 풍부한 전문 인솔자가 호평 받는다. 하지만 해외여행 경험자의 증대와 더불어 인솔자 없이 여행하는 FIT(Foreign Independent Tour) 여행자가 점차 증가하는 추세에 있다.

■ SIT(special interest tour)

관광 이외의 특별한 목적을 가진 투어로서, 특정한 관심을 충족시키기 위한 투어를 가리킨다. 단순한 구경과 놀이인 패키지 투어만으로는 만족하지 않는 여행자의 다양한 수요를 흡수하고 정형화된 상품에 대한 차별화를 위해 기획되어 왔다. 교양(문학, 예술 등)여행, 구경을 위한 여행에 그치지 않고 자연보호에 대한 관심을 높이는 에코투어, 명확하게 관광과는 목적이 다른 NGO(비정부조직, Non-Governmental Organization)에 의한 발전도상국 농촌체험을 위한 스터디 투어(study tour) 같은 것들이 넓은 의미의 SIT이다.

🔲 개인여행

개인의 의사에 따라서 여정을 짜고, 항공기·선박·기타 교통편의 예약을 대행하는 형식으로 9인 이하의 여행을 말한다. 여행형태가 단체로부터 가족으로, 가족으로부터 그룹, 개인으로 변화되어 감에 따라 여행자의 목적의식 (여행목적)의 공통성이나 이질성이 문제가 될 것이다. 교통기관이나 숙박시설은 동일하더라도 현지에서의 행동은 개인적인 경우, 그것이 단체여행의 범주에 들어가느냐의 여부이다. 여행의 대중화는 성숙기를 맞이하고 있으며, 개인의 여행의식은 여행형태를 다양화시키고 있다.

🔲 인센티브 투어(incentive tour)

포상(보상)관광을 의미한다. 예를 들면 보험회사나 화장품회사 등이 판매점이나 판매원에 대하여 일정한 목표 이상의 실적을 올린 데 대한 포상으로 국내·해외의 여행에 초대하여 여행지에서 감사하는 뜻의 파티를 개최하는 것이다. 따라서 각 여행업자에게는 거액의 인센티브 투어가 치열한 획득 경쟁의 목표가 된다.

🔲 엑조티시즘(exoticism)

이국취미를 의미하는 것이지만, 관광의 문맥에서는 때때로 서양인의 동양에 대한 오리엔탈리즘에 의거한 눈길을 의미하는 경향이 있다. 예를 들면, 태국은 이러한 대상 중 하나가 되어 서양인의 관광대상이 되어 왔다. 이러한 이미지의 형성은 정부에 의한 관광 진흥에 있어서의 '엑조틱 타이랜드(Exotic Thailand)' 등의 슬로건에도 나타나 있다.

05 관광에 대한 신사고 및 역사적 개관

지속가능한 관광(sustainable tourism)

전 세계적으로 지구온난화 등 각종 환경문제가 심각해지면서 1980년대에 지속 가능성이라는 사고방식이 제창되었으며, 1990년대에 급속하게 확대되어있다. 지속가능한 발전이란 환경보전과 경제발전의 목표로 두 가지를 양립하여 달성하고자 하며, 환경이 더 이상 악화되는 것을 방지하고 장래 세대의 경제발전을 보장할 수 있는 규모, 방법으로 개발·이용·경영을 하고자 하는 사고방식이다. 이러한 개념을 관광측면에 적용하여, 지속가능한 관광이라 하며 그린 투어리즘·에코 투어리즘(생태관광) 등의 형태가 제창되고 있다.

얼터너티브 투어리즘(alterative tourism)

대량관광을 의미하는 매스 투어리즘에 대한 또 하나의 관광내지 다른 형태로서의 관광을 말한다. 관광의 대중화에 따라서 관광지에서 생겨 온 관광의 폐해(자연·문화재·경관 등의 파괴, 소음, 교통체증 등)를 될 수 있는 대로 적게 하고 관광의 경제적 효과를 그 지역에 미치게 함으로써, 관광객도 충분히 만족할 수 있는 관광형태의 총칭으로서 사용되는 경우가 많다. 그린 투어리즘, 루럴 투어리즘, 애그리 투어리즘, 에코 투어리즘, 소프트 투어리즘 등은 각각의 특징을 강조한 얼터너티브 투어리즘의 관광형태라고 볼 수 있다. 공통적으로 말할 수 있는 개념은 적은 인원수로 하는 능동적인 행동 형태이며, 관광지도 계획적이어서 기존 시설의 이용을 중심으로 하는 경우가 많고 자연·문화재·전통 등과 공존하는 것이라 할 수 있다.

■ 관광과 환경보전(tourism and environment conservation)

관광과 환경의 관계는 매우 큰 모순을 지니고 있다. 관광은 필연적으로 환경 파괴를 야기시키는 것이지만, 한편으로는 환경에 의존해야 하는 활동이다. 또한 경제행위로서, 환경의 질 저하는 관광의 의존기반 그 자체를 뿌리째 무너뜨린다. 후자의 관점에서 본다면 환경을 보전한다는 것은 관광이 성립되기 위한 필수조건이라고 할 수 있다. 예를 들면 국립공원제도는 뛰어난 풍경지, 자연지의 이용과 보전이라는 상반된 2개의 목적을 가지고 있는데, 관광이용을 하고자 하는 입장에서 말하자면 이러한 2개의 목적의 병존은 결코 모순되지 않는다.

■ 람사르 조약(ramsar convention)

1971년에 이란 람사르에서 채택되었으며, 1975년 12월 발효된 정부 간 협약이다. '특히 물새들의 서식지로서 국제적으로 중요한 습지에 관한 조약'이 정식 명칭이다. 그 목적은 국경을 넘어서 이동하는 물새들의 서식지로서 중요한 습지를 지정하여, 국제적으로 보전을 추진하는 데 있다.

■ 포스트 투어리즘(post-tourism)

파이퍼(Feifer)가 '포스트 투어리스트'라고 부른 관광객은 진짜 관광경험 같은 것은 존재하지 않는다는 것을 알고 있으면서, 그들에게 관광이라는 어떤 종류의 놀이를 연출하게 하는 것이다. 즉, 관광경험의 거짓(inauthenticity)에서 오히려 즐거움을 발견한다는 것이다. 어리(Urry, J.)는 '포스트 투어리즘'을 포스트 모더니즘과 관련하여 파악하고 있으며, '모방'이나 '하이퍼리얼리티'가 키워드가 된다.

🔳 십자군의 원정(invasion of crusade)

기원전 5세기에 로마 제국이 붕괴되어, 화폐경제도 행하지 못할 만큼 치안이 어지러워져 유럽을 중심으로 하는 관광은 공백상태가 되었다. 그러나 1096~1270년까지 계속된 십자군의 원정에 의하여 관광이 부활되어, 종교심과 함께 동방 먼 나라의 풍물에 관심을 가진 병사들이 유럽에 동방의 문물을 가지고 왔다. 또한 그로 인하여 순례관광이 활발해졌다. 예루살렘과 함께 로마, 산티아고 데 콤포 스텔라(스페인)가 순례의 목적지가 되었다.

🔳 호스피스(hospice)

현대에는 전적으로 의료시설이라는 의미로 사용되는 이 말은 라틴어의 호스피티(hospitium)에서 유래된 것으로 원래는 호스트와 게스트 사이에 성립되는 고대 그리스의 제우스(유태인)의 환대, 즉 호스피탤리타스(hospitalitas)를 기원으로 하고 있다. 중세의 유럽에서는 호스피스, 호스피츠(hospiz), 호스텔리(hostelry) 등 나라에 따라서 말은 다르지만 주로 성지순례를 하는 순례단을 위한 숙박시설로서, 순례로를 따라서 세워지며 교회의 손으로 운영되었다.

🔳 그랜드 투어(grand tour)

왕정이 화려했던 18세기 영국의 귀족계급들의 통과의례로서 확립되어 있었던 대륙주유(周遊)여행이다. 영국의 귀족 자제들은 대학에 가는 대신에 또는 대학을 졸업하고 실무를 시작하기 전에 유럽 대륙으로 길게는 수년 동안, 짧으면 몇 달에 걸쳐 수학여행을 했다. 방문해야 하는 나라는 프랑스와 이탈리아로, 프랑스에서는 루이 14세 이래 유럽 중에서 궁중인의 모범이 되었던 프랑스 귀족과 교제하여, 그들의 우아한 행동거지나 회화술을 습득하고, 당시 전 유럽 귀족들이 공통으로 쓰던 프랑스어를 완벽하게 구사할 수 있도록 했다. 당시의 이탈리아는 많은 나라로 분립되어 있었는데, 각지의 궁정을 방문하여 사교기술을 닦고, 로마제국의 유적과 미술품과 르네상스예술의 정화(精華)에 접하여 심미안을 길러 폭넓은 교양을 체득하기도 했다. 이동수단으로서 마차와 돛배밖에 없었던 시대에는 시간과 돈이 많이 드는 장거리여행은 귀족이 아니면 할 수 없었다. 그러나 19세기 중엽 증기선이나 철도가 보급되면서 그랜드 투어로 대표 되었던 귀족들의 여행시대는 끝나고, 토마스 쿡으로 대표된 단체여행, 즉 대중여행의 시대가 시작되었다.

■ 토마스 쿡(Thomas Cook, 1808~1892)

패키지(Package)여행이라고 하는 현대적 단체여행을 만들어서 세계에 퍼뜨린 인물이며, '근대 관광의 아버지'로도 불린다. 1808년 영국 중부의 가난한 가정에 태어났지만, 1892년에는 성공한 실업가로서 타계하였다. 쿡이 단체여행에 손을 대게 된 것은 그가 열렬한 금주 운동가였기 때문이다. 1841년 중부의 작은 도시에서 개최된 금주운동대회에 나가는 참가자들을 위하여 당시 보급 중인 철도를 이용하기로 마음먹고, 열차를 전세 냈다. 약 500명이 참가한 이 당일치기 단체여행이 대성공을 거두었기 때문에, 이후 쿡은 당시 영국에서 맹렬한 속도로 정비되고 있던 철도망과 철도의 대량수송능력, 저렴한 요금을 바탕으로 철도 단체여행을 차례차례로 조직하였다. 그때까지는 여행하는 습관이 없었던 대중에게 단체여행이라는 모습으로 멀리 나가는 기회를 제공한 쿡의 단체여행은 영국 국내에서 크게 성공하여, 전세계로 확대되었다. 이것이 바로 그를 단체여행의 창시자로 부르게 된 연유이다.

■ 호화여객선의 시대(period of luxury passenger liners)

1897년에 진수된 독일의 정기여객선 카이저 · 웰헬름 · 데어 · 그롯세는 유럽과 북미를 연결하는 정기여객운항사의 획기적인 존재였다. 궁전과도 같다고 평해졌던 1등객용 식당, 정기여객선 제1의 고속력, 14,000총톤이 넘는 규모는 세계에서 가장 큰 것이었다. 그 후 독일은 차례로 호화여객선을 내보냈다.

그때까지 세계의 바다에 군림하고 있었던 영국도 지고 있을 수는 없었기에, 1899년 '대서양의 귀부인'이라 평해진 오세아닉(17,274총톤)의 준공을 시작으로, 3만 총톤이 넘고 26노트를 상회하는 신기록을 세운 모레타니아, 루시타니아의 자매선을 1907년에 등장시켰다. 1912년 처녀항해 도중에 빙산에 충돌하여 침몰, 1,500명이 넘는 사망자를 내서 세계 최대의 해난사고를 일으킨 타이타닉 호도 호화여객선 건조경쟁이 낳은 빛 좋은 개살구였다. 그러나 제1차 세계대전으로 중단된 호화여객선 건조경쟁은 화려하게 부활하고, 프랑스와 이탈리아도 합세하여 1930년대로 이어졌다.

🔲 그랜드 호텔의 시대(grand hotel age)

호텔 경영의 역사를 설명할 때 사용되는 개념으로서, 19세기 중엽에 시작된, 왕후귀족과 부르주아를 고객으로 하는 고급 호텔의 계보를 말한다. 그랜드(grand)란 '웅대한' 또는 '위엄이 있다'라는 의미이지만, 1862년에 파리에서 개업한 그랜드 호텔(지금의 Le Grand Hotel Intercontinetal Paris)은 문자 그대로 '그랜드' 호텔이었기 때문에, 이후에도 세계 각지에서 그 지역의 제일 호화스러운 호텔을 기꺼이 그랜드 호텔이라고 불렀다. 19세기 말 스위스의 리츠(Ritz, C., 1850~1918)는 비싼 요금을 부담할 수 있는 손님을 대상으로 국제적으로 최고 수준의 질 좋은 시설·설비, 고급 프랑스 요리, 손님의 개별적인 요구·욕구에 맞는 용의주도한 접객서비스를 제공하는 점 등에 초점을 두고 그랜드 호텔의 모습을 확립했다.

🔲 세자르 리츠(Ritz. Cesar, 1850~1918)

1850년 스위스에서 출생한 리츠는 15세 때 호텔업계에 입문하여 천재적인 접객술로 일찍부터 두각을 나타냈다. 19세 때 파리에서 레스토랑 지배인, 22세 때 호텔 스플렌디드의 식당 지배인이 된 후, 스위스와 프랑스 각지의 명문 호텔에서 지배인을 역임하였다. 1889년에 런던 최고의 호텔 사보이를 창업,

1898년에는 파리에 그의 이름을 딴 리츠호텔을 창업하였다. '손님은 언제나 옳다', '호텔은 손님에게 만족을 판다'라는 현재의 호텔서비스의 원형을 마련한 업적 때문에 그의 오른팔이었던 '프랑스 요리의 왕' 에스코피에(Escoffier, G. A.)와 함께 '호텔 왕'으로 평가받고 있다.

콘래드 힐튼(Conrad Hilton, 1887~1979)

국제적인 고급 호텔 체인으로서 유명한 힐튼 호텔을 창업한 인물이다. 힐튼의 공적은 아케이드(arcade)라고 부르는 물판(物販)을 위한 공간을 고안한 것, 외부의 레스토랑을 임대로 유치함으로써 고객의 레스토랑 선택폭을 넓힌 것, 매니지먼트 콘트랙트(management contract)라고 부르는 체인화의 수법을 고안하여, 해외진출을 달성한 것 등이 있다.

쉐라톤 체인(Sheraton Chain)

미국인 헨더슨(Henderson, 1897~1967)이 창업한 세계적으로 유명한 고급 호텔 체인이다. 제2차 세계대전 후 1970년대에 이르기까지 힐튼체인과 미국의 호텔업계를 2분하는 세력으로서 군림하였다. 체인화의 수법은 매수(買收)로서, 없어지기 직전에는 154개소의 호텔을 소유하기에 이르렀다. 헨더슨이 사망한 후, 거대한 복합기업(conglomerate)으로서 유명한 ITT(International Telephone and Telegraph Corporation)에 매수되었다.

상용(常用)호텔의 시대(commercial hotel age)

호텔 경영의 역사에 사용되는 개념으로서, 20세기 초두에 미국에서 시작되었다. 일반서민, 특히 경제활동의 활성화로 증가한 상용여행자를 고객으로 하는 저렴하면서도 쾌적한 서비스를 제공하는 호텔의 계보를 말한다. 이 명칭은 새로운 시대를 개척한 스타틀러(Statler, E. M., 1863~1928)가 자기가 계획한 호텔을 상용여행자를 위한 'commercial hotel', 즉 '상용호텔'이라고 부른 데서 유래한다.

🔲 엘스워스 스타틀러(Ellsworth Milton Statler, 1863~1928)

스타틀러는 20세기 초 미국에서 탁월한 경영이념과 여러 가지 새로운 방법에 의하여 근대적인 존재로서의 호텔산업의 발전에 크게 공헌한 인물이다. 가장 중요한 업적은 일반 서민도 쾌적한 호텔을 이용할 수 있게 되었다는 것이다. 호텔 경영에 관한 과학적인 연구의 필요성을 인식하여, 세계적으로 유명한 코넬대학 호텔 경영학부를 창설하고, 그 후의 발전에도 크게 공헌하였다.

🔲 미슐랭 가이드(Michlin Guide)

프랑스의 자동차 타이어 메이커가 간행하는 여행안내서의 총칭으로, 20세기 초에 창간된 세계적인 권위를 인정받는 매거진이다. 드라이브 여행 보급에 의한 타이어의 매상증가를 도모한 심려원모(深慮遠謀)가 동기가 되어, 처음에는 「호텔 레스토랑 안내(Red Guide)」에 그쳤으나, 제2차 세계대전 후에는 「관광지 사적 미술안내(Green Guide)」를 다수 간행, 호평을 받으며 영어를 비롯하여 많은 언어로 출간되고 있다.

 06 관광행동 및 관광만족

🔲 오프 시즌(off season, 비수기)

관광여행에 대한 수요에는 계절에 따라 변동이 있다. 유럽에서는 11월부터 3월까지, 우리나라의 경우 숙박시설이 1~2월, 교통은 5월 중순~6월, 1월 중순~2월까지를 비수기(low season)라고 하는데 소위 봄·가을의 행락시즌과 여름을 벗어난 계절을 말한다. 기후·휴가 등의 조건이 영향을 미친 것으로 분석되어, 차별가격과 이벤트의 개최에 의하여 영업의 비수기 어려움을 극복하기 위한 경영기법이 도모되고 있다.

◼️ 온 시즌(on season, 성수기)

알콕(Allcock, J.)은 계절성이란 1년 중의 비교적 짧은 기간에 관광객의 흐름이 집중되는 경험이 있음을 말한다. 유럽에서는 7월부터 8월까지의 2개월간을, 우리나라의 경우는 명절 연휴기간, 여름휴가, 연말연시 등이 해당하며, 성수기라고 부르는 시기이다. 발생량의 증가에도 사용하지만 계절성이 강한 활동이나 목적지에 대한 수요가 많은 시기를 가리켜 사용하는 경우도 있다.

◼️ 관광행동(tourist's behavior)

관광을 인간행동의 한 형태로서 파악하는 입장에서는 관광이 즉 관광행동이다. 사회사상은 인간행동을 어떤 시각에서 '집합체'로 파악한 것이며, 그 밑바닥에 있는 것은 언제나 개인적 행동이다. 이러한 관점에서 관광은 다른 여러 가지 행동과 어떤 점에서는 구별될 수 있는 행동이며, 개인적 행동이라고 봄으로써, 행동의 이유나 구조를 해명하는 데 의미가 있다. 이것이 관광행동론적인 입장이지만 일반적으로는 관광사업이 대상으로 하는 관광객의 이동, 체재, 레크리에이션 등의 행동을 관광행동이라고 총칭하고 있다.

◼️ 관광욕구(tourist's wants)

관광행동을 하고 싶어지는 심리적 원동력이 되는 것을 의미하는 개념이다. 이 용어가 관광연구에 채택되어 관광성립의 원인과 결정요인을 설명하고자 의도한 관광욕구의 분류는 이미 1930년대부터 시도되었다. 인간행동의 밑바닥에 있는 욕구를 어떠한 기준으로 분류하는 것은 가능하지만, 어떤 행동에 특정한 욕구가 대응하고 있는 것으로 생각하는 것은 잘못이며, 욕구는 기본적으로 일반성을 중시한 개념인 것이다. 현대의 관광행동에는 여러 가지의 욕구가 관계하고 있어서 관광의 성립에 영향을 주고 있는 욕구의 총체를 관광욕구로서 이해하는 것이 필요하다.

■ 관광동기(tourist's motivation)

관광욕구와 더불어 관광행동을 발생시키는 심리적 원동력을 의미하는 개념이며, 관광욕구와 관광동기는 명확하게 구별됨이 없이 호환적으로 사용되는 경우가 많다. 심리학에서도 행동의 내적 발동원인으로 일괄하여 다루는 경우도 있으나, 욕구는 행동을 일으키게 하는 잠재적인 힘인데 반해, 동기는 욕구에 의거하여 특정한 행동으로 향하게 하는 심리적 에너지를 의미한다.

■ 매슬로우의 욕구 5단계설(Maslow's hierarchy theory of personal needs)

미국의 심리학자 매슬로우의 『인간성의 심리학(1971)』에 의하여 제창된 인간 행동일반을 설명하는 이론이다. 매슬로우의 학설에 의하면, 인간의 욕구는 5단계의 계층을 이루고 있으며, '생리적 수준'의 욕구(생리적 욕구)가 충족되면, 다음 단계인 안전의 욕구가 충족되고, 그 다음 단계가 보다 고차적인 '소속'의 욕구와 '자존'의 욕구(소속과 애정의 욕구, 승인의 욕구)가 현재화되고, 최종적으로는 '자아실현의 수준'의 욕구가 가장 강한 힘을 가지게 된다고 설명하고 있다. 관광동기는 이들 각 단계의 욕구로부터 생길 수 있는 것으로 볼 수 있다.

■ 이미지 갭(image gap)

관광객이 여행을 떠나기 전에 지닌 이미지(지각수준)와 실제로 여행체험을 통하여 얻은 인상(인지수준) 또는 평가 사이에 생긴 차이를 말한다. 사전에 지닌 이미지나 기대와 실제로 경험한 후의 인상과의 차이는 '예상보다 훨씬 웃돈다' 또는 '기대했던 것 이상이었다'라고 하는 소위 플러스의 이미지 갭과 '기대했던 정도는 아니다' 또는 '기대하고 있었던 것에는 훨씬 못 미친다'라고 하는 마이너스의 이미지 갭이 있다. 이미지 갭을 조사하는 방법으로 'B-A법(Before and After method)'이 있다.

■ 지각 리스크(perceived risk)

소비자가 구매행동을 함에 있어서 스스로의 주관에 의거하여 평가한 위험성, 즉 소비자가 상품을 선택할 때에 지니는 걱정이나 불안을 말한다. 새길 수 있는 결과(consequences)와 불확실성(uncertainty)의 함수로서 나타내게 된다. 기능적 리스크(상품의 품질이나 성능에 관한 불안), 심리적 리스크(불만과 굴욕 등을 경험하게 될 것에 대한 불안), 사회적 리스크(타인이나 귀속집단에게서 받는 불승인에 관한 불안), 경제적 리스크(금전의 손실에 관한 불안), 신체적 리스크(신체에 대한 악영향에 대한 불안), 시각적 리스크(수리나 산 물건의 교환을 위하여 소비하는 시간적 손실에 대한 불안) 등으로 분류된다. 지각 리스크에 의거한 소비자 행동연구에서 소비자는 구매를 할 때 스스로의 지각 리스크를 경감하도록 행동하여, 리스크가 가장 적은 구매의 사결정을 하려고 한다.

■ 관광자 만족(satisfaction of tourist)

관광자의 만족을 구성하는 요인을 심리학적으로 고찰하면, 안락과 쾌락이 존재한다. 안락은 인간의 각성수준이 최적에 가까운 상태에 있는 것으로서, 이를 위한 관광자의 행동에는 사회적 긴장, 작업의 고통 등을 배제하기 위한 온천여행 등이 있다. 쾌락은 인간이 무료한 상태를 벗어나기 위하여 신기한 것을 추구하며, 각성수준을 상승시킬 때에 얻어진다. 어떤 종류의 인간은 각성이 최적수준에 도달된 뒤에도 계속 자극을 추구한다. 이를 위한 행동에는 라스베이거스, 모나코, 홍콩 등의 카지노여행, 스포츠, 레크리에이션 활동에 참가하는 여행 등이 있다. 이와 같이 관광자 만족은 안락이나 쾌락에 의거한다.

07 관광수요

관광수요의 가격탄력성(price elasticity of tourism demand)

수요의 가격탄력성이란, 수요량의 가격변화에 대한 반응도를 측정하기 위한 경제학적 개념을 가리킨다. 관광에 적용하자면, 관광객 수나 관광재·서비스 수요의 백분비 변화를 그 가격의 백분비 변화에 대한 비율로 나눈 것이다. 그 값이 1 또는 1보다 더 클 때는 탄력적, 더 적을 때는 비탄력적이라고 한다. 이 개념은 기업이 재·서비스의 가격을 변화시킬 때에, 탄력성의 값 여하에 따라 당해기업의 매출액이 어떻게 변화하는가(증가·감소·불변)를 가르쳐 준다는 의미에서 중요하다.

관광수요의 소득탄력성(income elasticity of tourism demand)

수요의 소득탄력성이란, 수요량의 소득변화에 대한 반응도를 측정하기 위한 경제학적 개념이다. 관광에 적용하자면, 관광수요의 백분비 변화를 소득의 백분비 변화로 나눈 것이다. 그 값이 1보다 클 때는 소득탄력적, 1보다 작을 때는 소득 비탄력적이라고 말하는데, 관광은 일반적으로 소득탄력적이라고 하기 때문에 관광산업은 소득의 증가 이상 성장하는 산업으로 기대할 수 있다.

관광수요의 교차탄력성(cross elasticity of tourism demand)

수요의 교차탄력성이란, 어떤 일방의 재·서비스 수요량의 다른 재·서비스 가격의 변화에 대한 반응도를 측정하기 위한 경제학적 개념이다. 관광에 적용하면, 어떤 노선의 항공운임 인하가 당해 노선 공항지역의 숙박수요를 증가시키게 되는 경우, 항공서비스와 숙박서비스는 보완적 관계로 그리고 어떤 숙박시설의 요금인하가 다른 숙박시설의 수요를 감소시키게 되는 경우, 그들은 서로 대체적 관계에 있다고 한다.

■ 대체효과(substitution effect)

재화 또는 서비스의 상대가격의 변화가 각기의 수요에 미치는 효과를 대체효과라고 한다. 예를 들면 관광여행예산 중에 교통비가 일정하다고 할 때, 철도운임의 상승은 승용차 이용의 수요를 높이게(플러스의 대체효과) 될 것이며, 가솔린 값의 상승은 승용차 이용의 수요를 저하시킬(마이너스의 대체효과) 것이다.

■ 소득효과(income effect)

어떤 재화나 서비스의 가격이 저하됨에 따라 그에 대한 수요는 증가되는데, 그것은 소득의 향상에 의한 수요증가와 동일한 효과를 초래하고 있다. 이러한 사실은 실질소득의 변화에 의거한 수요량의 변화를 보여주고 있으며, 이것을 소득효과라고 한다. 일반적으로 소득효과는 플러스이지만, 기펜재(Giffen goods : 가격과 수요가 비례적인 재화)인 경우에는 마이너스일 가능성도 있다.

■ 전시효과(demonstration effect)

소비는 절대소득보다도 상대소득에 의존하는 경향이 있다. 즉, 자기 소득뿐만 아니라 주위 사람들의 소비성향에 영향을 받는 경우가 많으며, 주위 사람들의 소득이 크면 소비도 커지고 자기 수입에 비하여 더 큰 소비를 하는 경향이 있는데 이것을 전시효과라고 한다. 이는 1950년대 초 듀젠베리(Duesenbery, J.)가 주장한 이론이다. 관광은 레저의 일종으로서 유행을 발생시키기 쉬우며, 유행은 이 전시효과에 힘입은 바가 크다. 따라서 관광소비는 전시효과의 영향을 많이 받는다.

■ 주요 관광 수요예측 기법

① 추세분석기법 : 과거 관광객 수의 변동을 시계열적으로 그래프에 그린 다음, 가장 적합한 추세선을 찾아내서 미래의 잠재관광객 수를 예측하는 기법이다.

② 회귀분석기업 : 어떤 종속변수와 1개 이상의 독립변수 간의 관계를 정립하기 위한 통계학적 수법을 가리키며, 몇 개 관광지의 관광객 흐름을 예측하기 위해서는 출발지의 인구규모, 1인당 소득, 거리, 여행시간 등의 변수가 사용된다.

③ 델파이 기법 : 장기적 수요예측에 관한 정성적(定性的) 분석의 대표적 방법이며, 전문가나 전문가집단의 지식과 경험에 의거하면서 계통적으로 접근하려고 하는 장기 수요예측의 한 기법이다.

08 관광자원 및 관광정책

■ 관광자원

관광의 3체계 중 관광객체의 핵심 대상인 관광자원이란, 관광객의 관광욕구를 충족시켜 주거나 관광행동을 유발하게 하는 매력성과 신기성을 갖춘 유·무형의 관광대상이다. 관광자원은 국제적으로 관광객을 끌어들이는 세계유산을 비롯하여 관광시장이 광역에 걸치는 국립공원의 독특한 자연경관이나 국보급의 건조물부터, 주로 지역적인 관광객들에게 이용되고 있는 읍·면 단위의 대상물까지 다양하여 관광객의 지향성과 시대상에 따라서도 그 의의는 변화한다. 그동안 관광자원은 관광지의 개발을 위한 경제적 측면이 강조되어 왔으나, 앞으로는 관광의 다양한 콘텐츠가 국가의 대외적 이미지와 역사·문화적·교육적 의의를 더욱 부각시킬 것이다.

■■ 자연관광자원

관광대상이 되는 자연 그 자체를 말하며 풍광형, 생태형, 온천형으로 구분할 수 있다. 풍광형은 산, 밭, 계곡, 호수, 강, 섬, 동굴, 사막, 폭포, 지형 등이며, 생태형으로는 기후, 동식물, 국립공원, 자연보호구역 등이다. 국립공원과 같은 면적 대상물과 특별천연 기념물과 같은 점적(點的)대상물이 있다. 신록이나 단풍의 계절, 또는 설경처럼, 자연은 계절마다 변화함으로써 관광자원성을 바꾸어 관광의 계절성을 초래한다.

■■ 인문관광자원

관광대상이 되는 문화유산 그 자체를 말하며, 문화관광자원이라고도 한다. 문화 인프라로 고고학적(사적) 유산과 유물, 건축물(옛터, 유명한 건물, 도시전체), 문화재, 사찰, 정원 등의 특이한 문화경관 등이 포함된다. 관광 및 레저 인프라로는 호텔, 테마파크, 카지노, 크루즈, 스포츠시설 및 경기장, 유흥 및 관광음식점 등이 포함된다. 산업시설 및 공공인프라로는 각종 산업시설, 전시회장, 쇼핑센터, 공공건물, 댐, 다리, 교통시설 등이 포함된다.

■■ 세계유산(world heritage)

세계유산협약에 따라 세계유산위원회가 인류 전체를 위해 보호되어야 할 현저한 보편적 가치가 있다고 인정하여 유네스코(UNESCO) 세계유산일람표에 등록한 문화재로서, 문화유산·자연유산·복합유산으로 분류되고 있다. 세계유산으로 등록이 되면 국내외로부터의 관광객이 크게 증가되고, 이에 따라 고용기회와 수입이 늘어날 뿐만 아니라, 정부의 추가적인 관심과 지원으로 지역의 계획과 관리를 향상시킬 수도 있으며, 지역 및 국가의 자부심을 고취하고 보호를 위한 책임감을 형성할 수 있다.

🔲 무형유산(intangible heritage)

인류의 구전 및 무형적 문화유산으로서 무형유산위원회에서 최종 심사한다. 선정기준으로는 문화적 가치 및 전통의 뿌리, 문화적 정체성, 문화 간 교류촉진, 현대사회에서의 사회적·문화적 역할, 기능 및 기술 응용의 탁월성, 독특한 문화적 전통, 그리고 소멸위기 등을 들 수 있다.

🔲 기록유산(memory heritage)

기록유산은 인류의 문화를 계승하는 중요한 유산임에도 불구하고 훼손되거나 영원히 사라질 위험에 처한 경우가 많다. 이에 유네스코는 기록유산의 보존과 이용을 위해 기록유산의 목록을 작성하고 효과적인 보존수단을 마련하기 위하여 'Memory of the World' 사업을 시작하여 기록유산의 보호에 앞장서고 있다.

🔲 에코뮤지엄(ecomuseum)

지역의 특색 있는 역사적 유산이나 환경을 보전하고 계승하면서 지역경제와 문화의 창조에 도움이 되게 하고, 다른 사람들에게도 그 의의와 역할을 이해시킨다는 이론에 의거한 박물관시설이다. 관광에 의한 지역경제의 활성화를 목표로 프랑스에서 1960년대에 제창·실천되기 시작하였다.

🔲 관광시설(tourist facilities)

관광객에게 관계되는 시설을 말한다. 관광시설에는 관광객이 목적으로 하는 관광대상시설과 이용하는 관광이용시설의 두 가지가 있다. 전자는 견학의 대상인 테마파크, 박물관, 산업시설, 근대적 건조물이나 스포츠의 대상이 되는 골프장, 스키장 등이며, 후자는 관광의 도중에 이용하는 호텔, 여관 등의 숙박시설과 레스토랑, 토산품점, 관광교통기관 등이다.

✚ 관광인프라(tourism infrastructure)

일반적으로 도시의 기반이 되는 항만시설, 철도, 자동차도, 공항, 전력, 상하수도 등의 시설과 제도를 가리키며, 사회자본이라고도 부른다. 관광인프라에는 관광객이 쾌적하게 여행 · 견학 · 체재하기 위하여 정비해 두어야 할 기본적인 시설이라 할 수 있는 교통시설(도로, 주차장, 버스터미널, 광장, 산책로, 교통기관 등), 숙박시설(호텔, 여관, 공영 숙박시설 등), 정보제공시설(관광안내소, 안내판 등), 서비스 시설(음식 시설 등)까지 포함된다.

✚ 관광개발(tourism development, tourist destination development)

관광사업의 효과를 목적으로 관광지 또는 관광지가 되고자 하는 지역으로서, 지역조직과 기업 등이 관광수요의 개척을 통하여 관광자원에 손을 대서 관광의 매력요소를 조성하고자 하는 계획행위라고 말할 수 있다. 관광정책의 주요분야 중 하나이다.

✚ 관광루트(tourist route)

관광루트에는 관광객이 있는 관광지의 관광 포인트에 도달하기 위한 길과 관광객이 단일한 광역적인 관광지의 관광 포인트를 돌기 위한 길 또는 광역적인 복수의 관광지 간의 관광 포인트를 연결하기 위한 길의 2가지 의미가 있다. 모두 관광지 측에서 설정하고 정비를 하는 것으로서, 클라이맥스(climax)나 드라마틱(dramatic)성을 연출하여, 관광객에게 감동을 주는 것이 중요하다.

✚ 관광상품(tourism products)

관광객의 욕구충족의 대상이 되며 관광행동을 만족시킬 수 있는 유 · 무형의 모든 시설 및 대상과 각종 서비스 등이 복합적으로 결합되고, 시간적 · 공간적 · 기능적으로 적절히 구성되어 판매 가능한 일체의 재화 및 서비스로서, 관광산업과 관련되는 모든 경제적 활동 대상이 된다.

■ 국제회의업(international conference)

대규모 관광수요를 유발하는 국제회의(세미나, 토론회, 전시회 등을 포함)를 개최할 수 있는 시설을 설치, 운영하거나 국제회의 계획 · 준비 · 진행 등의 업무를 위탁받아 대행하는 업을 말한다.

관광진흥법상 국제회의업의 종류

① 국제회의시설업 : 대규모 관광 수요를 유발하는 국제회의를 개최할 수 있는 시설을 설치하여 운영하는 업이다.

② 국제회의기획업 : 대규모 관광 수요를 유발하는 국제회의의 계획 · 준비 · 진행 등의 업무를 위탁받아 대행하는 업이다.

■ 관광지와 관광단지

관광진흥법에서 규정한 정의를 살펴보면, "관광지"란 자연적 또는 문화적 관광자원을 갖추고 관광객을 위한 기본적인 편의시설을 설치하는 지역으로서 이 법에 따라 지정된 곳을 말한다. "관광단지"란 관광객의 다양한 관광 및 휴양을 위하여 각종 관광시설을 종합적으로 개발하는 관광 거점 지역으로서 이 법에 따라 지정된 곳을 말한다. 관광지 및 관광단지는 문화체육관광부령으로 정하는 바에 따라 시장 · 군수 · 구청장의 신청에 의하여 시 · 도지사가 지정한다. 다만, 특별자치시 및 특별자치도의 경우에는 특별자치시장 및 특별자치도지사가 지정한다.

■ 관광권(tourist area, tourism area)

인간이 마련하는 관광공간에는 두 가지가 있는데, 하나는 단독 또는 복수의 관광대상이 관광객을 모이게 할 수 있는 공간, 다른 하나는 이러한 대상이 제공하는 관광에 관련된 효용을 별로 큰 희생 없이 획득할 수 있는 범위로 이루어지는 관광객의 관광 공간을 생각할 수 있다. 관광권이란 이러한 쌍방에 의하여 형성되는 지역적인 공간의 범위확장으로서, 당해 지역이 가지는 시장성에 의하여 정의할 수 있다.

관광산업(tourist industry)

수요의 일부에 관광수요를 포함하는 산업분야의 총칭이다. 일반적으로는 관광행동을 구성하는 요소에 의하여 여행업, 수송업, 숙박업, 기타의 관련 산업으로 분류된다. 여행업은 정보수집과 수배(준비), 수송업은 이동, 숙박업은 숙박·토산품 판매 등으로, 기타의 관련 산업은 관광목적지에서의 레저 행동에 대응하고 있다. 관광산업은 어디까지나 수요측면에서의 편의적 개념인 것이며 이러한 여러 가지 산업이 관광서비스를 생산하고 있는 것이 아니라, 생산된 서비스의 일부가 관광자에 의하여 소비되고 있다고 생각할 수 있다.

관광과 관련된 산업

① 레저산업(leisure industry) : 자유시간(여가시간)에 소비되는 서비스나 재화를 제공하는 산업의 총칭이다.

② 엔터테인먼트 산업(entertainment industry) : 주로 사람에 의한 접대를 수단으로 하여 제공되는 오락으로 해석된다. 일반적으로는 영화, 연극, 음악 등이 구체적인 업종으로 모습을 보이고 있다.

③ 어뮤즈먼트 산업(amusement industry) : 일반적으로는 게임이나 놀이 등 기계장치를 매개로 오락을 제공하는 산업으로 해석된다.

관광진흥법상 관광사업의 종류

관광진흥법 시행령 제2조에 의한 관광사업의 종류는 다음과 같다.

① 여행업의 종류 : 종합여행업, 국내외여행업, 국내여행업

② 호텔업의 종류 : 관광호텔업, 수상관광호텔업, 한국전통호텔업, 가족호텔업, 호스텔업, 소형호텔업, 의료관광호텔업

③ 관광객 이용시설업의 종류 : 전문휴양업, 종합휴양업, 야영장업, 관광유람선업, 관광공연장업, 외국인관광 도시민박업, 한옥체험업

④ 국제회의업의 종류 : 국제회의시설업, 국제회의기획업

⑤ 유원시설업의 종류 : 종합유원시설업, 일반유원시설업, 기타유원시설업

⑥ 관광 편의시설업의 종류 : 관광유흥음식점업, 관광극장유흥업, 외국인전
   용 유흥음식점업, 관광식당업, 관광순환버스업, 관광사진업, 여객자동차
   터미널시설업, 관광펜션업, 관광궤도업, 관광면세업, 관광지원서비스업

09 여행업(business travel agent)

여행업의 종류(business travel agent)

여행업이란 관광진흥법 제3조에 의거, 여행자 또는 운송시설ㆍ숙박시설, 그
밖에 여행에 포함되는 시설의 경영자 등을 위하여 그 시설 이용 알선이나 계
약 체결의 대리, 여행에 관한 안내, 그 밖의 여행 편의를 제공하는 업이다.

여행업의 종류

① 종합여행업 : 국내외를 여행하는 내국인 및 외국인을 대상으로 하는 여행
   업(사증을 받는 절차를 대행하는 행위를 포함)

② 국내외여행업 : 국내외를 여행하는 내국인을 대상으로 하는 여행업(사증
   을 받는 절차를 대행하는 행위를 포함)

③ 국내여행업 : 국내를 여행하는 내국인을 대상으로 하는 여행업

여행업의 행위(conducts of travel agency defined by Travel Agency Law)

여행업이 하는 행위는 보수를 받고 행하는 다음의 행위로 분류된다.

① 여행자를 위하여 운송ㆍ숙박서비스를 받을 수 있도록 대리, 매개, 또는
   중개를 하는 것

② 운송ㆍ숙박기관을 위하여 여행자가 그들의 서비스의 제공을 받을 수 있
   도록 대리, 매개하는 것

③ 상기의 ①, ②에 부수되는 행위(국외여행인솔자의 제공, 레스토랑의 예
   약, 입장권의 판매 등)

④ 여행상담행위 등

그런데 법률 개념을 사용하여 어떠한 행위가 대리이고 매개이며 또는 중개인지를 규정하기란 어려운 일이다. 예를 들면 여행자의 의뢰에 의한 여관의 예약행위는 매개가 되지만 사전에 여행회사가 준비해 두었던 객실을 판매하는 행위는 대리 또는 중개라고 설명되고 있다.

■■ 여행업의 업무내용

① 판매업무 : 항공권·승차권 등 교통시설의 표 판매, 쿠폰권 류의 판매, 세트 여행상품의 판매, 여행자 수표의 발행
② 대행업무 : 해외여행에 대한 여권, 사증 등 수속절차의 대행
③ 중개업무 : 여행 상해보험의 취급, 환전
④ 인수업무 : 청부여행의 인수
⑤ 안내업무 : 국외여행 및 통역안내, 여행에 관한 정보 제공 및 문의 응답, 설명서와 안내서의 교부, 각종 여행 도서의 출판
⑥ 상담업무 : 전화상담, 카운터상담, 방문상담 등의 여행상담업무
⑦ 인솔업무 : 출국에서부터 입국할 때까지의 모든 일정을 관장하는 업무 등

■■ 여행상담(travel consultation)

여행업자가 여행업무취급요금을 수수할 것을 사전에 설명하고 여행계획의 작성, 조언, 경비의 견적, 여행지와 운송·숙박기관에 관한 정보제공 등 여행자의 위탁에 의하여 행하는 업무를 말한다. 여행업이 정보산업으로서의 성격이 강해짐에 따라 상담(consultation)업무가 중요한 영업분야로 부상되고 있다.

■■ 여행업자의 영업보험 및 보증금제도(system of business guarantee bonds)

관광진흥법 시행규칙 제18조에서는 여행업자의 영업보험 및 보증금제도에 대하여 법적으로 제도화하였다. 즉, 여행업의 등록을 한 자는 법 제9조에 따라 그 사업을 시작하기 전에 여행알선과 관련한 사고로 인하여 관광객에게 피해를 준 경우 그 손해를 배상할 것을 내용으로 하는 보증보험 또는 영 제39조에 따른 공제에 가입하거나 법 제45조에 따른 업종별 관광협회(업종별 관광협회가 구성되지 아니한 경우에는 지역별 관광협회)에 영업보증금을 예치하고 그 사업을 하는 동안(휴업기간을 포함) 계속하여 이를 유지하여야 한다.

■■ 기획여행 사업자의 영업보증금 가입

여행업자 중에서 관광진흥법 제12조에 따라 기획여행을 실시하려는 자는 그 기획여행 사업을 시작하기 전에 시행규칙 제18조 제1항에 따라 보증보험 등에 가입하거나, 영업보증금을 예치하고 유지하는 것 외에 추가로 기획여행과 관련한 사고로 인하여 관광객에게 피해를 준 경우 그 손해를 배상할 것을 내용으로 하는 보증보험 등에 가입하거나, 법 제45조에 따른 업종별 관광협회(업종별 관광협회가 구성되지 아니한 경우에는 지역별 관광협회, 지역별 관광협회가 구성되지 아니한 경우에는 광역 단위의 지역관광협의회)에 영업보증금을 예치하고 그 기획여행 사업을 하는 동안(기획여행 휴업기간을 포함) 계속하여 이를 유지하여야 한다.

■■ 도매 기능(wholesale function)

여행업계에서 주최여행 등의 기획상품을 조성하여, 여행소매업자에게 도매하는 기능을 말한다. 따라서 유통업계에서 말하는 '홀세일 = 도매기능'에다 제조기능까지도 포함된다. 대형항공기의 도입과 대규모 호텔의 정비 등에 따라서 대량구매·대량판매에 의한 스케일 메리트(scale merit) 발휘가 가능하게 됨과 동시에, 여행자에게도 주최여행의 비용이 비교적 싸다는 느낌,

풍부한 품목 갖추기, 예약 완료에 의한 안심감 등의 이점이 크다는 배경에서 홀세일기능과 리테일기능이 분화되기 시작했다.

■ 소매 기능(retail function)

홀세일러가 기획·조성·도매를 한 홀세일(주최여행) 상품을 소매(리테일) 하는 기능을 말하므로 홀세일 기능과 대비시켜서 사용된다. 리테일 기능이 최대로 발휘되는 것은 판매망의 확충책과 고객대응서비스의 향상책에 있으며, 그 성과가 판매증가 인센티브(incentive)도 포함된 수수료 수입의 증대로 표현되어 기업의 확대로 이어진다.

■ 투어 오퍼레이터(tour operator)

주최여행자로서, 불특정 다수의 여행자를 대상으로 여행을 기획하여, 그 수배(준비)를 하는 업자를 가리킨다. 오로지 상품을 만들기만 할 뿐 판매를 하지 않는 도매전문(홀세일러)인 곳과, 판매까지 하는 소매(리테일러)겸무인 곳이 있다. 홀세일러와 리테일러의 분업체계가 명확한 유럽과 미국에서는 도매전문인 업자를 일반적으로 투어 오퍼레이터라고 말하고 있다.

■ 랜드 오퍼레이터(land operator)

여행업자의 의뢰를 받아서 해외의 지상부문(숙박·관광·식사 등)의 일을 맡아서 하는 업자를 가리키며, 지상수배업자라고도 한다. 큰손 여행업자인 경우에는 재외(在外)지점이 지상부문의 로컬 오퍼레이션(local operation) 기능을 담당하는 랜드 오퍼레이터가 되고 있다. 재외지점을 가지고 있지 않기 때문에 해외수배 능력이 없거나 약한 중소여행업자가 현지에서의 호텔이나 관광, 레스토랑 등 지상부문(랜드)의 예약을 하게 될 때에는 현지의 랜드 오퍼레이터를 이용하는 경우가 많다.

◼ 여행상품(tourist products)

광의로는 여행을 할 때 대가를 지불하는 모든 상품, 협의로는 여행업이 취급하는 교통·숙박·식사·관광·패키지 투어 등의 단독 내지는 조합된 상품을 말한다. 상품은 재화와 서비스로 구성된다는 의미에서, 비행기나 기차를 타거나 호텔 또는 여관에 숙박하는 것은 교통기관이나 숙박시설이 그들의 서비스를 고객에게 제공하고 있는 것이 되므로 여행상품이라고 할 수 있다.

◼ 희망여행(수배여행, arranged tour)

여행업자가 여행자로부터 의뢰를 받아서 운수·숙박 기타의 여행서비스를 제공 받을 수 있도록 수배하는 여행을 말한다. 기획여행은 여행업자가 기획·수배를 하여 불특정 다수의 여행자를 모집하여 행하는 데 반해서 희망여행은 여행자의 위탁을 받아서 한다는 점이 다르다. 또한 기획 및 수배를 하기 위하여 여행자로부터 여행업무 취급요금을 받을 수 있는 '기획수배여행' 계약도 인정되고 있다.

◼ 기획여행의 광고표시

관광진흥법 제12조(기획여행의 실시) 및 제4조 제1항에 따라 여행업의 등록을 한 자는 문화체육관광부령으로 정하는 요건을 갖추어 기획여행을 실시할 수 있다. 기획여행을 실시하는 자가 광고를 하려는 경우에는 다음 각 호의 사항을 표시하여야 한다. 다만, 2 이상의 기획여행을 동시에 광고하는 경우에는 다음 각 호의 사항 중 내용이 동일한 것은 공통으로 표시할 수 있다.

① 여행업의 등록번호, 상호, 소재지 및 등록관청
② 기획여행명·여행일정 및 주요 여행지
③ 여행경비
④ 교통·숙박 및 식사 등 여행자가 제공받을 서비스의 내용
⑤ 최저 여행인원

⑥ 제18조 제2항에 따른 보증보험 등의 가입 또는 영업보증금의 예치 내용

⑦ 여행일정 변경시 여행자의 사전 동의 규정

⑧ 여행목적지(국가 및 지역)의 여행경보단계

■ 기획상품(package tour products)

주로 여행업자가 기획 · 조성한 주최여행상품을 말하는 것이지만, 테마를 정한 기획형의 여관권이나 숙박시설에서 독자적으로 설정한 상품도 이 범주에 포함된다. 여행에 관한 상품은 무형이고 반품할 수 없으며 팔고 남는 것이 없다는 특성이 있는 만큼, 상품내용의 특징을 잘 알 수 있고 여심(旅心)을 유인하는 팸플릿이나 안내가 반드시 필요하다. 또 당일까지의 판매 효율을 높일 수 있는 방책과 손님들의 의견을 수렴한 철저한 품질관리가 중요하다.

■ 트레블러스 체크(traveler's check)

여행자용 수표를 말한다. 분실이나 도난시에 현지에서 재발행을 받을 수 있는 안심성, 서명 하나로 현금처럼 사용할 수 있는 편리성, 외화현금보다도 값싼 환율로 구입할 수 있는 유리함 때문에 많이 이용되고 있다.

■ 오거나이저(organizer)

일반적으로는 단체여행을 조직화하기 위한 집객모체를 의미한다.

① 시찰연수여행을 모집하게 될 때 그 창구가 되는 동업자조합 · 협회나 지방자치단체

② 이벤트 단체참가를 호소하는 취미 동호회의 상담역

③ 기념여행이나 직장여행을 기획하는 기업이나 노동조합

④ 보장(報狀)여행이나 우대여행을 기획하는 기획가나 상점가 사무국

⑤ 수학여행을 주최하는 학교 등 여행회사와 여행참가자의 중간에 있는 존재

■ 오버부킹(overbooking)

운송기관이나 숙박시설이 원래부터 가지고 있는 좌석수나 방수 이상으로 예약된 상태를 말한다. 특히 항공좌석의 경우 항공회사 쪽에서 여행업자에 대하여 취소하게 될 것을 예견하여 예약을 많이 받아두는 경우가 있다. 그러나 새 여행업법하에서는 주최여행에 있어서의 주최자 책임이 명확하게 되어, 오버부킹은 여행보증제도에 따라 여행업자의 책임으로서 변경보상금의 지불대상이 된다.

■ 태리프(tariff)

보통, 항공·선박·철도 등 운송기관의 운임·요금표를 말한다. 개별적인 것 이외에도 항공 태리프 등 운송기관의 종별마다 따로 정리된 것도 있다. 국제항공여객수송에서 흔히 사용되고 있는 태리프는 'OAG(Official Airline Guide)'이다. 호텔 태리프는 객실료 및 기타 시설의 요금표이지만, 여행업 외에도 광범하게 사용되고 있다.

■ 풀 패키지형(full package type)

필요한 여행소재를 최대한 빠짐없이 갖추어 기획하는 것이다. 왕복의 교통기관, 숙박시설, 식사, 관광, 선택 가능한 현지의 조그마한 여행 등 모든 것이 이미 수배가 끝남과 동시에, 탑승원·안내원이 딸린 풀 어텐드(full attend)형인 경우가 많다. 유형은 초심자용의 여행이나 숙년여행 등 여행사에 모든 것을 맡기는 것이 대부분이다. 여행회사로서는 독자적인 여행의 연출력을 발휘할 수 있는 기획여행이라고 할 수 있다.

🔳 스켈튼형(skeleton type)

풀 패키지형과 상대되는 개념으로서, '골격(skeleton)'이라는 단어의 의미와 같이 항공기와 호텔만 수배되어 있지 않으므로 에어 엔드 호텔(air & hotel)형이라고도 부른다. 겉으로 보기에 값싼 여행을 팔 수 있다는 점에서 대중행선지의 '싸게 팔기 경쟁'에 자주 등장한다. 자유행동이 많은 만큼 자기만의 여행을 즐길 수 있다는 점에서 여행에 익숙한 사람들이 좋아하는 타입의 여행이기도 하다.

🔳 DIY형(Do-It-Yourself type)

여행자 자신이 여행의 기획·수배를 하는 부분이 많은 여행 상품을 말한다. 여행회사에 비치된 시간표, 가이드북 등을 이용하여 자기의 필요에 알맞은 여행을 기획하여 왕복항공권, 도착 당일의 호텔 등 최소한 필요한 수배를 여행회사에 의뢰하고, 현지에서의 이동·숙박·관광 등은 재량껏 현지에서 스스로 수배하는 것으로서, 통상의 패키지 상품보다도 주체적으로 자유여행을 즐기고자 하는 젊은이 취향의 여행상품이다.

🔳 특별할인항공권[special(discounted) ticket]

보통항공권 이외의, 특별운임을 적용한 항공권을 말한다. 특별운임에는 연령 등 이용자의 일정한 자격·조건에 따라 설정되는 'nonpromotional 할인운임'과 수요환기, 판매확대를 위하여 설정되는 'promotional 할인운임'이 있다.

▦ 쿠폰(coupon)

철(여러 장의 문서 등을 모아 꿴 것)해졌거나 절취식으로 된 각종 표, 증표류를 말한다. 절취식으로 되어 있는 국제항공권의 경우에는 각각 '오디터즈 쿠폰(auditers coupon, 심사보고용)', '에이전시 쿠폰(agency coupon, 발행소 보관용)', '플라이트 쿠폰(flight coupon, 탑승용)', '패신저 쿠폰(passenger coupon, 여객보관용)' 등의 순서로 철해져 있다. 여행관계 용어로서는 '호텔 쿠폰', '밀 쿠폰(식권)', '각종 할인, 우대 쿠폰' 등이 있다.

▦ 여행지의 안전정보 제공사항

관광진흥법 제14조 제1항에 따라 여행업자는 여행자와 국외여행 계약을 체결할 때에는 다음 각 호의 사항을 포함한 해당 여행지에 대한 안전정보를 제공하여야 한다.

① 「여권법」 제17조에 따라 여권의 사용을 제한하거나 방문 · 체류를 금지하는 국가 목록 및 같은 법 제26조 제3호에 따른 벌칙

② 외교부 해외안전여행 인터넷홈페이지에 게재된 여행목적지(국가 및 지역)의 여행경보단계 및 국가별 안전정보(긴급연락처를 포함)

③ 해외여행자 인터넷 등록 제도에 관한 안내

동법 제14조 제3항에 따라 여행업자는 여행계약서(여행일정표 및 약관을 포함)에 명시된 숙식, 항공 등 여행일정(선택관광 일정을 포함)을 변경하는 경우 해당 날짜의 일정을 시작하기 전에 여행자로부터 서면으로 동의를 받아야 한다.

■ 여행일정 변경 사항

여행업자는 여행일정(선택관광 일정 포함)을 변경하려면 여행자의 사전동의를 받아야 한다.

① 관광진흥법 제14조 제3항에 따라 여행업자는 여행계약서(여행일정표 및 약관을 포함)에 명시된 숙식, 항공 등 여행일정(선택관광 일정을 포함)을 변경하는 경우 해당 날짜의 일정을 시작하기 전에 여행자로부터 서면으로 동의를 받아야 한다.

② 서면동의서에는 변경일시, 변경내용, 변경으로 발생하는 비용 및 여행자 또는 단체의 대표자가 일정변경에 동의한다는 의사를 표시하는 자필서명이 포함되어야 한다.

③ 여행업자는 천재지변, 사고, 납치 등 긴급한 사유가 발생하여 여행자로부터 사전에 일정변경 동의를 받기 어렵다고 인정되는 경우에는 사전에 일정변경 동의서를 받지 아니할 수 있다. 다만, 여행업자는 사후에 서면으로 그 변경내용 등을 설명하여야 한다.

■ 여정관리(itinerary management)

주최여행에 관하여, 운송·숙박 기타 서비스를 확실하게 제공하고, 여정 등이 변경되지 않도록 관리하는 업무를 말한다. 주로 인솔자가 여정을 관리하지만 여행지의 수배담당회사(land operator)에게 위탁하거나, 또는 항상 연락 가능한 창구를 설정하는 등의 방법에 의하여 필요한 조치를 강구할 수도 있다. 여정관리를 맡은 사람은 여정관리업무에 관한 소정의 연수과정을 수료한 실무 경험자이어야 한다.

■ 국외여행인솔자(tour conductor, tour escorter)

주최여행 등의 단체와 동행하여 여행을 원활하게 할 수 있도록 관리를 담당하는 사람이다. 법적 용어로는 국외여행인솔자로서, 투어 컨덕터(tour conductor), 투어 에스코터(tour escorter)라고도 부른다. 인솔자는 여행자가 계약에 따른 여행서비스의 제공을 확실하게 받을 수 있도록, 또는 행정과 여행내용의 일부를 변경하지 않을 수 없는 경우 그 서비스 내용의 질적 유지를 하여야 할 임무가 있다.

■ 국외여행인솔자의 자격요건

관광진흥법 제13조 제1항에 따라 국외여행을 인솔하는 자는 다음 각 호의 어느 하나에 해당하는 자격요건을 갖추어야 한다.

① 관광통역안내사 자격을 취득할 것
② 여행업체에서 6개월 이상 근무하고 국외여행 경험이 있는 자로서 문화체육관광부장관이 정하는 소양교육을 이수할 것
③ 문화체육관광부장관이 지정하는 교육기관에서 국외여행 인솔에 필요한 양성교육을 이수할 것

문화체육관광부장관은 제1항 제2호 및 제3호에 따른 교육내용·교육기관의 지정기준 및 절차, 그 밖에 지정에 필요한 사항을 정하여 고시하여야 한다.

■ 미디어 판매(media retailing)

신문·잡지·카탈로그 등 각종 미디어를 사용하여, 여행의 기획상품을 판매하는 수법을 말한다. 이것은 여행업자가 시설비용이 드는 판매점포를 사용하지 않고 여행자에게 직접 판매하는 다이렉트 마케팅의 하나로서, 통신망의 발달과 더불어 여행자의 시간절약 지향에도 맞아떨어져 판매량이 증가하고 있다. 최근에는 멀티미디어의 보급과 더불어 인터넷을 이용한 예약서비스도 증가되고 있다.

■ 프린시펄(principal)

여행자와 여행수단(숙박업, 교통기관, 음식업, 관광관련 시설)에 의하여 실현되는 여행에 여행업(여행촉진 촉매기능)이 중간에서 대리·매개·중개해 줌으로써 보다 효과적인 여행을 실현하게 되는 경우에, '여행수단'과 '여행업'의 관계를 가리키는 용어이다. 판매를 위탁시키는 '여행수단' 측을 가리켜서 프린시펄이라고 부른다.

■ 디포지트(deposit)

예약보증금을 말한다. 호텔·항공기 등 여행소재의 일시지정 이용권을 예약하는 것을 여행업계에서는 구매라고 하는데, 해약제한이 작은 것이 업계의 관습으로 되어 있으며, 과대한 예상구매를 한 다음에는 대량의 취소가 발생할 위험성이 있으므로 호텔 등 수입기관의 두통거리가 되고 있다. 이러한 위험방지를 위해 특히 성수기 동안의 예상 예약에 대하여 일정 비율의 예약보증금을 선불하도록 하는 계약제도이며, 여정보증책임구상권에 대응하는 것이다.

■ 바우처(voucher)

일반적으로는 보증, 영수 등을 증명하는(vouch) 서류를 말한다. 여행관계업계에서는 호텔, 버스·철도·선박 등 운송기관에 대하여, 이용하는 요금이나 운임을 후일에 지불할 것을 약속한 서류이다. 보통 대금을 수령한 여행업자가 발행하고, 그것을 여객이 직접 지참하거나 또는 인솔자가 휴대하고 가서 이용기관 또는 현지 오퍼레이터에게 건네주는 경우가 많다. 최근 정부에서는 복지관광차원에서 저소득층에게 관광의 기회를 부여하기 위한 관광복지 바우처를 시행하고 있다.

■ 판매수수료(sales commission)

여행업자 또는 여행업자의 대리업자가 주최여행의 판매위탁업자(hole sailer)로부터 받는 수수료이다. 또한 각종 행사(이벤트) 등의 입장권, 여행용품, 도서 등의 판매에 대한 수수료를 말한다.

■ 송객수수료(sending commission)

여행업자가 계약에 의거하여 운수·교통, 숙박기관, 관광시설 등으로부터 받는 송객(送客)에 대한 수수료를 말한다. 이른바 대매(발매 대행, 대리발매)는 점두영업의 주요업무이며, 그 수수료는 수배여행의 주된 수입원이다.

■ 판매(티켓) 수수료(ticketing commission)

광의로는 타사기획 여행상품, 숙박권류, 입장권 등도 포함되지만, 보통은 각종 승차권류, 항공권 등을 서비스 제공자인 운수·교통기관의 대리인으로서 판매하는 행위를 '대매', 위탁발매계약에 의거하여 여행업자에게 지불되는 수수료를 '판매(티켓) 수수료'라고 한다. 최근 국적항공사를 중심으로 판매수수료율이 제로에 가까운 관계로 개별 여행사들이 경영에 심각한 타격을 입고 있다.

10 관광교통 및 항공업

🔲 교통의 개념[traffic, transport(transportation) communication]

교통이란 본래 수송이나 이동의 요소와 교차하는 요소가 일체된 개념을 말한다. 유럽과 미국에서는 교통 중에서 이동, 운수, 수송 등 '통' 의 비중이 크다. 그러나 관광과 환경의 국면이 중요시되면서 '교차한다' 의 요소가 당면시 되어가고 있다.

🔲 관광교통(tourism transport)

인간의 의식주를 해결하기 위한 모든 경제활동이나 사회활동은 전적으로 교통이라는 수단에 의해 이루어졌다. 관광교통이란 일상생활을 떠나 매력 있는 관광지로의 방문 접근성 제고와 동시에 관광자원의 성격을 지닌 교통수단과 서비스를 제공하여 경제적 · 사회적 · 문화적 이익을 창출하는 사업으로 관광교통시설은 관광자원화된 교통시설을 말한다.

🔲 유레일 패스(eurail pass)

유럽 33개국(오스트리아, 벨기에, 보스니아 헤르체고비나, 불가리아, 크로아티아, 체코, 덴마크, 에스토니아, 핀란드, 프랑스, 독일, 영국, 그리스, 헝가리, 아일랜드, 이탈리아, 라트비아, 리투아니아, 룩셈부르크, 몬테네그로, 네덜란드, 북마케도니아, 노르웨이, 폴란드, 포르투갈, 루마니아, 세르비아, 슬로바키아, 슬로베니아, 스페인, 스웨덴, 스위스, 터키)의 철도를 자유로이 이용할 수 있는 외국인 여행자용의 승차권이다. 글로벌패스, 원컨트리패스 등 2가지로 분류된다.

⊞ 토마스 쿡 시각표(Thomas Cook Timetable)

유럽의 철도 시간표(European Timetable)를 가리키는데, 국제열차와 국별 (國別) 국내열차 이외에 버스와 배의 시간까지도 게재되어 있다. 근대 여행 업의 창시자인 쿡(Cook, T.)이 1873년에 시간표를 발표한 데서 비롯되었다. 1976년에는 유럽 이외의 방면에도 확대되어, 오늘날 국제열차의 시간표로 서 많이 이용되고 있다.

⊞ 렌터카(rent-a-car, car hide, self drive car hire)

대여자동차를 말한다. 렌터카는 관광객의 교통기관으로서는 매우 기동적이 지만, 그 이용실태는 아직 미약한 편이다. 앞으로의 업계발전의 열쇠는 폭넓 은 차종, 예약과 하차 뒤처리 시스템 등일 것이다. 미국에서는 렌터카 없는 관광은 생각할 수 없을 정도로 많이 보급되어 있다.

⊞ 전세버스(chartered bus)

정해진 노선을 정기적으로 운송하는 승합버스에 대하여, 그것 이외의 운송을 하는 버스를 말한다. 전세버스는 관광목적에 많이 사용되었다. 전세버스영업 만을 하는 회사를 볼 수 있는 것은 승합에 비하여 전세를 하는 것이 수익이 좋기 때문이다. 전세버스는 서서히 대형화·고급화되어 왔다. 단체여행을 좋 아하는 우리나라의 관광을 대중화시켜 온 유력한 수송수단이기도 하였다.

⊞ 크루즈(cruise)

해상여행은 정기항로이용과 부정기항로이용이 있는바, 크루즈는 부정기항 로에 해당하며, 세계주요항구를 돌아다니는 외항(外航)과, 일국의 연안을 돌 아다니는 내항(內航)으로 구분할 수 있다. 관광진흥법에서는 유람선업으로 규정하고 있으며 두 가지로 나뉘어 있다.

① 일반관광유람선업 : 「해운법」에 따른 해상여객운송사업의 면허를 받은 자나 「유선 및 도선사업법」에 따른 유선사업의 면허를 받거나 신고한 자가 선박을 이용하여 관광객에게 관광을 할 수 있도록 하는 업이다.

② 크루즈업 : 「해운법」에 따른 순항(順航) 여객운송사업이나 복합 해상여객운송사업의 면허를 받은 자가 해당 선박 안에 숙박시설, 위락시설 등 편의시설을 갖춘 선박을 이용하여 관광객에게 관광을 할 수 있도록 하는 업이다.

■ 트랜싯(transit)

통과, 통행이라는 의미에서 유래되어 항공이용에 있어서의 환승을 가리킨다. 환승편을 이용하는 승객을 트랜싯객, 환승편을 이용하기 위하여 사용하는 공항 내외의 시설을 트랜싯 룸 또는 트랜싯 호텔이라고 부른다. 이용자의 형편에 의한 스톱오버(stop over)와는 다르다. '허브 앤드 스포크(hub and spoke)'의 운항형태에서는 환승편의 설정이나 환승수속을 쉽게 해주는 것이 중요한 서비스의 요소가 된다.

■ 스루 체크인(through check in)

2개 구간 이상을 탑승하는 경우 최초출발지의 공항에서 환승편까지 포함하여 최종목적지까지의 탑승수속을 하는 것으로서, 복수의 탑승권이 발행된다. 직행편을 이용할 수 없는 항공이용자에 대한 탑승수속의 간소화가 도모되어, 편리성과 접속편에 관한 안심감을 가지게 할 수 있다. 항공회사로서도 환승시간의 단축, 지상 코스트(cost)의 삭감 효과가 있다.

■ 스톱 오버(stop over)

도중에 비행기에서 내리는 것이며, 이용자의 형편에 의하여 항공회사가 승인 한다면 출발지와 목적지와의 도중인 지점에서도 추가적인 비용 없이 비행기에서 내릴 수 있다. 다만, 환승은 여기에는 포함되지 않는다. 할인요금인 경우에는 여행이 시작된 다음의 행정 변경은 인정되지 않는 경우가 많지만, 정규운임에 의한 이용자에게는 가능한 한 인정되어 자유성이 높아져서 특전의 하나가 되었다.

■ 노쇼(no-show)

예약을 하고 항공권도 구입한 여객이 사전예고도 없이, 예약한 좌석을 이용하지 않는 것을 말한다. 미스 커넥션(접속편이 늦었거나 미도착)인 경우를 제외한다. 또 호텔의 예약객이 사전 연락 없이 방을 사용하지 않는 경우에도 노쇼라고 한다. 항공회사로서는 어떻게 해서 이 노쇼율을 낮추느냐 하는 것이 공석관리상의 최대과제이다. 그래서 국제선에 있어서는 예약재확인(reconfirmation)이 행하여져 왔으나, 현재는 원칙적으로 실시가 잘 되지 않고 있다.

■ 고쇼(go-show)

사전에 좌석을 확보하지 못한 사람이 스스로 출발준비를 하고 공항에 나가서, 만약 공석이 있으면 그 좌석을 이용하고 싶다고 희망하는 상태를 말한다. 노쇼의 반대이며 국제선에서는 매우 드문 경우지만, 많은 항공편을 운항하고 있는 국내선에서는 빈번하게 이루어지고 있다. 그리고 사전 예약을 받지 않는 편(항공회사)도 있으며, 이 경우 모두 고쇼가 된다.

■ 그라운드 서비스(ground service)

공항 내에서 여객기가 이착륙할 때까지 승객에 대한 안전을 우선으로 하여 게이트(gate) 안으로의 안내, 탑승권이나 수하물 인환권의 주고받음, 도착 후의 유도서비스 등 지상에서 승객에게 제공되는 모든 서비스를 말한다.

■ 인플라이트 엔터테인먼트 서비스(in-flight entertainment service)

장시간 이용하는 항공기 안에서도 승객이 쾌적하게 지낼 수 있도록 기내식 등의 서비스 이외에 준비된 음악과 영화 등을 즐기기 위한 장치와 프로그램 이다. 최근에는 각 좌석에서도 비디오를 즐길 수 있는 등 각 항공회사의 특 색을 나타내기 위하여 힘을 쏟고 있다. 때로는 비행기 안에서 이벤트(event) 가 행하여지는 경우도 있다.

■ 국제민간항공조약(시카고 조약, Convention on International Civil Aviation)

국제항공의 기본원칙을 정하기 위하여 시카고회의에서 채택된 조약으로서, 시카고 조약이라고도 한다. 이 조약은 국제민간항공의 건전한 발전의 촉진 을 목적으로 한 것으로서, 국제민간항공에 관한 원칙이 명시되어 국제항공 의 기본적인 조약이 되고 있다. 공중 및 육상의 쌍방에 있어서 항공기와 항 공업무의 모든 면을 다루고 있으며, 많은 조문과 부속서류로 구성되어 있다.

■ 차터(charter)

전세편을 말하는 것이며, advanced booking charter(ABC), inclusive tour charter(ITC), pubilc charter, affinity group charter, common purpose/special event charter 등이 있다. affinity group charter, own use charter, inclusive tour charter가 일반적이다. 어느 것이나 그 운항 시에는 운수성의 인가가 필요하며, 각 사에 대한 사전할당이 있다. 그리고 외국정부와는 항공교섭에 의거한 운항 쿼터의 할당이 필요하다.

⊞ 온유즈 차터(own use charter)

개인 또는 단체가 비용의 전액을 부담하고 자기가 사용하기 위하여 항공기를 빌리는 차터를 말한다. 여객은 비행기 이용자 자신 및 그의 초대객, 특정 단체원 등이다.

⊞ 블록오프 차터(block-off charter)

정기편의 편도를 취소하여 차터수송에 전용하는 것으로, 차터편은 왕복이 원칙이다. 편도를 이용하는 경우에는 왕복요금의 2분의 1정도를 징수한다. 비용부담을 경감시킬뿐만 아니라 사용기재의 운용상 정기편의 편도를 이용한다.

⊞ 어피니티 차터(affinity group charter)

여행 이외에 주된 목적을 가진 각종 단체가, 그 회원을 수송하기 위하여 빌리는 차터를 말한다. 비행기의 사용자인 법인 또는 단체는 구성원이 5만 명 미만일 것, 또는 거주하는 행정단위 인구의 5% 미만 중의 어느 것이든 적은 쪽의 인수(人數)이며, 여객은 그 단체의 구성원일 것, 운항일 이전 6개월에 걸쳐서 그 단체에 소속되어 있을 것 등의 상세한 규칙이 있다. 정기편을 압박하지 않기 위한 제한조건이다.

■ 버뮤다 협정(Bermuda Agreement)

1946년에 개최된 미영 민간 항공 회의이다. 1944년에 개최된 시카고회의에서, 자국의 항공기업이 상대국과의 국제노선에서 운송을 하기 위하여 필요한 상업항공권에 관하여는 당사자인 2국 간의 협정에 맡긴다는 결론을 내렸다. 이에 의거한 최초의 2국 간 항공협정이 미국과 영국 간에 체결되어, 그 협정이 체결된 지명의 이름을 따서 버뮤다 협정이라고 부르고 있다. '이익의 균등한 배분'을 원칙으로 하여 노선과 편수, 지정항공기업에 의한 운항 등에 관한 협정을 체결하였다. 그 후, 각국이 이것을 모델(model)로 하여 2국 간 항공협정을 체결하였다. 버뮤다 협정은 시카고회의와 함께 국제민간항공 발전의 기반이 되고 있다.

■ 항공운송약관(air transportation agreement)

항공회사는 수송시 운송인과 여객인과의 사이에서 운송에 적용되는 항공회사의 의무와 권리를 정하여 계약을 체결한다. 이 계약내용을 명기하여 미리 공시한 것을 운송약관이라고 한다. 운송약관에 규정되는 내용은 약관의 적용, 항공권, 운임 및 경로, 예약, 운송의 제한, 수하물, 세금, 출입국 수속, 운송인의 책임, 손해배상 청구기한 및 출소기한 등이다.

■ 항공여객운임

항공회사가 여객과 수하물을 출발지로부터 목적지까지 항공기로 운송하는 것을 항공운송이라고 하며, 이 때 운송료로서 여객이 지불하는 대금이 '운임'이다. 운임은 보통운임과 특별운임으로 구분된다. 보통운임은 여행조건이 가장 느긋한 여객운임으로서 일등급(P, F : first class), 중간급(J, C), 이코노미 클래스(Y, Y2, YD : economy class) 등이 있으며 여행을 시작한 날부터 1년간 유효하다. 특별운임은 여러 가지 여행상의 제약 때문에 보통요금보다 싸게 책정된다.

■ IT(포괄여행) 운임(inclusive tour fare)

항공여행 및 지상여행, 호텔, 관광을 포함한 포괄여행을 조성하여 선전 또는 판매하기 위하여 여행업자가 사용할 수 있는 항공운임을 말한다. 개인용인 IIT(individual inclusive tour)운임과 단체용인 GIT(group inclusive tour)운임이 있다. IT운임은 보통운임보다도 대폭 낮게 설정되어 있으므로 여행 최저 인수가 10인[GV(group volume) 10], 6인(GV 6) 등으로 제한이 있었다. 그런데 이것이 지켜지지 않거나 투어 규모가 작아지고 있기 때문에 유럽선, 아시아선에 관하여는 여행인 수가 1인이라도 거행할 수 있게 되어 있는 IIT가 설정되었다.

■ 에어 태리프(air tariff)

운임과 규칙이 게재되어 있는 운임표를 태리프(tariff)라고 한다. 대표적인 태리프로는 Air Tariff(AT), Air Passenger Tariff(APT), Passenger Tariff(PT)의 3가지가 있다. 항공회사는 이 중 어느 하나에는 참여하고 있는데, 대부분의 항공회사는 Air Tariff를 사용하고 있다.

■ 마일리지 시스템(mileage system)

운임은 직행운임을 사용하여 운항거리에 의거하여 계산한다. 거리의 단위로는 마일(mile)이 사용되며, 운항거리의 장단에 따라 직행운임을 적용하거나, 직행운임을 할증하기도 한다. 이 운임계산의 기본적인 구조를 마일리지 시스템이라고 하며 'MPM(Maximum Permitted Mileage) = 최대허용 마일', 'TPM(Ticketed Point Mileage) = 2 도시 간의 구간 마일', 'EMS(Excess Mileage Surcharge) = 운임의 할증'의 3가지 요소로 성립되어 있다.

BSP(Billing and Settlement Plan)

항공권 등의 재고관리·수배·발매보고를 작성하고, 결제은행을 통해 항공회사로부터 대리점에 청구 및 정산 등의 업무를 집중적으로 처리·관리하는 방법이다. IATA(국제항공운송협회, International Air Transport Association)에 의한 항공운임의 정산방식이며, 각국 또는 지역에 각각의 BSP조직이 있고 IATA 대리점과의 사이에서 정산을 하고 있다. 종전에는 Bank Settlement Plan이라고 불렀으나, IATA가맹 항공회사의 요망에 의하여 현재의 호칭으로 변경되었다.

컴퓨터예약시스템(CRS ; Computerized Reservation System)

원래는 컴퓨터에 의한 항공기의 예약시스템이었으나 지금은 숙박, 관광, 투어 등 여행에 필요한 예약·발권 및 여행회사의 재고관리, 청구·정산, 회계, 고객관리 등 후방지원업무까지 할 수 있는 종합여행시스템이다. CRS를 통한 예약으로 모든 수수료 수입을 기대할 수 있으므로 단말(端末)을 될 수 있는 한 많이 설치하는 치열한 경쟁이 계속되고 있는데, CRS에는 방대한 개발예산이 필요하므로 선발조인 아메리칸항공의 세이버(SABRE), 유나이티드항공의 아폴로(APOLLO) 등 미국의 항공회사계가 앞장서서 각국 항공회사의 CRS를 통합해 나가고 있다.

코드 셰어링(code sharing)

실제로는 다른 회사에서 운항하고 있는 노선을, 협정에 의하여 자사편명으로 판매하는 것을 말한다. 항공회사 간 제휴의 전형적인 방법이며, '공동운항'이라고 부르기도 한다. 자사가 운항하는 편의 스페이스 일부를 타사편명을 붙여서 판매하거나 타사의 스페이스 일부를 자사의 편명으로 판매하는 것이 해당된다.

11 관광서비스와 마케팅

■ 호스피탤러티(hospitality)

다른 사람을 환대하며 접대하는 것을 의미하는 추상적인 개념이다. 호텔 등 접객을 주된 내용으로 하는 산업과 그 상품가치의 근간을 이루는 개념으로 간주되고 있다. 상품화된 호스트(host)-게스트(guest) 관계를 전제로 한다. '바람직한 접대'라는 가치를 포함하기 때문에 현재 접우(接遇)라는 말로 변하여 널리 사용되고 있다. 라틴어로 주인을 의미하는 호스피스(hospes)에서 파생된 말로서, 호텔(hotel)이나 병원(hospital)과 동일한 어원을 가진다. 또한 호텔에서 접대나 리셉션(reception)을 위하여 사용되는 공간에도 사용된다. 칵테일파티(cocktail party) 등의 장소로 사용되는 방으로서 구체적으로는 소연회장이나 거실(parlor) 등을 가리킨다. 연회나 회의에 부대하여 개별적인 접대를 위하여 사용되는 객실을 호스피탤러티 스위트(hospitality suite)라고 부른다.

■ 서비스(service)

서비스는 라틴어로 Servus(세르브스)로 '노예'라는 뜻이다. 주인과 하인의 상하관계로 의미가 부여되었던 것이, 현대에 와서는 공급자와 고객과의 관계 형성을 뜻하게 되었다. 비즈니스의 대상이 되는 서비스는 그것 자체가 상품의 중심적 대상이 되는 서비스와, 다른 상품에 부수적으로 제공되어 부가가치로서 기능하는 서비스로 대별된다. 상품으로서의 서비스는 가장 넓은 의미로 해석하여 무형적인 상품의 총칭으로 사용되는 경우도 있지만, 협의로는 인간활동 그 자체가 상품으로서 고객에게 제공되는 것을 말한다. 협의의 서비스 제공은 접객담당자(CP ; Contact Personnel)와 고객과의 인간적 접촉과 협동, 그것을 둘러싼 다른 인적 · 물적 환경요소와의 상호작용을 통하여 고객욕구를 만족시키는 편익을 창출하는 과정이다.

❖ 서비스 조우(service encounter)

광의로는 서비스 조직과 그 고객 간의 직접적 상호작용, 협의로는 콘텍트 퍼
스널(CP ; Contact Personnel)과 고객 간의 대면적 상호작용을 말한다. 서
비스는 실체를 파악하기 어렵고, 또한 표준화가 어렵기 때문에 그 평가에는
관계성을 중시한 분석이 불가결하게 되는데, 서비스 엔카운터는 그 관계성
을 만들어내는 서비스 조직과 고객 간의 가장 중요한 '접점(接點)'으로서의
위치에 있다.

❖ 서비스 사이클(service cycle)

알브레히트(Albrecht. K.)에 의하여 제창된 서비스 매니지먼트에서의 키 컨
셉(key concept)의 하나이며, '고객이 서비스를 받는 과정에서 경험하는 사
건의 연속적인 연결(「거꾸로 된 피라미드」, 1988)'이라고 정의할 수 있다.
그것은 '고객이 조직의 어떤 일면과 접촉함으로써, 서비스의 품질에 관하여
무엇인가 어떤 인상을 얻을 수 있을 것 같은 사건'인 '결정적인 순간(MOT ;
Moment Of Truth)'의 연쇄로서 형성된다.

❖ 결정적 순간(MOT ; Moment Of Truth)

스칸디나비아(scandinavia) 학파라고 부르는 서비스 매니지먼트의 연구
자 · 실무가에게 공통되는 관점이다. 이는 서비스 조직과 고객과의 관계를
수많은 접점(encounter)의 연결로서 파악하고, 그 접점 하나씩을 고객의 서
비스 평가에 결정적인 영향을 주는 순간으로서 중요시한다. 칼손(Carzon,
J.)의 동명 저서를 통해 1980년대 후반부터 특히 미국의 서비스업 관계자에
게 붐(boom)을 일으켰다.

■ 임파워먼트(empowerment)

인사조직학에서 자주 사용되는 조직경영기업이다. 일반적으로는 '권한을 부여한다', '자신을 갖게 한다'라는 의미로 사용되는 용어이나, 서비스 조직에 있어서는 인터널 마케팅(internal marketing)의 중요한 기둥으로서 이해된다. 이른바 당근과 채찍식의 경영관리방책은 특히 인적자원의 활용이 중요시되는 서비스업에 있어서는 효과를 발휘하기 어렵다. 오히려 업무와 과제에 대한 조직전체의 목적, 달성의 조건이나 평가의 기준 등을 명확하게 한 다음 종업원의 직무에 대한 적극적인 관여를 촉진하여야 한다.

■ 관광마케팅(tourism marketing)

기업 기타의 조직이 관광객의 관광행동실현에 관련되는 욕구를 만족시킴과 동시에 사업목적을 달성하는 등의 거래를 실현하는 과정을 말한다. 관광마케팅은 주체나 제공물 등 공급 측의 성질에 의하여 특징지어지는 것이 아니라 어디까지나 대응하여야 할 수요 측의 특징, 즉 관광객의 관광행동실현에 관련되는 욕구에 기인하는 수요에 의하여 특징지어지는 것이다.

■ 고객만족(CS ; Customer Satisfaction)

고객만족은 기업경영 테마의 고전(古典)이다. CS란 고객의 기대치를 웃도는 상품·서비스를 계속적으로 적용할 수 있는 관리시스템을 가동함으로써, 고객의 지지를 얻어 새로운 고객창조와 리피트율이 유지·향상되는 상태를 말한다. 관리의 추진방법은 만족·불만족의 구조해석에 의하여 관리대상을 명확하게 하는 것에서부터 출발하게 되는데, 기대치의 사전예측과 욕구의 가변성 등의 어려움이 내재되어 있다.

■ 사회지향적 마케팅(social oriented marketing)

이제까지의 관광마케팅(전통적인 경영자의 합리성·효율성 추구의 마케팅 : managerial marketing)을 사회적 가치나 사회적 역할이라는 새로운 시각에서 다시 파악한 것이다. 적정이윤의 확보라는 관광조직 목표의 틀 안에서 자연적·생태적·사회적 영향을 고려하면서 관광객 요구(needs)에 의거한 관광마케팅관계 여러 수단을 유기적으로 수행하는 활동이다.

■ 상품차별화(product differentiation)

관광조직이 경합하는 관광상품에 대하여 그 관광상품의 특징 또는 차이를 명확하게 내세움으로써, 관광시장에서 경쟁상의 우위에 서서 관광수요를 환기시키는 것을 말한다. 여기에는 ① 관광상품 그 자체에 의한 실질적인 차이, ② 디자인(design)이나 색상(color)에 의한 외관상의 차이, ③ 광고, 네이밍(naming)이나 브랜드(brand) 등에 의한 이미지(image)의 차이를 만들어 내는 방법 등이 있는데, 가장 효과적인 방법은 ③이다.

■ 시장세분화(market segmentation)

관광시장을 관광객수요의 특성에 의거하여 몇 개의 이질적인 관광시장으로 구분하고, 구분된 하나의 부분관광시장에서 관광객의 욕구(needs)를 파악하여 관광상품을 보다 알맞게 구성해 수요를 환기시키는 것을 말한다. 이러한 관광시장을 구분하는 데는 주로 지리적 기준(거주지 등), 인구통계적 기준(연령, 성별, 소득 등), 심리적 기준(life style, personality 등), 행동적 기준(원하는 편익, 이용빈도 등)이 있다.

■■ 니치 마케팅(niche marketing)

마켓 전체가 아니라 마켓의 작은 세그먼트(segment)를 표적으로 하여, 그 곳에 모든 힘을 집중하는 마케팅 전략이다. 니치(niche)란 적합한 지위를 의미하며 일반적으로 니치 마케팅은 경영자원이 한정된 중소기업에서 사용되며, 큰 손 기업과의 직접적인 충돌을 피하면서 자사의 기동력과 특수기술을 살려서 경쟁사와의 차별화를 도모해 나간다.

■■ 포지셔닝(positioning)

시장에서 경쟁제품에 대한 자사제품의 자리매김을 포지셔닝이라고 한다. 분석을 할 때에는 소비자의 제품에 대한 인식을 지도 위에 표시한 지각지도(perceptual map)가 사용된다. 자사제품의 경쟁우위성을 확립하기 위해서는 지각지도상의 자사제품과 경쟁제품의 포지셔닝(positioning)을 확인하고, 자사제품의 자리매김의 변경이나 신제품의 개발을 한다.

■■ 마케팅 믹스(marketing mix)

마케팅을 구성하는 활동, 즉 마케팅과 관련된 수단을 한데 엮어놓은 것을 말한다. 마케팅 목표를 효율적으로 달성하기 위해서는 마케팅을 구성하는 활동이 제각기 산만하게 행하여지는 것이 아니라 전체계획, 즉 마케팅 전략에 따라서 통합화되고 조정되어야 하며, 선정된 표적시장에 대응할 수 있도록 마케팅 수단이 가장 적합하게 짜여야 한다. 마케팅 믹스의 구성요소로는 맥카시(McCarthy, E. J.)에 의한 제품(product), 장소(place), 프로모션(promotion), 가격(price) 등 소위 4P가 잘 알려져 있다.

■ 브레인 스토밍(brain storming)

형식을 따지지 않는 회의에서, 참여자 각자 생각나는 것을 자유로이 발언하도록 하여, 그 중에서 독창적인 아이디어(idea)를 찾아내고자 하는 창조적 아이디어 개발방법의 하나이다. 오즈본(Osborn, A. F.)에 의하여 광고 분야에서 사용되었던 기법인데, 특산품(도산품) 개발 등에도 활용된다.

■ 프라이스 라인(price line)

제품을 몇 개의 가격 단계로 나누어 각 단계에 동일한 가격설정을 하는 것을 프라이스 라이닝(price lining)이라고 부르며, 각 단계의 가격을 프라이스 라인이라고 부른다. 소비자가 다소의 가격차에 대하여 민감하지 않는 경우에 행하여진다. 소비자로서는 의사결정이 용이해지며, 판매자로서는 상품관리가 용이해진다는 장점이 있다.

■ 푸시전략(push strategy)

유통업자에 대하여 판매원 활동이나 딜러 헬프스(dealer helps), 신용공여 등의 세일즈 프로모션을 강화하여, 자사제품의 적극적 판매를 촉진하는 프로모션 전략을 말한다. 상품이나 서비스가 아직 소비자에게 알려져 있지 않고, 수요가 뚜렷하게 나타나 있지 않은 경우에는 유통업자의 설명·권장력이 효과가 있으므로 이 전략을 취하게 된다. 구체적으로는 혁신적 제품, 전문품, 고가품 등이 이 전략에 적합하다.

■ 풀 전략(pull strategy)

광고나 세일즈 프로모션을 통해 직접적으로 최종소비자에게 호소하여 자사의 상품 내지 브랜드를 선호하게 만들어 지명구매를 촉진하는 프로모션 전략을 말한다. 소비자가 상품이나 서비스를 알게 되어, 수요가 성장하고 있는 경우 유효한 전략으로 가까운 데서 자주 사는 담배, 식료품 등의 물건에 적합한 방법이다.

■ 통합형 마케팅 커뮤니케이션(IMC ; Integrated Marketing Communications)

슐츠(Schltz)를 중심으로 한 노스웨스턴(north western) 대학의 팀은 'IMC는 소비자와 브랜드 및 기업과의 모든 접점을 메시지(message) 전달의 통로로 생각하여, 타깃(target)의 구매행동에 직접 영향을 주는 것을 목적으로한다. 소비자로부터 출발하여 모든 수법을 구사하여, 설득력 있는 커뮤니케이션을 실천하는 프로세스(process)이다' 라고 정의했다.

■ 퍼블리시티(publicity)

텔레비전, 신문·잡지, 기타 미디어에 대하여 자료를 제공하고, 프로그램이나 기사 등의 형식으로 채택되도록 작용하는 프로모션활동을 말한다. 광고와는 달라서 무상이지만, 채택 여부의 결정이나 채택방법은 미디어에 맡겨진다. 광고주의 의도가 많이 반영된 광고가 수취인에게 경계심을 일으키게하기 쉬운 것과 비교하여, 퍼블리시티는 미디어가 스스로의 책임하에 자주적으로 채택한 정보이기 때문에 신뢰받기 쉬운 경향이 있다.

안심Touch

■ AIDA, AIDMA, AIDAS

고객의 의사결정에 이르게 되는 심리상태의 변화를 단계적으로 포착한 것이다. Attention, Interest, Desire, Action의 머리글자를 따서 AIDA라고 약칭한다. D와 A의 사이에 'Memory'를 넣어서 AIDMA, 또는 A의 다음에 'Satisfaction'을 추가하여 AIDAS라고 부르기도 하며, 모두 예상객의 구매행동분석에 이용된다.

 12 국제관광기구 및 관광단체

■ 국제관광의 해(International Tourist Year) - 관광의 표어

유엔은 '관광은 평화로 가는 여권이다(Tourism is a Passport to Peace)'라는 표어 아래 1967년을 국제관광의 해로 정하고, 국제관광에 관한 각국의 협력, 국제관광 사업의 진흥, 국제관광의 보급 등을 도모하였다.

■ 국제관광기구의 종류

다음은 관광종사원 국가시험에 자주 출제되는 국제관광기구들로 확실한 개념적 정리가 필요하다.

① 세계관광기구(UNWTO ; United World Tourism Organization)

② 아시아태평양관광협회(PATA ; Pacific Asia Travel Association)

③ 미국여행업협회(ASTA ; American Society of Travel Agents)

④ 동아시아지역관광협회(EATA ; East Asia Travel Association)

⑤ 세계여행업자협회(WATA ; World Association of Travel Agencies)

⑥ 세계여행협회연맹(UFTAA ; Universal Federation of Travel Agents Association)

⑦ 국제항공운송협회(IATA ; International Air Transport Association)

⑧ 국제민간항공기구(ICAO ; International Civil Aviation Organization)

⊞ 관광분야에 있어서의 국제협력(international cooperation in tourism)

국제관광이 건전하고도 원활하게 이루어지기 위한 각국의 관광당국, 관광관련업계의 상호 또는 세계적 차원, 지역적 차원에서의 협력을 말하는 경우와 관광분야에 있어서의 발전도상국 원조를 의미하는 경우가 있다.

관광분야의 기구

① 정부 간 기구 : WTO(World Tourism Organization), OECD 관광위원회(Tourist Committee of the OECD), ESCAP(국제연합 아시아태평양 경제사회위원회, United Nations Economic and Social Commission for Asia and the Pacific) 등

② 민간부문 기구 : PATA(아시아태평양관광협회, Pacific Asia Travel Association), IATA(국제항공운송협회, International Air Transport Association), ASTA(미국여행업협회, American Society of Travel Agents), IHRA(국제호텔 및 레스토랑협회, International Hotel & Restaurant Association) 등 발전도상국에 대한 원조로서의 관광개발 협력은 커머셜베이스(commercial base)가 기본이라고 생각하는 편이 강하고 ODA(정부개발원조, Official Development Assistance) 등 공적원조의 대상 분야로서는 아직까지 크게 중요시되고 있지 않다.

⊞ EATA(동아시아관광협회, East Asia Travel Association)

1966년 (특)국제관광진흥회의 제창으로 발족된 아시아 동부지역 국가들의 공동 관광선전기관이다. 현재 한국, 일본, 대만, 마카오, 태국, 필리핀, 싱가포르, 홍콩 등의 회원국이 있다.

✚ WTO(세계관광기구, World Tourism Organization)

관광분야의 정부 간 기구로서, 국제개발기구(UNDP ; United Nations Development Programme)의 실시기관이다. 각국의 관광행정기관·관광선전기관의 국제연맹이었던 공적여행기구국제동맹(IUOTO ; International Union of Official Travel Organization)이 1975년에 정부 간 기관으로 격상되어 개편·조직되었다. 정부 간 기관으로는 예외적으로 민간단체·기업도 찬조회원으로서 가맹할 수 있다. 본부는 스페인 마드리드에 있으며, 세계의 국제관광 통계자료를 비롯하여 다수의 관광관계 문헌·자료 등을 간행하고 있다.

✚ OECD 관광위원회(Tourist Committee of the OECD)

선진공업국의 관광에 관한 정부 간 기구로서 기능하고 있다. 매년 「OECD 가맹국의 관광정책과 국제관광(Tourism Policy and International Tourism in OECD Countries)」이라는 제목의 상세한 연보를 발행하고 있으며, 여기에 게재되어 있는 새로운 관광정책 및 관광통계는 연구자에게 귀중한 자료가 되고 있다.

✚ 세계여행산업회의(WTTC ; World Travel and Tourism Council)

아메리카, 유럽 및 아시아의 각 지역에서 관광산업을 담당하는 운수, 숙박, 레저관련 유력기업이 국내외 관광관련 정보의 교환을 도모하는 동시에 관광산업이 경제에 미치는 유용성을 사회에 널리 알리는 협의회로서, 1990년 4월에 설립되었다. 주된 사업목적은 자유롭고 열린 시장형성의 촉진, 관광산업 하부기구의 충실화와 개선, 관광산업의 성장에 걸림돌이 되는 정책 결정이나 규제의 배제 등이다. 세계의 주요 항공회사, 철도회사, 여행업자, 렌터카 회사, 호텔 체인, 테마파크의 회장, 사장 등 업계를 대표하는 약 70명의 회원이며, 관광산업의 경제적 효과나 관광개발과 환경보호의 양립 등의 과제에 관한 조사·연구를 하여 각종 보고서를 발행하고 있다. 사무국은 벨기에의 브뤼셀에 있다.

■ ASTA(미국여행업협회, American Society of Travel Agents)

아메리카를 중심으로 하는 전 세계의 유력여행업자 및 그 밖의 관광 관계 업자를 회원으로 하는 세계 최대의 여행관계 국제조직이다. 여행업자 및 여행자의 이익을 지키기 위해 활동하고 있다. 미국-해외에서 매년 번갈아서 연차총회와 트래블 트레이드 쇼(Travel Trade show)를 개최하고 있다. 1931년에 설립되었으며 본부는 워싱턴에 있다.

■ IHRA

(국제호텔 및 레스토랑협회, International Hotel & Restaurant Association)

138개국 및 지역의 호텔과 레스토랑의 업자단체, 호텔체인, 개별호텔을 회원으로 하는 세계적 업계단체이다. 호텔, 레스토랑 업계의 이익대표로서 관계기관과의 교섭에 임하고 있다. 1869년에 설립된 International Hotelmen's Association과 1921년에 설립된 International Hotel Alliance의 2개 조직을 합병하여 1946년에 설립하였다. 현재의 규약은 1978년에 작성된 것으로서, 1993년에 프랑스의 법인격을 취득했다. 1997년 호텔 및 레스토랑의 국제 조직과 병합되어, IHA(국제호텔협회)에서 IHRA(국제호텔 및 레스토랑협회)가 되었다. 본부는 파리에 있다.

■ APEC 관광워킹그룹

(Asia-Pacific Economic Cooperation Conference, TWG ; Tourism Working Group)

21개국·지역이 가맹하는 APEC(1989년 11월 설립)의 지역 내 경제협력을 구체적으로 추진하는 기관으로서, 무역촉진과 에너지 협력 등 각 분야마다 설치된 10개의 워킹그룹 중의 하나이다. 1991년 6월에 설치되었다. 각국 및 지역의 관광 관계자가 1년에 1~3회 만나서 회합을 개최하여 관광과 환경에 관한 조사와 관광산업의 진흥책, 인재양성 프로젝트 등의 과제를 토의한다.

PATA(아시아태평양관광협회, Pacific Asia Travel Association)

아메리카로부터 태평양지역으로의 관광객유치를 목적으로, 1951년 정부관광기관과 항공회사가 중심이 되어 설립된 국제단체이다. 발족된 후 한동안은 유럽과 미국으로부터 이 지역에 관광객을 유치하는 것이 주된 사업이었으나, 가맹국의 입장에서는 오히려 우리나라를 포함하는 동아시아지역 등이 중요한 여행자 송출시장이 되었기 때문에 아시아태평양지역 내의 상호교류 촉진이 중요한 사업으로 인식되고 있다. PATA의 관심사는 공동선전사업의 틀을 넘어서 조사통계, 관광개발과 자원보호, 인재육성 등에도 미치고 있다.

국제민간항공기구(ICAO)

1947년 설립된 UN 전문기관으로 본부는 캐나다 몬트리올에 있다. 주요 업무내용은 다음과 같다.

① 세계를 통하여 국제민간항공의 안정하고 정연한 발전을 확보할 것
② 평화적 목적을 위해서 항공기의 설계 및 운항의 기술을 장려할 것
③ 국제민간항공을 위한 항공로, 공항 및 항공보안시설의 발달을 장려할 것
④ 안전하고 정확하고, 능률적, 경제적인 항공운송에 대한 세계 각국 국민의 요구에 응할 것
⑤ 불합리한 경쟁에 의해서 발생하는 경제적 낭비를 방지할 것
⑥ 국제항공에 있어서 비행의 안전을 증진할 것

국제항공운송협회(IATA)

1945년에 설립되었으며, 본부는 캐나다의 몬트리올에 있다. 협회의 목적은 다음과 같다.

① 안전하고 정규적이며, 경제적인 항공운송을 촉진하여 항공운송사업을 육성하고 이와 관련된 제반 문제를 연구한다.

② 국제항공운송업무에 직 · 간접으로 종사하고 있는 항공운송기업 간의 협
조를 위한 모든 수단을 제공한다.

③ ICAO 및 기타 국제기구와 협력한다.

NTO(National Tourist Organization)

현재 대부분의 나라가 어떤 형태로든 NTO를 설치하고 있다. 우리나라에서
는 KNTO(한국관광공사, Korea National Tourist Organization)가 이에
해당하며, 특수법인형이다.

NTO 조직 형태

① 행정기관이 직접 관광선전을 담당하는 나라(발전도상국에 많음)

② 민간자금과 노하우를 받아들인 반관반민(半官半民)의 특수법인형

③ 일부 숙박 · 교통 · 여행업 · 면세점 경영 등의 수익사업도 행하는 공사형

컨벤션 뷰로(convention bureau)

회의, 전시회 등의 컨벤션을 특정지역에 유치함으로써 경제적 이익, 지역 이
미지의 고양을 도모할 목적으로 도 · 시 등이 앞장서서 설립하는 재단 등의
공익적 단체를 말한다. 공익적 단체의 출연금, 회비 등에 의하여 운영된다.
사업내용은 컨벤션 유치를 위한 조사, 광고 선전, 국내 및 해외의 컨벤션 주
최자에 대한 접촉, 컨벤션 주최자에 대한 각종 지원(컨설팅, 조성 · 대부금,
행정과의 연락, 회의장 수배, 숙박 수배 서포트 등)이 있다.

비지터즈 뷰로(visitors bureau)

투어리스트 오피스(tourist office) 또는 관광협회와 거의 같은 뜻이다. 미국,
특히 지방의 공적(公的)인 관광선전기관, 관광안내소를 가리킨다. 하와이 비
지터즈 뷰로, 괌 비지터즈 뷰로 등을 예로 들수 있다. 그리고 컨벤션과 합쳐
서 뉴욕 컨벤션 엔드 비지터즈 뷰로와 같이 사용되는 경우가 많다.

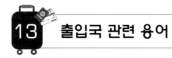

13 출입국 관련 용어

🔲 출입국절차(CIQ ; Customs Immigration and Quarantine)

CIQ는 한국으로 입국 또는 출국을 할 때에 적용되는 법률, 규칙 등을 말한다. C는 Custom(세관), I는 Immigration(출입국심사), Q는 Quarantine(검역)을 의미한다. 관련되는 사항은 여권(여권법 등), 사증(출입국관리 및 난민인정법), 세관(관세법, 관세정률법), 동식물의 반입(식물방역법 등), 전염병의 병원균의 침입(검역법 등), 수입금지 · 규제품(워싱턴 조약 등) 등 매우 광범위하다. 출국절차는 세관, 출국심사, 검역 순으로 진행되며 입국절차는 반대로 검역, 입국심사, 세관 순으로 실시된다.

🔲 E/D카드(출입국신고서, Embar kation / Disembarkation Card)

국가가 출입국하는 여행자에 대하여 그 사람의 기록으로서 제출시키는 서면이다. 국가별로 작성방법은 조금씩 상이하지만 일반적으로 성명, 생년월일, 국적, 여권번호, 입국목적, 탑승편명 등을 기입하는 카드 형식으로 되어 있다.

🔲 여권(passport)

외국을 여행하는 국민에 대하여 정부가 발급하는 일종의 증명서류이다. 여행자의 국적과 신분을 증명하고 필요한 보호를 상대국에 의뢰하는 공문서이며, 일반여권과 관용여권, 외교관여권 등으로 나누어진다.

🔲 사증(visa)

방문하고자 하는 나라의 재외공관이, 자국에의 방문을 희망하는 사람에 대하여 그 사람의 여권의 유효성과 방문목적, 체재기간 등을 심사하여 방문시 지장이 없다고 인정한 경우에 행하는 배서(背書)이다. 신청자 여권면의 사증

란에 입국목적과 유효기간 등을 명기한 스탬프나 실(seal)을 붙인다. 다만 그 나라의 최종적인 상륙허가권은 그 나라의 해·공항에서의 입국 심사관에게 있으므로, 사증을 소지하고 있다 하더라도 그 나라의 법규에 의하여 입국을 거부당하는 경우도 있다. 사증은 도항목적에 따라 종류가 다르다. 친족방문 등 일정한 목적·기간의 입국에 관하여는 사증상호면제협정에 의하여 상호 간에 사증을 면제하고 있는 나라도 있다.

■ 검역(quarantine)

어원은 이탈리아 말의 'quranta(40)'이며, 선박 안에서 페스트(pest)가 발생한 경우 방역상 그 선박을 40일간 해상(海上)에 격리했던 것에서 유래했다. 외국으로부터의 병원체가 자기나라에 침입하는 것을 미연에 방지하기 위하여, 국제검역, 국내검역, 동물검역, 식물검역 등으로 구분하여 실시하고 있다. 일반적으로 동남아시아를 경유하여 입국하는 경우 검역수속을 간소화하기 위하여 입국 전의 건강상태 등에 관한 질문표를 제출하도록 한다.

■ 옐로우 카드(yellow card)

검역전염병에 관하여 WHO(세계보건기구, World Health Organization)가 규정한 기준에 맞는 예방접종을 받았다는 사실을 증명하는 국제예방접종증명서이다. 세계적으로 황색의 용지가 사용되기 때문에 통칭 'yellow card'라고 부른다. 접종을 행한 의사가 성명, 접종일, 접종 내용, 제조번호 등을 기입하고 의사가 서명한 다음, 검역소의 승인인(벚꽃 마크)을 받으면 유효한 것으로 된다. 옐로우 카드에는 콜레라, 황열병, 말라리아 등의 예방접종증명서가 포함된다.

■ 공항세(airport tax)

국가나 공항에 의하여 공항세를 지불하여야 할 경우 공항세는 출국세와 함께 징수되기도 한다. 공항세는 주로 공항시설의 유지·개선을 목적으로 하여 국가 또는 그 위임을 받은 기관이 항공회사 또는 여객으로부터 징수하는 세금(공항이용세)을 말한다. 지불수단을 현지통화로 요구하는 곳이 있으므로 출국할 때에는 현지통화를 남겨 둘 필요가 있다.

■ 출국세(departure tax)

출국하게 될 때에 과해지는 조세로 공항세와 함께 징수되기도 한다. 체재시간이 24시간이 되지 않는 경우와 여러 달 이상 그 나라에 머무르게 된 경우에는 다르게 금액을 설정하는 곳도 있다. 지불장소와 시점은 항공권 발행시에 징수되는 경우(미국·이탈리아·프랑스·독일 등), 체크인 카운터(check in counter)에서 항공회사 직원에게 지불하는 경우(싱가포르·한국·태국 등), 전용 창구에서 지불하는 경우(중국 등)가 있다.

02
PART
필수호텔용어

A

- **A La Carte** : 불어로 일품요리라는 뜻으로, 메뉴 중 자신이 좋아하는 요리를 개별적으로 주문하는 형식이며 정식메뉴(Table d'Hote)와 상반되는 개념이다.
- **Accommodation** : 관광객이 숙박을 할 수 있는 숙박시설로 Hotel, Motel, Pension 등이 있다.
- **Accommodation Change(Room Change)** : 호텔 측의 사정으로 인한 객실 변경과 고객의 요청으로 객실을 변경하는 경우를 말한다.
  ① 요금이 변경될 경우, 고객에게 확인시켜야 한다.
  ② 객실 변경 중에 Message가 누락되는 일이 없어야 한다.
  ③ 객실 변경 후에 교환, H/K, Room Service 등의 부서에 연락해야 한다.
- **Account** : 고객 거래처, 호텔의 지정 거래처. 즉, 기업, 대사관, 관공서를 말한다.
- **Account Settlement** : 호텔 고객이 고객원장(Guest Folio)에 미지급된 잔액을 지불하는 행위
- **Actual Market Share of Hotel** : 동일지역의 호텔 집단 중에서 자기 호텔의 시장점유 경쟁력 지표로서 자사 호텔의 판매 객실 수를 경쟁 호텔의 총 판매 객실 수로 나눈 값. 실제 시장점유율만으로는 경쟁력을 분석하는 데 부족하기 때문에 Natural Market Share와 비교하여 측정하기도 한다.

- **Add Charge** : 고객의 Key가 반환되지 않은 상태 또는 예정출발시간이 경과된 고객에 대하여 초과체재여부를 확인 후, 고객에게 정산되는 추가 Bill

- **Adds** : 당일에 추가되는 예약을 포함하는 도착 당일의 예약목록상의 최종적 추가 예약

- **Adjacent Room** : 복도 끝 방, 호텔 객실에 있어서 복도 끝에 위치한 객실

- **Adjoining Room(Side by Side Room)** : 인접 객실
  ① 객실이 같은 방향으로 복도에 나란히 있지만, 객실과 객실 사이에 연결된 문이 없이 이어져 있는 객실
  ② Connecting Room이 아님

- **Advance Deposits(Advanced Payment)** : 선수금
  객실 예약시나, 행사 계약시 대금의 일부로 사전에 지불하는 금액을 말한다.

- **Affiliated Hotel** : 제휴 호텔
  특별한 광고 및 국제적 예약시스템을 제공하는 회원제 호텔 형식으로 운영하는 호텔업으로 대표적인 것이 Best Western 그룹이다.

- **After Care** : 연회장에서 행사가 끝나도 행사가 있었던 거래선을 방문하여 행사기간 불편했던 사항이나 불평을 듣고 행사에 대한 감사를 표시하는 것

- **Agent Account** : 여행사가 지불을 보장하는 외상 매출 계정

- **After Departure(AD)** : 후불요금

- **AHMA(American Hotel & Motel Association)** : 1910년대 발족한 미국의 연방 지방과 주에서 독립한 호텔과 체인호텔, 모텔 등의 호텔연합 단체협회로서 본부는 뉴욕이다. 주된 업무는 홍보, 광고, 경영, 관리, 기술개선, 종업원교육 등이고 업계 전체의 향상을 도모한다.

- **Airport Hotel(Airtel)** : 공항 근처에 있는 호텔

  항공기 운항의 증가로 승무원 및 항공여객의 증가와 기상관계로 인한 비행기 연착 및 취소 등으로 인한 객실 물량이 증가하는 추세이며, 특히 야간에 도착하는 고객의 경우 이용이 편리한 점이 있다.

- **Airport Representative** : 공항 담당 호텔 종업원

  호텔 고객의 영접 및 배웅 등 고객의 편리를 도모하는 공항에 파견되어 근무하는 호텔 직원. 호텔을 방문하는 VIP 고객이나, Repeating 고객 등 호텔의 특별 우대 고객의 영접 및 리무진 서비스, 공항 Pick-up 업무를 담당하고 있다.

- **Allowance** : 불만족한 서비스 제공에 의한 가격 할인이나, 직원이 요금을 잘못 적용했을 경우 등에 행하는 '매출할인'을 말하며, Allowance Voucher에 기입하고 부서책임자에게 승인을 받아야 한다.

- **Amenity** : 호텔 부가 서비스

  고객 서비스의 'Plus' 개념으로 부가적인 서비스 제공을 의미한다. 객실 내에 무료로 제공되는 각종 소모품 및 서비스용품이다. 비누, 샴푸, 린스, 면도기, 빗, 헤어 캡, 구두닦이 천, 반짇고리 등이다.

- **American Plan** : 미국에서 처음 시작된 것으로 객실요금에 아침, 점심, 저녁이 포함되는 숙박요금제도. 고객이 호텔에서 식사를 하든 안 하든 관계없이 요금은 변하지 않는다.

- **American Service** : 기능적, 유용성, 효율성, 속도 면에서 실용적이므로 가장 널리 이용되는 서비스 형태이다. 일반적으로 주방에서 음식을 담아 제공되기 때문에 많은 고객에게 서비스할 수 있으며, 빠른 서비스를 제공하는 장점도 있으나 음식이 빨리 식는 단점도 있다. American Service는 Tray Service와 Plate Service가 있다.

- **Apartment Hotel** : 장기체류고객을 위한 호텔로서, 각 객실에는 주방시설과 공공시설을 갖추고 있다.

- **Appetizer** : 전채요리

  식사 순서 중 제일 먼저 제공되어 식욕을 돋우는 소품요리를 말한다.

  ① 한 입에 먹을 수 있도록 분량이 적어야 한다.

  ② 맛과 영양이 풍부하고 주요리와 어울려야 한다.

  ③ 타액 분비를 촉진시켜 소화를 돕도록 짠맛, 신맛이 곁들여져야 한다.

  ④ 계절감과 지방색을 곁들이면 더욱 좋다.

  ⑤ 색감이 아름다우면 좋다.

- **Application for Exchange** : 환전 신청서

  고객으로부터 외화 또는 여행자 수표(Traveler Check : T/C)를 매입할 때 한국은행 공급 서류 양식에 신청자의 이름, 국적, 주소, 여권번호, 외환의 종류, 매입연월일을 기입하고 서명하게 한 뒤, 신청서는 호텔이 보존하고, Copy 본인 외환매입 증서는 고객에게 교부하는 양식이다.

- **Apprentices** : 결원이 있을 때, 보조역할을 하는 견습 보조

- **Arm Towel** : 레스토랑 직원이 팔에 걸치고 사용하는 서비스용 냅킨 Hand Towel이라고도 하며 일반적인 사이즈는 40cm × 60cm가 사용된다.

- **Arrival List** : 숙박예정자 명단

  예약된 고객 중 당일 숙박예정자의 명단으로 프런트 데스크에서 고객을 맞이하는 준비단계에 필요한 주요한 보고서

- **Arrival Time** : 도착 시간

  고객 등록카드 등에 고객이 호텔에 도착한 시간을 구체적으로 기록한 것으로서 예약된 고객의 도착 예정 시간

- **ASTA(American Society of Travel Agents)** : 미국여행업협회

  여행업자 상호 공동이익을 도모하고 불공정한 경쟁을 배제함으로써 관광 · 호텔 · 여행서비스의 발전을 추구한다.

- **Audit** : 감사

  호텔에서 하루 동안 운영된 모든 영업현황, 객실, 식음료, 기타부대 시설에 관한 계산서가 정확히 기재되었는지 또는 모든 매출이 정확히 결산되었는지 확인하는 업무이다.

- **Available Room** : 판매 가능한 객실

  판매할 수 있는 호텔의 객실 수를 일컫는 것으로서 House Use, Repair 객실 등을 제외한 객실 수를 말한다.

- **Average Cost Method** : 평균 원가법

  구입원가가 각기 다른 재료를 보유하고 있을 때, 그 날의 평균 구입 단가를 소비가격으로 간주하여 평균 단가를 계산하는 방식이다.

- **Average Room Rate** : 일일 평균 객실료

  판매된 객실의 총 객실료를 판매된 객실 수로 나눈 값을 말한다.

- **Average Rate Per Guest** : 숙박객 평균 객실료

  당일 객실판매 금액을 호텔의 투숙객 수로 나눈 것으로 고객 수에 대한 평균 객실요금을 말한다.

B

- **Baby Bed(Baby Cot)** : 어린이용 특수 침대

  침대에 사각의 보호대가 있어 어린이가 떨어지지 않게 되어 있다.

- **Baby Sitter** : 보모

  호텔 투숙고객의 자녀를 고객의 요청에 의하여 돌보아 주는 사람. 주로 House keeping의 Room Maid가 보모 역할을 하고 시간당 요금을 받는다.

- **Back Office(Back of the House)** : 후방 부서

  호텔 내의 부서 명칭으로서 일반적으로 호텔고객과 직접 접촉하지 않으며 고객 서비스 담당 부서를 지원·원조하는 부서. 총무, 인사, 조리, 시설, 경리 등을 말한다.

- **Back to Back** : 여행사에 단체객의 도착과 출발이 연속되는 Check In과 Check Out. 객실은 비지 않고 판매된 상태이다.

- **Baggage Down(Baggage Collection)** : 수하물 운반 서비스

  고객이 퇴숙시 객실에서 전화하거나 직접 문의하면 Porter나, Bell Man이 고객의 짐을 호텔 현관으로 운반하는 서비스

- **Baggage In/Out Record** : 수하물 기록 대장

  화물 대장으로서 객실번호, 성명, 수하물 수량, 시간, Bell Man의 이름 등을 기록한다.

- **Baggage Tag(Luggage Tag)** : 수하물 꼬리표

  수하물에 붙여 소유자를 확인하게 하기 위한 인식표. 2매 1조로 되어 있어 1매는 수하물에 붙이고 1매는 고객에게 보관하게 하고 짐을 찾으러 올 경우 제출하게 되어 있다.

- **Balance Sheet** : 대차대조표로 일정시점에 있어 기업의 자산과 부채의 자본 상태를 명확하게 하기 위해 작성하는 재무제표를 말한다.

- **Banquet** : 원어(불어)로는 Banquette, 호텔 또는 식음료를 판매할 수 있는 장소에서 2인 이상(동일한 목적을 위해 참가하는 일행)의 단체 고객에게 식음료 및 기타 부수적인 사항을 첨가하여 모임 본연의 목적을 달성할 수 있도록 하고, 그 대가를 수수하는 일련의 행위이다.

- **Bed Board** : 침대를 견고하게 하기 위해 매트리스 밑에 까는 받침대

- **Bed & Breakfast(B&B)** : 토속적으로 운영되는 호텔 형식에서 아침식사를 전통음식으로 제공하고, 가정적인 분위기를 창출하는 숙박 형태. 특히 프랑스의 별장식 호텔, 영국, 아일랜드, 미국 등지의 개인 집의 여유 객실을 활용하는 숙박 형태이다.

- **Bed Spread** : 침대 덮개

  주간이나 새로이 판매하는 객실의 침대에 미관상 · 위생상 덮는 것으로 담요와 베개까지 전부 덮는다. 품위 있는 색상이나, 천으로 만들어지며, 가장자리를 늘여 뜨려 아늑한 분위기를 만든다. Turn Down 서비스시 Bed Spread는 잘 접어서 옷장에 넣어 둔다.

- **Bell Stand** : 프런트 데스크로부터 잘 보이는 곳의 Lobby에 위치한 벨맨의 데스크를 말한다.

- **Berth Charge** : 침대 요금

  열차나 선박 등의 침대에 대한 요금이다.

- **Best Available** : 단골고객이나 주요고객을 위한 호텔 서비스로서 가능한 고객에게 예약한 것보다 나은 객실을 제공하는 서비스

- **B.G.M(Back Ground Music)** : 배경음악

  생산성 향상이나, 권태 방지용으로 작업장 따위에서 틀어 놓는 음악이다.

- **Bill** : 영수증, 계산서

  호텔의 객실, 식음료, 기타 부대시설에서 쓰이고 있는 고객용 영수증이다.

- **Bill of Fare** : 메뉴

- **Black List(Cancellation Bulletin)** : 불량 거래자 명단

  거래중지자 명단으로서 불량카드의 정보자료. 통제되는 원인으로는 도난, 분실, 연체 등으로 카드회사에서 작성하여 각 가맹점에 배부한다.

- **Block Reservation** : 블록 예약

  호텔 객실을 어느 정도 묶어서 예약하는 일을 말하며, 투숙객 명은 일일이 입력하지 않는다. Check In시는 Block 예약번호로 In Put을 한다.

- **Block Room** : 블록 룸

  특정 관광단체, 국제회의 참석자, VIP를 위해 호텔 한 구역의 객실을 사전에 지정해 놓은 것이다.

- **Botel** : 보텔

  보트를 이용하여 여행하는 관광객이 주로 이용하는 숙박시설로서 보트를 정박시킬 수 있는 규모가 작은 부두나 해변 등지에 위치한 호텔이다.

- **Break Down**

  ① 식당에서 판매된 품목을 분석하는 것

  ② 사전의 예산 견적에 의해 음료의 종류와 수량을 조정하여 예산 범위를 벗어나지 않게 하는 것

- **Breakage** : Package에 포함된 식사 또는 기타 서비스를 고객이 이용하지 않음으로써 호텔이나 여행사 측에 발생하는 소득이며, Breakage Profit 이라고 한다.

- **Brochure** : 브로셔, 소책자

  호텔에서 호텔의 광고나 선전을 목적으로 고객용으로 만든 소책자를 말한다.

- **Budget Hotel** : 경제적 사정상 저렴한 호텔을 이용하는 계층은 비교적 실속을 차리고 실용적인 생활태도를 가지고 있는 사람들로서, 숙박은 저렴한 호텔에서 하고 식사와 관광은 알차고 고급스럽게 하는 계층을 겨냥해 개발한 것이다.

  ① Motel과 Motor Hotel의 형태로서 1970년 이후에 탄생하였다.

  ② 객실 요금은 일반적으로 $7~$10 선이다.

  ③ 대부분 식당이 없다.

  ④ 객실요금이 호텔에 비하여 20~50% 정도가 저렴하며 주요 고객은 가족 여행객이다.

- **Bungalow** : 열대지방 건축 형태의 일종으로 목조 2층 건물에 지붕은 야자나 갈대 잎으로 되어 있어 통풍이 잘되는 휴양지의 숙박시설을 말하는데, 국내에서는 해수욕장 주변, 기타 관광지에 설치된 단기숙박객을 위하여 가설한 소규모 목조 건물을 말한다.

- **Bus Boy** : 식당에서 식탁을 치우는 등 웨이터를 보조하는 종사원

- **Business Center** : 비즈니스 센터
  '사무실을 떠난 사무실(Office away from Office)' 개념을 도입하여 가정과 사무실의 복합적인 기능을 고려하고 비즈니스 고객을 위한 비서 업무, 회의시설, Fax 송수신, Copy, Typing, Computer 업무, Internet Access, E-mail 송수신 업무 등을 서비스하는 부서

- **Business Hotel** : 도심지에 위치하여 주로 비즈니스 목적을 가진 고객을 대상으로 하는 호텔

- **Butcher(Carver)** : 호텔 전체에서 필요한 고기를 적당한 크기로 베어 준비하는 부서

- **Butler(버틀러)** : 주류 관리자

C

- **CAB(Civil Aeronautics Board)** : 미국 내의 항공사 요금과 항로를 결정하는 정부기관

- **Cabana(카바나)** : 보통 호텔의 주된 건물로부터 분리되어 수영장이나 해수욕장 내에 위치한 호텔의 객실을 말한다. 침대가 있기도 하고 없기도 하며 그와 같은 목적이나 특별행사를 위해 사용되는 임시 구조물도 이에 포함된다.

- **Cafeteria** : 음식물이 진열되어 있는 진열 식탁에서 고객이 요금을 지불하고 음식을 직접 골라 가져와서 먹는 셀프 서비스 식당

- **Call Accounting System** : 전자 교환 시스템

- **Camp On** : 캠프 온

  객실 또는 구내의 각 부서로 전화연결시 통화 중일 때 캠프 온을 작동하고 잠시 기다리도록 하면 통화 중이던 전화가 끝났을 때 자동적으로 연결되어 통화할 수 있도록 하는 시스템이다.

- **Cancellation Charge** : 예약 취소 요금

  고객의 일방적인 호텔 예약 취소에 따른 예약 취소 요금으로 우리나라에서는 1994년 7월 1일부터 전국의 특2급(4성급) 이상의 호텔에서 실시하고 있다. 이 지침에 따르면, FIT 예약 고객의 경우 하루 전에 취소할 경우 객실요금의 20%, 숙박 당일 18:00 이전에 취소할 경우 50%, 18:00 이후의 해약을 포함하여 투숙하지 않을 경우에는 80%를 각각 지급해야 한다. 또한 15인 이상의 단체 고객의 경우 2일 이전에 취소할 경우 객실요금의 10%, 하루 전 해약은 20%, 숙박 당일은 30%, 2박 예약의 경우 40%를 각각 위약금으로 지급해야 한다고 규정하고 있다. 만일 예약한 고객에게 객실을 제공하지 못하면 고객에게 객실요금의 200%를 지불한다고 되어 있다.

- **Canopy** : 캐노피

  ① 닫집 모양의 덮개, 차양

  ② 낙하산의 바람닫이

  ③ 항공기 조종석의 투명한 덮개

- **Canteen** : 캔틴

  구내 매점, Staff Canteen은 직원 식당

- **Capacity** : 수용량, 수용 능력

  어떤 시설물이 그 곳의 특성상 보통 상태 그대로 유지하면서 사용할 수 있는 수용 한계를 말한다.

- **Captain** : 캡틴

  ① 항공기나, 선박의 기장(선장)

  ② 레스토랑에서의 접객 조장

  ③ 현관 서비스(Concierge, Bell Desk)의 분야에서의 Bell Captain

- **Carafe(Decanter)**

  ① 식탁, 침실, 연단용 유리 물병

  ② House Wine을 담아서 제공하는 Decanter(식탁용의 마개 있는 유리병)

- **Caravansary** : 고대 동양의 실크로드 중앙에 큰 뜰이 있는 대상들의 숙박시설, 큰 여관을 말한다.

- **Cart Service(Wagon, Trolley)** : 카트 서비스는 주방에서 고객이 요구하는 종류의 음식과 그 재료를 카트에 싣고 고객의 Table까지 와서 고객이 보는 앞에서 직접 조리를 하여 제공하는 서비스 형태이다. 일명 French Service라고도 하는데 가장 호화롭고 Showmanship도 필요하다.

- **Cash Bar** : 고객이 술값을 현금 지급하는 Bar로서 연회장 내에 임시적으로 설치된다.

- **Cash Out** : 호텔 캐쉬어가 수행하는 이 절차는 근무종료시 당일의 업무를 마감하여 금액 확인 및 결산을 보고하고 직무를 마치는 것이다.

- **Cash Register** : 금전등록기

  프런트 데스크에서 현금 거래와 수지를 조정하는 데 사용되는 기계이다.

- **Cash Sheet** : 현금 수급에 대한 보고서로서 원장이 아닌 Front Cashier에 의해 통제 및 보관되는 현금 수급 기록표

- **Cashier's Drop** : 캐쉬어스 드롭

  Cashier가 직무 마감시 각종 Bill과 현금 등을 넣는 장소를 말한다.

- **Cashier's Report(Cashier's Envelop)** : 출납 보고서

  교대 종료시 각 영업장 현금 수납원에 의하여 작성되는 입금액 명세서로서 현금 입금 봉투에 이를 미리 적어 내용을 정확하게 파악할 수 있게 되어 있다.

- **Cashier's Well(Tub Bucket, Pit)** : 계산이 정산되어 있지 않은 고객의 Folio 파일 철

- **Casino Hotel** : Gambling 등의 게임시설을 제공하는 호텔로 전체 수익 중 카지노에서 얻어지는 수익의 비율이 높은 호텔

- **Catering** : 출장 연회

  고객의 요청에 의하여 특정한 장소에 파티나 각종 음식 서비스를 위해 테이블, 의자, 기물 등을 옮겨 제공하는 것을 말한다.

- **Cellar Man** : 셀러 맨

  호텔의 저장실 관리인, Bar의 주류 창고 관리자이다.

- **Center Table** : 센터 테이블

  Sofa나 Easy Chair 중간에 놓는 테이블이다.

- **Chain Hotel** : 복수의 숙박시설이 하나의 그룹으로 형성되어 운영할 때 그것을 체인 시설이라 부르며, 일반적으로 3개 이상일 때 체인이라 한다. 세계 체인 호텔의 발달은 1907년 리츠 개발회사가 뉴욕시의 리츠 칼튼(Ritz-Carton) 호텔에서 리츠라는 이름을 사용하는 프랜차이즈 계약을 효시로 시작하였다.

- **Chalet** : 샬레

  방갈로보다 작은 열대지방의 숙박 시설로서, 스위스의 시골에 많은 차양이 길게 나와 있는 특색 있는 양식의 농가집을 의미한다. 피서지 따위의 산장, 별장을 말한다.

- **Chamber Maid(Room Maid)**

  ① 객실의 청소와 정돈을 맡은 여자

  ② 호텔의 객실, 침실 담당 여직원

- **Charge Back** : 고객 신용 거부

  호텔 고객의 신용카드가 어떠한 이유에 의해서 신용카드 회사로부터 후불을 거절당하는 것을 말한다.

■ **Chateau** : 샤토

빌라보다는 규모가 큰 관광지에 위치한 소규모의 숙박시설로 보통 100실 이내를 말하며, 건축 양식이나 프랑스의 성과 같은 저택으로 주변에 골프장과 승마장 시설을 갖추고 있다.

■ **Check In** : 입숙

고객이 프런트에 도착하여 고객의 인적사항을 요구하는 등록카드를 접수한 후 그 고객을 정해진 객실로 친절히 안내하기까지의 모든 행위이다.

■ **Check Out** : 퇴숙

고객이 객실을 비우고 객실 열쇠를 반환하고, 계산을 정산하고 호텔을 떠나는 것이다.

■ **Check Out Room** : 손님의 퇴실 후 청소가 되지 않아 판매하지 못하는 객실이다.

■ **Check-Out Time** : 퇴숙 시간

고객이 객실을 비워야 하거나 하루의 추가요금이 부과되는 시간의 한계점으로 일반적으로 정오(12:00)를 기준으로 한다.

■ **Check Room** : 체크 룸

고객의 물건을 보관하는 곳. 주로 모자, 외투, 가방, 책 등을 보관한다.

■ **Chef(Chef de Cuisine)** : 조리장

식당의 주방장을 일컫는다.

■ **Chilling** : 냉각

음식물이나 포도주 Glass 등을 차게 하여 냉장시키는 것이다.

■ **China Ware** : 사기 그릇

대부분 주방에서 취급하는 사기 그릇류를 말한다.

■ **Chit Style** : 식음료의 계산서

Check, Chit, Restaurant Bill이라고도 한다. 보통 3~4 Copy로 되어 있으며, 1부는 업장 보관용, 1부는 고객 제공용, 1부는 경리 제출용 등으로 분류된다.

- **Chit Tray** : 치트 트레이

  고객에게 잔돈을 거슬러 줄 때 사용하는 작은 쟁반을 말한다.

- **CIP(Commercial Important Person)** : 중요한 영향력이나 역할을 하는 중요 고객

- **City Hotel** : 도시 호텔

  Resort Hotel과는 대조적으로 비즈니스 및 쇼핑 등이 동시에 이루어질 수 있는 도시 중심가에 위치해 있으며 사업상, 공용으로 도시를 방문하는 장소 또는 사교의 장소로 이용된다.

- **City Journal** : 시티 저널

  호텔의 외래 고객에 대한 거래의 분개장이다.

- **City Ledger** : 미수금 원장

  호텔의 외상 매출장, 특히 비투숙객에 대한 신용 판매 발생분인 수취원장으로 후불장이라고도 한다.

- **Claim Reservation** : 예약을 하지 않았으나 예약했다고 주장하는 고객으로 가능한 객실을 제공하는 것이 좋다. 또는 예약을 하였으나 직원 실수로 예약을 누락하여 고객에게 객실을 제공하지 못하는 Over booking 상황에서 이를 강하게 Complaint하는 고객을 말한다.

- **Claim Tag** : 수하물 인환증

  화물을 맡겼을 때의 짐 표, 수하물 보관 표찰 등을 말한다.

- **Cloak Room** : 휴대품 보관소

  투숙객 이외의 방문객이나 식사 고객 등의 휴대품을 맡아 두는 장소를 말한다.

- **Closed Date(Full Date, Full House)** : 만실 일자

  객실이 만실이어서 판매가 불가능한 날짜이다.

- CND(Calling Name Display) : 고객의 이름과 객실 번호가 표시되어 나타나는 기계

    객실에서 고객이 수화기를 들면 등록된 고객 이름과 객실번호가 씨앤디 기계에 나타나므로 교환원이 응답시 항상 씨앤디를 보며 고객의 이름을 불러 준다.

- Coaster : 컵 밑에 받치는 깔판

- Cocktail for All Day : 식전이나 식후 또는 식탁과 관계없이 어디서나 어울리는 레저 드링크로서 감미와 신맛을 동시에 가지고 있으며 비교적 산뜻하고 부드러운 맛을 내는 것이다.

- Code : 의사소통의 편의를 위해 사용하는 숫자, 문자 또는 약자 시스템. 항공사에서는 공항, 항공사 및 서비스 형태를 확인하기 위하여 문자 Code를 사용한다.

- Collect Call : 수신자 요금 부담 전화

- Collected Bill : 식음료 계산 처리시 아무 이상 없이 정산이 완료된 계산서를 말한다.

- Commercial Hotel(Business Hotel) : 상용 호텔

    사업상의 목적을 가진 투숙객을 대상으로 하는 비즈니스 호텔을 말하며, 호텔의 특성상 도심지에 위치해 있다.

- Commercial Rate : 상용 요금

    할인요금의 일종으로 특정한 기업체나 사업을 목적으로 하는 비즈니스 고객에게 할인해 주는 제도이다.

- Commie : 웨이터를 돕는 보조원

- Commission : 수수료

    관광사업자가 여행업, 운송업, 숙박업 등의 관련 사업자에게 일정한 행위의 결과로 보수를 주는 할당비나 수수료이다.

- **Company Made Reservation** : 회사 보증 예약

  호텔에 도착하는 고객의 관련 회사가 예약을 보증하는 제도이다.

- **Compatible Room** : 큰 객실을 문으로 구분하여 각각 독립된 객실로 판매가 가능한 객실을 말한다.

- **Complimentary(Comp)** : 무료

  호텔에서 특별히 접대해야 할 고객이나 호텔의 판촉 촉진을 위해 초청한 고객에 한하여 요금을 부과하지 않고 무료로 제공하는 경우를 말한다. 주로 객실만 무료인 경우 Comp. on Room(Room only Comp)이라고 하며, 식사까지 무료인 경우 Comp. on Room & Meal(Room & Meal Comp)이라고 하고 모든 것이 무료인 경우는 Comp(Full Comp)이라고 한다.

- **Computer Reservation System(CRS, Central Reservation System)** : 컴퓨터 예약 시스템

  전자 예약 시스템의 일종으로 개개의 여행사, 호텔, 항공사의 컴퓨터가 주요 항공사가 운영하는 중앙 컴퓨터에 연결되어 있어 고객이 여행사에서 항공 및 호텔 예약을 할 경우 즉시 예약을 가능하게 하는 상호 연결 시스템이다.

  ① 항공사 운영 CRS 운영 망 : Sabre, Galileo, Amadeus

  ② CRS 중요 기능

  - 객실 요금 산정 및 호텔 패키지 상품 판매 촉진
  - 예약 확인 기능
  - 항공사, 여행사, 렌터카 등의 회사와 의사전달 용이(E-mail 사용)
  - 다양하고 광범위한 고객(Account) 관리
  - 수익관리(Yield Management, Revenue Management) 용이
  - 수수료 관리의 단순화
  - 예치금 및 환불계산 용이
  - 여행사, 항공사의 실적 자료 통계파악 용이
  - 예상 판매량 안내

- 객실 타입, 가격의 객실 인테리어 등의 Property 확인 가능
- 할인 가격 정보전달 용이
- 고객의 예약 선택 폭이 넓어짐

■ **Concession** : 호텔의 시설과 서비스를 임대하는 것

임대인을 Concessionaire라고 한다.

■ **Concierge** : 프랑스 궁전의 일정한 지역 내의 사법권을 행사하며 왕의 저택을 관리하던 공무원

벨 서비스라고도 하며 호텔에 관한 정보나 호텔 외부의 레스토랑, 관광 정보, 극장, 교통편 등의 각종 안내를 담당하는 등의 포괄적인 서비스를 고객에게 제공한다.

■ **Conductor Free** : 단체 안내원 무료

단체객 15인(실)당 한 사람에게 제공하는 무료객실을 의미한다.

■ **Confirmation Slip** : 예약 확인서

호텔에 예약한 고객에게 예약에 이상이 없음을 알려주는 일종의 확인서로서 통상 투숙자명, 도착일, 출발일, 객실 종류 등의 필요한 사항을 기입하여 고객에게 예약 사항을 확인하게 하는 것이다.

■ **Connection Room(Side by Side Room)** : 커넥팅 룸

인접해 있는 객실이 Connecting Door로 연결되어 있어 2개의 객실을 한 개의 객실처럼 이용할 수 있는 객실로, 가족 단위의 객실용으로 이용된다.

■ **Consomme(Cream Soup)** : 수프의 일종으로 Bouillon을 맑게 한 것. 육류, 야채 등을 삶아 만든 즙을 헝겊에 걸러 만든다.

■ **Consumer's Transaction Service(CTS)** : 긴급 거래 정지 서비스

신용카드 회원의 카드 도난, 분실 신고시, 카드사에서 온라인상의 단말기를 이용하여 한국정보통신 주식회사의 컴퓨터에 긴급 거래 정지를 등록, 제3자의 불법사용을 사전에 방지해 주는 서비스이다.

- **Continental Plan(CP)** : 대륙식 요금제도

  객실요금에 아침식사만 포함되어 있는 요금지급 방식이다. 호텔에서는 간단한 아침식사를 객실요금에 포함시킴으로써 고객에게도 큰 부담을 주지 않게 하고 매출을 올릴 수 있다.

- **Contraband** : 법적으로 반입이나 반출이 금지된 품목

- **Control Chart(Control Sheet)** : 예약 조정 상황표

  객실 예약에서 당일 또는 특별한 날의 객실 상황을 표시하여 예약 직원이 특정한 예약을 접수하지 못하게 하거나, 판매를 장려할 수 있다. 객실의 원활하고 효과적인 Room Control이 가능하다.

- **Convention** : 회의 분야에서 일반적으로 쓰이는 용어로서 정보전달을 주목적으로 하는 정기 집회를 뜻한다.

- **Convention Bureau** : 각종 회의

  Convention을 준비하는 업체 및 그 Organizing Office를 말한다.

- **Convention Service Manager** : 호텔의 연회나 다양한 컨벤션 활동의 유치, 제반사항을 총괄하는 총책임자

- **Conventional Bed** : 재래식의 침대구조

  Head Board와 Foot Board가 붙어 있다. 침대의 Frame에서 약간 낮게 매트리스가 꼭 끼어 들어가게 되어 있는 침대를 말한다.

- **Conventional Hotel** : 회의, Convention을 유치하기 위해 지어진 호텔 다양한 규모의 회의장 및 시설, 회의 참가자가 투숙할 수 있는 충분한 객실이 확보되어 있어야 한다.

- **Conversion Table** : 환산표

  환전시 교환 환율이 적혀 있는 표로서 환율표라고도 한다.

- **Copy Key(Second Key)** : 고객이 투숙시 제공한 객실 Key 이외에 고객이 추가 Key를 원할 때 제공하는 열쇠

- **Corner Room** : 코너 룸

  호텔 건물의 구석에 위치해 있는 객실이다.

- **Corporate Rate** : 상용고객 객실 요금

  상용고객 확보를 위하여 기업체 및 단체 등을 대상으로 한 계약 객실요금으로서, 예상 고객의 현황에 따라 객실 차등요금이 적용된다.

- **Corsage** : 코사지

  결혼식, 회갑, 생일 등의 파티에서 주빈의 가슴 앞에 다는 꽃이다.

- **Cost** : 원가

  원가의 3요소로는 Material Cost(재료비), Labor Cost(노무비), Expense(경비)가 있다.

- **Couch Bed** : 코우치 베드

  Couch는 잠자는 의자, 소파란 의미이며 스튜디오 베드와 같은 개념으로 주간에는 소파로 야간에는 침대로 이용된다.

- **Counter Service** : 조리장과 붙은 카운터를 식탁으로 하며, 고객이 직접 조리과정을 지켜보며 식사를 할 수 있는 방식이다.

- **Covers(Seat Capacity)** : 식음료 서비스를 받을 수 있는 총 인원수

- **Cover Charge**

  ① 식당의 자리 값

  ② 식음료 대와는 별도로 테이블 서비스(Table Service)에 대한 봉사료

  ③ Night Club이나 Cabaret 등에서 무대를 잘 볼 수 있는 좌석에 붙이는 것

- **Cradle** : 적포도주를 제공할 때 쓰이는 철로 된 바구니

- **Credit** : 신용

  수취 계정상 감소를 나타내며, 회계 용어로 대변이라고 불린다. 차변의 반대 용어이다. 또한 요금 지급에 대한 연장 기간을 말한다.

- **Credit Check** : 프런트 직원이나 프런트 캐쉬어가 호텔 고객의 지급 능력을 조사하기 위해 고객이 제시한 신용카드를 Check의 유효기간 및 지불한도, 잔여한도 등을 확인하는 업무이다.

- **Credit Limit(Credit Line)** : 카드 소지자의 신용한도

- **Credit Manager** : 여신관리자

  호텔의 후불담당 책임자로서 개인 고객, 회사 및 단체의 후불조건 등을 승인하고 관리하는 책임자

- **Cross Sell** : 교차 판매

  판매 촉진의 일환으로 고객에게 서비스를 제공하는 종업원이 자신이 판매하고 있는 상품뿐만 아니라 호텔 내의 다른 상품 혹은 제3의 호텔 상품을 판매하는 활동. 특히 체인 호텔에서는 Cross Sell 활동을 활성화하기 위하여 체인에 가입되어 있는 호텔들의 상품을 판매할 수 있도록 정기적인 교환방문 및 서비스 교육을 실시하고 있다.

- **Cross Training** : 교차 교육

  하나의 직무 이상을 충족시키기 위한 종업원 교육 훈련이다.

- **Cuisine** : 요리

- **Current Liability** : 유동부채

  고정부채와 상대되는 개념으로 결산일로부터 1년 이내에 그 결재일이 당도되는 부채이다. 이에 해당하는 예로는 외상 매입금, 지급어음, 당좌차월, 단기차입금, 미지급 비용, 선수금, 기타 미지급금 등이 있다.

- **Cut Off Date** : 고객이 호텔에 사전 예약한 객실을 사용하지 않아 일반 고객에게 예약을 받은 날짜

D

- **Daily Pick-up Guest(Today's Reservation)** : 당일 예약
  프런트에서 당일 객실 상황을 파악하여 판매 가능한 객실이 있을 때 당일 예약을 접수하게 된다.

- **Daily Report** : 일일보고서
  부문별 수익과 비용을 그 당일에 기록하여 당일 경영이익을 계산할 수 있게 만든 회계 보고서

- **Data Base Marketing** : 데이터 베이스 마케팅
  과거의 정보를 면밀히 분석한 후 시장의 현황을 정확히 파악한 결과에 따른 마케팅 활동으로 호텔의 수익 공헌도에 따라 마케팅 비용을 적절히 배분하고, 불특정 다수가 아닌 실질적으로 호텔 수익과 관련이 있는 시장 및 대상에 대한 집중적인 마케팅 활동을 펼친다.

- **Day Shift** : 주간 근무
  호텔 종업원의 근무시간으로 보통 07:00~15:00까지를 말한다.

- **Day Use Charge(Part Day Use, Day Rate)** : 분할 요금
  호텔에서 객실점유율을 높이기 위해 고객이 주간에 이용한 요금을 할인하여 받는 요금 방법. 분할 요금은 같은 날 도착과 출발하는 고객에게 적용된다. 일반적으로 10:00~17:00 사이의 요금으로 객실 요금은 보통 30~50% 정도를 할인하여 부과한다.

- **Dead Room Change** : 투숙한 고객의 부재로 인해 호텔이 객실을 변경하는 것

- **Demi Pension(Modified American Plan, Half Pension Dual Plan)** :
  숙박 요금제도의 하나로서, 미국에서는 객실료에 아침식사와 저녁식사를 포함하는 것이다. 유럽에서는 객실료에 컨티넨탈 조식과 중식이나 또는 고객에게 선택되도록 하는 방식이다.

- **Density Board(Density Chart, Tally Sheet)** : 객실예약 현황판

  객실별 예약밀도 도표. 예약 객실 수를 객실 유형별로, 즉 싱글·트윈·더블 등으로 나누어 일변하기 쉽게 통제하는 도표

- **Departure List** : 출발 고객 명단

- **Deposit** : 객실의 예약금

- **Deposit Reservation** : 선수 예약금

  객실예약, 기타 부대 시설의 예약을 위해 고객이 미리 지급하는 선수금이다.

- **Did Not Arrive(D.N.A)** : 예약 후 취소

  호텔에 예약을 했던 고객이 나타나지 않은 경우와 전화로 취소하는 경우이다. D.N.A는 No Show와 예약 취소의 복합적 의미를 가지고 있다.

- **Dine Around Plan** : American Plan 및 수정된 American Plan(Modified American Plan)의 객실요금 방식으로 고객에게 저녁식사를 제공하는 요금형식

- **Direct Mail(DM)** : 디렉트 메일

  고객의 판촉 담당직원이 고객 유치를 위해서 호텔의 인센티브를 살린 다양한 형식의 우편물을 고객의 가정이나 거래처, 회사, 여행사, 각종 사회단체 등에 발송하는 것이다.

- **Discount of Guide Rate** : 가이드 할인 요금

  고객과 동행하는 가이드 및 여행사 직원에 대해 숙박요금을 할인하는 제도이다.

- **Discount Group Rate** : 단체 할인 요금

  여행 알선 업자와 계약을 체결하여 단체 고객을 유치하기 위한 할인 제도이다.

- **DNCO(Did Not Check Out)** : 디엔시오

  고객의 계산을 결산하도록 만들어 놓았는데 프런트 데스크에 통보 없이 떠나버린 고객으로 Skipper와는 다르다.

- **Do Not Disturb(DND)** : 방해 금지

  객실에 종업원의 출입을 금지하는 표시로서 고객이 문에 걸어 두는 표지. 고객이 객실 내 소지품이 중요하다고 생각되거나 자신이 외부에 알려지기 꺼릴 때 이 카드를 사용한다. 보통 카드 뒷면은 객실청소를 요청하는 Make Up 카드로 되어 있다.

- **Dock** : 호텔의 후문. 호텔에서 필요로 하는 용품제공 장소이며, 종업원의 출입구, 빈병 및 빈 상자보관장소, 쓰레기 반출장소를 말한다.

- **Door Backing** : 객실 문을 닫을 때, 충격을 방지하게 하는 고무장치

- **Door Bed** : 헤드보드(Head Board)가 벽에 연결되어 있어 90도로 회전하여 침대로 사용할 수 있는 침대

- **Door Chain** : 객실 문을 안에서 거는 쇠줄(방범용으로 5~6cm만 문짝이 열리도록 된 장치)

- **Door Closer** : 비상구 문 뒤에 달려 있으며, 천천히 닫히는 장치

- **Door Knob Menu** : 도어 놉 메뉴

  객실 문 안쪽 손잡이에 걸려 있는 것으로 아침식사 메뉴로 사용된다. 보통 메이드가 테이블이나 침대 위에 올려놓는다. 고객이 메뉴에 주문내용을 기입한 후 문 바깥쪽 문 걸이에 걸어 놓으면, 룸 서비스 직원이 Pick-up한 후 고객이 원하는 시간에 배달한다.

- **Double Dooring** : 무전숙박

  호텔 정문으로 들어와서 뒷문으로 도망치는 고객

- **Double Double(Twin Double, Family Room)** : 2개의 더블 베드를 가지고 있는 침실 또는 2명부터 4명까지 수용할 수 있는 객실

- **Double Occupancy** : 객실에 두 명이 투숙하는 것

  판매된 객실 수에 두 배로 투숙한다는 의미로 이를 통하여 식음료, 세탁, 기타 부대시설 등에 관한 매출 예상을 기대할 수 있다.

- **Double Occupancy Rate** : 객실 하나에 2인이 투숙하여 추가한 사람의 추가 요금을 말한다.

- **Double Room** : 2인용 침대를 설비한 객실로 객실의 넓이는 16m² 이상이며, 침대의 규격은 138cm×195cm 이상이다.

- **Downgrade** : 호텔의 객실사정으로 인해 예약을 받은 객실보다 저렴한 가격의 객실에 고객을 투숙시키는 것

- **Down Town Hotel** : 다운타운 호텔
  도시와 비즈니스 중심가에 위치하는 호텔이다.

- **Drapes** : 연회행사 테이블에 길게 드리우는 테이블용 덮개

- **Dual Plan** : 혼합식 요금제도로서, American Plan이나 European Plan을 선택할 수 있는 형식으로 두 가지 형태를 모두 도입한 형식

- **Due Back(Exchange, Due Bank, Difference Returnable)** : 호텔 캐셔 근무 중 고객에게 받은 금액이 결산시 순이익보다 현금이 초과한 경우이다. 이러한 경우에는 차이가 나는 현금가액을 프런트 캐셔에 넘겨서 정리한다.

- **Due Out** : 호텔 측에서 고객이 예약 기간 동안만 머무르고 퇴숙할 것이라고 예측한 객실

- **Dump** : 호텔 고객이 지정된 예약일자나 시간보다 미리 퇴숙(Check Out) 절차를 밟는 것

- **Duo Bed** : 듀오 베드
  낮에는 싱글 침대와 소파로 사용되고, 직각으로 벽에 접으면 나이트 테이블이 된다. 밤에는 싱글 침대 부분을 90도로 회전하여 소파에 밀착시키면 더블침대로 사용할 수 있다.

- **Duplex** : 듀플렉스

  2층으로 된 스위트룸의 하나로, 응접실이 아래층에 있고 침실이 상층에 있다.

- **Duty Free Shop** : 외국인 관광객을 위한 면세품을 판매하는 상점

- **Duty Manager** : 당직지배인

  호텔 현관 입구에 위치해 있으며, VIP 영접, 고객의 불평불만 처리와 비상사태 및 총지배인 부재시 직무대리 등 일반적으로 밤 시간대부터 그 다음날 오전까지 근무를 한다.

E

- **Early Arrival(Early Check In)** : 조기 도착 고객

  예약한 일자보다 일찍 호텔에 도착하는 고객이다.

- **Early Arrival Occupancy** : 조기 도착 점유율

  고객이 예약한 일자보다 조기 도착한 경우 Check Out시간 전에 입실이 가능하도록 객실을 확보하는 것이다.

- **Early Check Out** : 조기 출발

  고객이 예약한 일자 보다 일찍 퇴숙 또는 호텔이 정한 Check Out Time(정오 12시)보다 이른 시간인 새벽이나 식사 전에 출발하는 경우를 말한다.

- **Employee Folios** : 직원용 거래계정

  호텔 내에서 업무와 연결하여 종업원이 고객관리 또는 판촉을 위하여 사용하는 경우에 외상구매권을 제공하여 사용하고, 이때 발생하는 거래는 비고객 계정과 같은 방식으로 처리된다.

- **Energy Management System** : 에너지 관리 시스템

    호텔 내에 있는 기계적 장비 운영을 자동적으로 관리하도록 설계된 컴퓨터화된 통제 시스템으로 다음과 같은 것들이 있다.

    ① 수요에 의한 통제(Accessed Control)

    ② 강제 순환(Duty Control)

    ③ 객실 자동 센서(Room Occupancy Sensor)

- **Entertainment** : 엔터테인먼트

    호텔 서비스에 있어서 환대, 접대, 즐거움, 오락, 여흥 등의 의미를 갖는 서비스 개념이다.

- **Entree** : 식사 코스의 중간에 나오는 순서의 것으로 정찬의 메인(Main) 코스를 의미한다. 육류·생선이나 파스타가 제공되기도 한다.

- **ETA(Estimated Time of Arrival)** : 호텔을 이용하고자 하는 고객의 도착 예정 시간

- **ETD(Estimated Time of Departure)** : 호텔에 숙박하고 있는 고객의 출발 예정 시간

- **European Plan** : 유러피언 플랜

    객실료와 식사 요금을 분리하여 각각 별도의 계산을 하는 방식. 고객에게 식사를 강요하지 않고 고객의 의사에 따라 식사는 별도 제공된다.

- **Exchange House** : 환전상

    외국 통화의 매매 및 외국에서 발행한 여행자 수표의 매입을 환전이라고 하며, 외국환 은행이 아닌 법인 또는 개인도 외국환 관리 법령에서 정하는 요건을 갖추면 환전상 업무를 취급할 수 있다.

- **Exchange Rate** : 환율

    외국환의 거래는 자국 통화 대 타국 통화의 매매시 교환 비율을 말하며, 자국 통화의 국내에서의 구매력을 대내 가치라고 하면 외국에서의 구매력은 외화와 교환되므로 환율은 자국 통화의 대외 가치라 할 수 있다.

- **Executive Chef** : 조리장

  모든 음식을 조리하고 준비하는 책임을 지니고 있으며, 전반적인 식음료
  부문에 대한 지식이 있어야 한다. 식품조리에 대한 책임을 지고 있으며,
  메뉴의 개발과 구성 등이 주 업무이다.

- **Executive Floor(Executive Club)** : 귀빈 층

  '호텔 내의 호텔', '귀빈 층'이라 불리고 있으며 잦은 해외 출장, 바쁜 스
  케줄, 복잡한 업무에 시달리는 현대 비즈니스맨들을 위해 보다 차별화된
  서비스를 제공하는 호텔 내의 특별 층이다. Concierge가 상주하면서 항
  공, 타 호텔예약, 비서업무, 통역, 클럽 라운지 운영, Express Check In
  및 Out, 회의 등 세심한 편의 시설을 제공한다.

- **Expected Market Share of Hotel** : 예상 시장 점유율

  자사 호텔의 판매가능 객실 수를 경쟁호텔의 판매가능 객실 수로 나눈 값이다.

- **Express Check-In / Out** : 프런트 데스크에서 대기해야 할 번거로움
  을 없애기 위하여 전산 처리하는 방법으로, 고객의 입숙과 퇴숙을 신속하
  게 제공하는 서비스

- **Extension** : 투숙객의 숙박 연장, 체재 연장 또는 전화의 내선

- **Extra Bed** : 객실에 정원 이상의 고객이 투숙할 때 임시로 투입되는 침
  대로 접이식의 이동하기 편리한 Roll Away Bed을 말한다. 일반적으로
  제공시 추가 요금이 부가되며, Family Plan으로 투숙시 무료로 제공되
  는 경우도 있다.

- **Extra Charge** : 추가 비용

  ① Check Out Time 이후의 객실을 사용할시 초과 요금
  ② 통상 요금 이외의 비용, 즉 Package Tour에서 여행 경비에 포함되어
    있는 비용 이외의 소요되는 비용

안심Touch

- **Face Reading**

  ① 고객을 처음 맞을 때, 고객의 외모에서 순간적으로 고객을 파악하는 감각적인 요령

  ② 고객이 원하고 필요로 하는 것을 인지하여 서비스 제공에 보다 능동적으로 대처하는 것

- **Familiarization Rate(FAM. Rate)** : 호텔에서 가족 숙박객을 위하여 객실, 식음료 등이 할인된 요금

- **Family Hotel** : 가족호텔

  저렴한 가격의 가족 단위 숙박 형태로 공동 취사장이나 가족 단위의 개별 취사 시설을 갖추고 있다.

- **Family Plan** : 부모와 함께 동행한 14세 미만의 어린이에게 Extra Charge없이 Extra Bed를 제공하는 것

- **Farm Out** : 호텔객실이 모두 만실이 되어 고객을 빈 객실이 있는 다른 호텔로 보내는 것으로, 예약고객에게 객실을 판매할 수 없는 경우에 적용된다.

- **Firm Account(Corporate Account)** : 회사 거래

  호텔과의 거래에 의해 지정된 회사나 거래사에 대한 외상 거래를 기록하는 계정

- **First In First Out(FIFO)** : 선입 선출법

  소비자 재고 자산의 단가 결정에 있어, 먼저 구매되어 들어온 것이 먼저 소비된다는 것을 가정하여 매입순으로 단가를 적용시키므로 매입 순법이라고 한다. 반대로 기말 재고액은 시가에 가까운 것을 나타내게 되어 합리성을 가진 방식이다. 인플레이션하에서의 적용은 이익으로 표시되고, 디플레이션하에서는 이익이 적게 계산된다.

- **FIT(Foreign Independent Tour)** : 외국인 개별 여행객

  개인으로 움직이는 여행 및 개인 여행객을 말한다.

- **Fitness Center** : 호텔의 부대시설로 고객의 심신과 체력을 증진할 수 있는 여가 공간으로서, 사우나·헬스클럽·수영장·스낵 바 등의 시설을 갖춘 장소이다.

- **Flat Rate** : 균일 요금

  단체 고객이 호텔에 숙박하는 경우, 요금이 다른 객실을 사용하더라도 그것을 균일화한 특별 요금이다.

- **Floatel** : 여객선이나 페리호 그리고 유람선 같은 해상을 운행하는 배에 있는 플로팅(Floating) 호텔

- **Floor Clerk** : 각 층에서 Front Clerk의 업무를 수행하는 직원

- **Floor Station** : 플로어 스테이션

  객실의 정비나 장비를 위한 장소의 개념으로 가구류, 집기류 등이 설비되어 있고, 린넨 등을 수납한 창고 및 냉장고 설비가 되어 있는 장소이다.

- **Floor Supervisor(Floor Housekeeper, Inspector, Inspectress)** : 층 감독자로 객실의 층과 같은 호텔 내의 특정한 장소에 대한 임무가 주어진다. 하우스 키핑 직원들의 업무 수행에 필요한 보급품이나 도구를 갖추고 있는지 살피고, 직원의 작업 상황을 직접 감독한다.

- **Folio Well(Guest Folio Holder, Folios Box)** : 원장 보관함

  원장 랙이나 버켓으로 불리기도 하며, 고객원장을 유지하도록 설계된 파일로서 고객의 이름은 알파벳 순서로 정렬되어 있으며 보통은 객실번호별로 색인되어 있다.

- **Food and Beverage(F&B)** : 식음료

- **Food Cost** : 요리에 사용되는 재료의 원가로 총매출액 대비 식자재 구입비용의 비율을 말한다.

- **Forecast** : 예상 예측

  과거의 영업 실적을 분석하여 미래에 대한 수요를 예측하는 것으로 호텔 상품의 판매 등 영업 예측을 말하며 영업 예측은 일별 · 월별 · 연별로 구분한다.

- **Forwarding Address** : 투숙객이 퇴숙할 때 Mail, Fax, Message를 도착 예정지로 받기를 원할 경우 차후 도착 예정지의 주소, 연락처를 받아서 퇴숙한 고객에게 전달될 수 있도록 하는 서비스

- **Foreign Exchange Rate** : 외국환율. 자국 화폐와 교환되는 화폐의 비율

- **Forfeited Deposit(Lost Deposit)** : 보증금 예치

  고객이 호텔에 예약한 후 예약을 취소하지 않고 나타나지 않을 경우를 대비해 받는 예약금이다.

- **Fragile Tag** : 깨지기 쉬운 물품 표시

  고객이 물품보관소에 수하물을 보관할 경우 주류 등 깨지고 부서지기 쉬운 물품의 취급에 주의를 요하는 표시이다.

- **Franchise** : 명칭사용관리에 대한 로열티를 지불하고 체인으로 가입한 개인소유의 호텔 또는 식당

- **Franchise System** : 호텔이나 식당에서 프랜차이즈 체인화를 추진하는 시스템

- **Frequent Guest** : 단골 고객

  자사 호텔을 2회 이상 이용한 고객으로 호텔에서는 마케팅 비용을 절감하고 구전을 통한 마케팅으로서 호텔의 상표 충성도를 높이기 위하여 단골고객 확보에 주력하고 있다.

- **Front of the House** : 영업 부서

  호텔의 영업부문으로서 고객의 투숙기간 중에 직접 대면하게 되는 호텔의 Lobby, Front Desk, 객실, House Keeping, Banquet, F&B 등 호텔의 수익부문을 의미한다.

- **Front Office** : 프런트 오피스

  호텔의 중심이 되는 곳으로 현관은 호텔이 고객을 만나는 지점(Point of Guest Contact)인 동시에 고객을 환송하는 장소이다. 고객의 Check In, Out을 담당하는 곳으로 고객의 불평 불만을 접수 · 해결하며 고객과 소통하는 역할을 수행한다.

- **Front Office Cashier** : 투숙객이 Front에 등록 후 동시에 업무가 발생되는 부서로 투숙객의 객실료, 식음료, 기타 시설 이용에 따른 비용 발생에 대하여 통합 정리하고 징수하는 곳

- **Front Office Manager** : Front Office의 총책임자. 현관지배인

- **Full House(No Vacancy)** : 만실

  전 객실이 판매되어 빈 객실이 없는 100%의 판매 점유율을 나타낸다.

- **Full Service** : 제한적인 호텔 서비스와 대조적으로 호텔 내의 모든 상품과 완전한 서비스가 제공됨을 뜻한다.

- **Fund** : 환전 자금

  경리부로부터 General Cashier가 차용하여 각각의 회계원이 영업할 수 있도록 가지급 형식으로 차입하여 환전 마감시 외환과 잔금을 합하여 차입액과 함께 General Cashier에 입금한다.

- **FY(Fiscal Year)** : 회계연도

  예산기간은 보통 1년으로 하는데 1월 1일부터 12월 31일까지를 회계연도로 설정하여 운영하고 있다.

G

- **Garni** : 레스토랑의 시설 자체가 없는 호텔
- **General Cashier** : 회계

  1일 영업 중에서 발생하는 현금 결제 계정을 총괄 취합, 그 현금을 은행에 입금하여 영업장 영업에서 소요되는 현금의 가지급 및 회수, 관리 등을 감독한다.

- **General Manager(GM)** : 총지배인

  최고 경영진에서 결정한 기본 정책 수행의 책임자. 객실지배인과 당직지배인을 지휘 · 감독하며 기타 부분을 총괄한다.

- **Give Away** : 판촉물

  판매 촉진을 위한 경품이나 무료 제공품으로 예를 들어 호텔에서의 마케팅부서나 여행업자가 패키지 상품으로 호텔 이용객에게 제공하는 호텔 가방, 모자, 컵, 타올 등을 말한다.

- **Go Show** : 고 쇼우

  호텔의 빈 객실이 없을 경우 Check In 예정 고객 중 예약 취소나 No Show로 빈 객실을 구하려고 기다리는 고객이다.

- **Government Rate** : 공무원들에게 적용된 객실 할인율
- **Grand Master Key(Shut Out Key, Double Lock Key)** : 그랜드 마스터 키. 호텔 내의 모든 Double Lock 된 객실도 열 수 있는 Key
- **Grand Total** : 공급가액과 판매가액의 총합을 말한다. 호텔에서 발생하는 단가에 봉사료(Service Charge)를 합하면 공급가액이라고 하고, 공급가액에 부가가치세를 합하면 판매가액이 된다.

- **Group Coordinator** : 단체 담당 직원으로 담당 업무는 다음과 같다.
  ① 단체 고객 숙박 등록, 객실 배정, 단체 투숙자 명단(Group Rooming List)의 접수 및 정리
  ② 식사시간, 종류, 요금, 장소, 행사장 등 예약 단체에 대한 확인
  ③ 예약 접수와 관련 부서에 해당 사항을 연락 및 조정
- **Gross Operating Profit(GOP)** : 영업이익
  영업으로 발생된 순이익으로서 감가상각, 이자, 법인세 이전의 이익이다.
- **Group Rate** : 호텔 객실요금의 하나로서 단체객을 위한 단체 요금
- **Guaranteed Rate** : 계약 요금
  호텔과 기업 간의 계약으로 매년마다 기업에 의해 사용하는 객실 점유율을 고려하여 점유 기간과 관계없이 정찰 가격에 대한 보증금이다.
- **Guaranteed Reservation(Guaranteed Payment)** : 지급 보증 예약
  호텔이 고객의 객실 예약을 보증 확인한 것으로 만약 투숙할 고객이 도착하지 못할 경우라도 객실 요금을 지급할 것을 약속 받은 객실 예약을 말한다. 만약 투숙하지 못할 경우나 취소를 할 경우에는 호텔의 규정에 따른다.
- **Guest Charge** : 고객의 청구서에 기재된 모든 청구액(전화, 미니 바, 부대 시설 사용료 등에 대한 비용의 합계)
- **Guest Count** : 등록된 고객의 수. 즉, 투숙 고객의 인원
- **Guest Elevator** : 고객 전용 엘리베이터
  Front Elevator라고도 하며 고객을 동반하는 Bellman을 제외한 일반 직원의 출입이 금지된 고객 전용 엘리베이터를 말한다.
- **Guest History Card** : 고객 이력 카드, 고객 관리 카드
  고객의 방문 기록 카드로 지정된 객실, 객실료 등 고객의 특별한 요구사항이나 취향을 기록하여 보다 나은 서비스를 위해 보관하고 관리한다.
- **Guest House(Tourist House)** : 침실 제공을 목적으로 여행자에게 대여할 수 있는 객실을 갖추고 있는 건물

- **Guest Ledger(Room Ledger, Transient Ledger)** : 고객 원장

  호텔 회계에 있어 미수금 원장과 구분되는 것으로 등록된 고객에 대한 원장

- **Guest Night(Guest Day)** : 고객 일일 숙박

  고객이 호텔이나 모텔 등 기타 숙박업소에 당일 숙박을 한 후 숙박업소의

  숙박 규정에 의거하여 당일 Check Out하는 것이다.

- **Guest Relation Officer(GRO)** : 일반적으로 외국인 고객들의 편의를

  제공하기 위하여 고객 상담 및 안내를 맡은 직무

- **Guide Rate** : 여행단체의 안내를 맡고 있는 Guide에게 적용하는 특별

  요금

H

- **Handicap Room** : 객실에 비치된 시설 및 장치, 구조, 가구 등이 손상

  되어 있는 객실로 객실가격이 저렴한 것이 특징

- **Happy Hour** : 해피아워

  호텔의 식음료 업장(라운지, 칵테일 바 또는 Pub)에서 하루 중 고객이 붐

  비지 않는 시간대(보통 14:00~18:00)를 이용하여 저렴한 가격으로 또는

  무료로 음료 및 스낵을 제공하는 서비스로 판매 촉진 상품의 하나이다.

- **Heal Luggage** : 숙박료 지급 대신에 고객의 물건을 담보로 잡아 두는 것

- **Hermitage** : 산장

  내륙 관광지에서 산을 배경으로하여 남향으로 되어 있으며 주로 휴양객,

  등산객 그리고 스키어 등이 이용하는 소규모의 숙박 시설이다.

- **High Season(Peak Season)** : 성수기

  관광객이 가장 많이 방문하는 계절이다.

- **Highway Hotel** : 고속 도로변에 세워진 호텔

  자동차로 여행하는 사람을 위한 시설로 모텔과 유사한 형태의 호텔이다.

- **Historical Revenue Report** : 수익 기록 상황 보고서

  호텔의 모든 부문 수익 발생에 있어서 과거의 실적을 전반적으로 나타내는 보고서로 금년, 금월, 금일의 실적과 전년 동월, 동일의 실적을 함께 볼 수 있도록 작성된다.

- **Hold Laundry** : 세탁을 의뢰한 고객이 갑자기 귀국한다든지 타 호텔로 옮긴다든지 하여 보관하였다가 차후에 돌려받을 때가 있는데, 이 경우 세탁요금의 유보를 말한다.

- **Hold Room Charge** : 고객이 항공기 지연이나 개인의 업무상 사정으로 호텔 도착이 늦어질 때, 객실을 예약하고 호텔에 도착하지 않을 때, 그 객실을 타인에게 판매하지 않고 보류시킨 경우로서 당초의 예약대로 요금을 징수하게 되는 것이다.

- **Hollywood Bed** : 할리우드 베드

  일반적인 호텔의 객실 침대로 Foot Board만 없고 매트리스를 프레임 속에 끼워 넣지 않고 같은 프레임과 같은 넓이로 만들어 올려놓게 한 침대이다. 걸터앉기가 편리하고 그 높이를 조정하여 소파 대용으로 쓰기도 하며, 두개를 이어 놓으면 더블베드가 되기도 한다.

- **Hollywood Length** : 보통 여분이 긴 베드로서 240~250cm의 길이로 특별한 고객을 위한 침대

- **Horwath Method** : 1930년대 호워드 앤드 호워드 호텔 회계 법인에 의해 이용된 객실 요금 결정 방법으로 제일 처음 적용한 호텔이 시카고의 파머 하우스이다. 대부분의 호텔들이 선택한 이 방법은 객실당 건축비에 따른 요금 결정 방법이라 할 수 있다. 객실당 총 건축비의 1,000분의 1이 평균 객실료가 된다는 이론이다.

- **Hospitality Industry** : 환대 산업

  관광 산업 또는 호텔 산업의 동의어 개념으로 사용되고 있으며, 실질적인 환대 산업은 서비스산업에 있어 숙박 산업(Lodging Industry), 관광 산업(Travel Industry), 식음 산업(Food Industry), 레스토랑 산업(Restaurant Industry)을 말하는 것이다.

- **Hospitality Room** : 총지배인이나 객실 담당 지배인의 허락하에 단체의 수하물을 보관하거나 일반 고객의 의상 등을 잠시 갈아입는 등의 목적으로 제공되는 객실이며, 객실 요금은 부과하지 않는다.

- **Hospitality Suite** : 숙박 목적이 아닌 오락 및 연회 목적으로 사용되는 객실

- **Host** : 주최자

  고객을 영업하거나 환영하는 사람으로서 고객의 특별한 요구를 돌본다.

- **Hostel** : 호스텔

  도보 여행자나 자동차 여행자용의 값이 싼 숙박 시설로써 청소년, 클럽 회원 또는 여행자와 같은 특정한 이용자의 편의를 위해 운영된다.

- **Hot List(Cancellation Card Bulletin)** : 크레디트 회사에서 발행한 카드의 무효자 명부로 카드의 분실 또는 도난된 것의 취소를 알리는 데 사용된다.

- **Hotel Charter** : 호텔 규정

  호텔 경영의 기본적인 사항에 대한 국제적이고 통일적인 기준이다.

- **Hotel Crew** : 유람선 내의 객실 승무원

- **Hotel Direct Cost** : 호텔 직접비

  원가 요소에 있어 어느 특정 부문에 직접적으로 부과되는 원가로 직접 재료비, 물품비, 부문 인건비, 직접 경비 등을 말한다.

■ **Hotel Exchange Rate** : 호텔 환율

호텔 프런트 캐셔에서 환전원이 정부 지정 통화의 당일 환율 거래를 거래 외국환 은행으로부터 통보받아 이를 고객에게 고시하고, 적용·환전하며 환전액의 100분의 1 범위 내에서 환전 수수료를 받을 수 있다.

■ **Hotel Fix Cost** : 호텔 고정비

호텔의 매출액 또는 업무량과는 관계없이 소비되는 원가로서 정규 직원의 인건비, 재산비, 공공장소의 전열비 등과 같은 비용을 말한다. 호텔업은 특히 고정비의 비율이 높은 특성을 가진다.

■ **Hotel Information System(HIS)** : 호텔 정보 처리 시스템

회계 처리, 고객 관리, 예약 정보를 중심으로 한 호텔 서비스 향상을 위한 시스템으로 실시간 처리되는 시스템과 후방 업무의 자료 처리를 위한 각종 자료 작성과 경영관리 업무 보고에 중점을 둔 시스템이다.

■ **Hotelier** : 호텔리어

호텔 경영자 또는 호텔 업자, 호텔 지배인, 소유주를 총칭하는 말이다.

■ **Hotel Package** : 호텔 패키지

호텔에서 교통 편의와 객실 및 기타 부대시설의 사용을 포함한 일괄적인 서비스이다.

■ **Hotel Pay** : 호텔 요금

호텔 객실의 요금 계산 기준(한국은 보통 정오부터 익일 정오까지 요금 기준)이다.

■ **Hotel Personal** : 호텔 직원

호텔과 같은 숙박업에서 근무하는 직원이다.

■ **Hotel Porter** : 호텔 포터

호텔에서 고객의 짐을 운반하는 일을 하는 직원이다.

- **Hotel Representative** : 호텔 중간 판매자

  호텔 소재지 이외의 장소에서 호텔을 대표하여 예약을 받거나 홍보 일을 담당하는 사람 또는 사무소로서 보통 'Hotel Rep'이라고 쓰기도 한다. 단순히 하나의 호텔을 대표하는 경우와 호텔 체인 또는 여러 개의 호텔 예약 업무를 대행하는 경우도 있다.

- **Hotel Variable** : 호텔 변동비

  호텔의 매출액, 업무량, 조업도에 따라 변동하는 성질의 비용으로서 식음료의 재료비는 변동비에 속한다.

- **Hotel Voucher** : 호텔 보증서(증권)

  모든 선불 여행에서 비용이 납부되었다는 것이 명기된 관광 업자에 의해 발행되는 회수권으로 고객은 호텔 투숙시 제출하고 호텔은 후에 관광 업자에게 이 회수권으로 비용의 정산을 요구할 수 있다.

- **House Bank** : 환전 업무를 용이하게 하도록 일정 금액의 현금을 Front Cashier에게 전도하여 책임을 지우게 하고 보관하여 놓은 것

- **House Call** : 호텔 직원의 업무용 전화

  직원이 업무용으로 외부에 전화하는 것으로 개인에게 요금을 부과하지 않는다.

- **House Count(House Earning)** : 등록된 고객의 인원 수

- **House Emergency Key** : 모든 객실을 열 수 있는 만능열쇠

  고객의 위험시 또는 극한 상황에서 사용한다.

- **House Expense** : 호텔 자체의 소액 영업 경비를 지칭한다.

- **House Keeper** : 객실정비원

  호텔 하우스 키핑의 책임자로서 객실 청소 및 정비 책임자이며 프런트 시설 부문과 연계하여 객실의 유지 보수를 담당한다.

■ House Keeping : 객실정비, 하우스 키핑

객실의 관리 및 객실부문에서 제공되는 서비스의 모든 것. 객실정비, 객실청소와 객실의 설비, 가구, 비품류의 정비 그리고 객실용의 린넨류, 소모품류의 관리와 공공장소의 청소와 정비를 포함한다.

■ House Laundry : 호텔 세탁소

계약을 맺은 외부 세탁업자에게 세탁물을 맡기는 것이 아닌 자체 내에 설비를 갖춘 세탁 시설이다.

■ House Limit : 고객의 외상 거래 한도

■ House Man : 하우스 맨

하우스 키핑에서 근무하는 직원으로 힘든 청소 업무나 물건을 옮기는 작업을 수행한다.

■ House Patrol : 호텔 순찰

야간 지배인은 수시로 공공지역 및 각 영업장 등을 순찰하여 모든 야간 직원들이 당직 업무를 성실히 수행하고 있는지 확인하고, 도난 방지, 화재 예방, 에너지 절약 등에 필요한 조치를 취해야 한다.

■ House Phone : 내선 전화

호텔 로비에 놓여 있는 구내 전용 전화이다.

■ House Profit(House Income) : 영업이익

호텔의 순이익, 소득세를 공제한 영업 부문의 순이익으로 점포 임대 수입은 제외되나 세금, 임대료, 지급이자, 보험 및 감가상각비는 공제된다.

■ House Use Room(House Room) : 하우스 유스 룸

호텔 임원의 숙소로 사용되거나 사무실이 부족하여 객실을 사무실로 사용하는 경우, 침구류를 저장하는 Linen Room이나 객실 비품을 저장하는 Store Room을 말한다.

- **Housing Bureau** : 숙박 안내소

  정부가 후원하는 대규모의 회의나 중요 행사 때 숙박 문제를 알선하고 조정하는 안내소이다.

- **Hubbart Room Rate Formula** : Roy Hubbart에 의해 연구된 객실료 산정 방법

  객실 요금 계산은 연간 총 경비, 판매 가능한 객실 수 및 객실 점유율 등을 기초로 계산한 연간 목표 이익을 근거로 한다.

- **IATA(국제항공운송협회)** : 항공서비스에 대하여 가격과 기준을 설정하는 항공사 간의 국제협회

- **Incidental Bill** : 단체로 호텔에 투숙한 경우 단체식사 및 객실료 등의 요금을 제외하고 개인적으로 제공받은 서비스로 인하여 발생된 계산서

- **In Order Room** : 호텔 객실의 정리정돈이 완료되어 판매할 수 있는 객실

- **In Season Rate** : 성수기 요금

  수요가 급증하는 계절의 호텔 최고 객실 요금이다.

- **Incentive Pay(Incentive Bonus)** : 장려금

  직원에 대한 생산성 향상 장려금이다.

- **Inclusive Term** : 포괄 요금

  가격에 세금과 봉사료가 포함된다.

- **Income Audit** : 수입 감독

  수입 감사 업무는 전일 발생한 각 영업장 부문별의 당일 매상 보고서 및 감사보고서를 근거로, 호텔의 수익금이 회계 처리 규정에 의하여 현금관리 및 매상집계가 타당하게 처리되었는지를 확인하고 오류·탈루가 없는지 감사하는 것이다.

■ **Income Statement(I/S)** : 손익계산서

일정 기간 동안의 기업의 경영성과를 나타내주는 회계보고서이다.

■ **Indefinite Departure Date** : 불분명한 출발 일자(IND)

고객의 Check Out 날짜를 정확히 할 수 없을 때에 보통 약자 IND로 표기한다.

■ **Independent Hotel(Independent Operation)** : 단독 경영 호텔

개인이 호텔 하나만을 운영하는 경우와 그룹사의 경우 호텔업에 투자를 하여 관리인으로 하여금 단독경영을 하게 하는 경우이다.

■ **Indicator** : House Keeping으로부터 객실 정비가 완료된 후, 프런트에 객실 정비가 완료된 곳을 알리는 시스템

■ **Inside Room** : 내향 객실

안뜰로 향하고 있는 객실로 Outside Room의 반대 개념이다.

■ **Internal Sales** : 내부 판매

호텔에서 판촉을 위하여 회사 전체 직원을 대상으로 호텔 상품의 판매를 촉구하는 활동이다.

■ **Intuition Pricing Method** : 직관적 가격 결정 방법

깊은 판단이나 추리를 하지 않고 감각적으로 이만한 가격이면 공평하면서도 적정한 가격이 될 것이라는 직관에 의해 결정되는 방법이다.

■ **Inventory** : 인벤토리

재고 조사, 재고품 조사, 재고품 명세서를 가리킨다.

■ **Invoice(Food Invoice)** : 송장

거래 품목의 표시와 청구의 기능을 갖는다. 거래 당사자, 목적물, 거래가액, 부가가치 세액, 거래 일자, 주문서의 일련번호 등을 표시한다.

■ **ISD(International Subscriber Dialing)** : 국제 다이얼 통화

※ 국제 다이얼 통화의 사용 방법 : International Code + Nationality Code + Area Code + Telephone No.

- **Item Void** : 품목 취소

  주문된 항목이 서비스 개시 전 또는 서비스 과정에서 취소되거나 변경되는 것을 의미한다. 품목취소의 경우는 다음과 같다.

  ① 고객이 주문을 한 후, 부득이 변경 또는 취소할 경우

  ② Bill의 Print Miss로 등록된 상태의 항목을 알아 볼 수 없을 경우

  ③ 메뉴 등록시 메뉴 항목 적용 오류, 수량, 등록 오류 등

- **Job Description** : 직무 명세서

  각 직책에 있는 사람이 수행하여야 할 의무나 책임을 세부적으로 나열한 것으로 조직원에 대한 업무 지시서일뿐만 아니라 교육의 보조 자료로도 사용될 수 있다.

- **Jockey Service(Valet Parking, Parking Boy)** : 고객의 차가 호텔에 도착하면 직원이 직접 운전하여 전용 주차장에 주차해 주는 서비스로, 고객의 신속한 호텔 출입을 위한 주차 대행 서비스이다.

K

- **Keep Room Charge** : 호텔에 투숙한 고객이 단기간의 지방 여행을 떠날 때 짐을 객실에 남겨 두고 가는 경우, 그 객실은 고객이 계속 사용하는 것으로 본다. 즉, 고객이 객실을 실제로 사용하지 않았어도 요금을 부과한다.

- **Key Drop** : 투숙객이 호텔 외부로 나갈 때 객실 열쇠를 두는 곳
- **Key In** : 컴퓨터 작동 가능 여부를 알려 주는 기능
- **Key Inventory** : 객실 열쇠 점검

  프런트의 나이트 클럭이 결산을 하기 전에 빈 객실(Vacant Room)과 투숙 중인 객실(Occupied Room) 열쇠의 유무를 파악하는 것
- **Key Rack** : 각 객실의 열쇠를 넣어 두는 상자
- **Kick Back** : 대금의 일부를 반환해 주는 것으로 Rebate(매출 할인)와 같은 의미
- **King** : 약 120~240cm 크기의 특별히 길고 넓은 침대가 비치되어 있는 객실
- **Kiosk** : 호텔에서 고객들을 위한 안내 팸플릿 등 안내 정보를 꽂아 두는 비치대

L

- **Last** : 가장 최근에 프런트 임무를 완료한 벨맨
- **Last In First Out(LIFO)** : 후입 선출법

  선입선출법의 반대개념으로 매입역법이라고도 하며, 최근에 매입한 것부터 소비해 나가는 것으로 보고 계산하는 방식
- **Late Arrival** : 연착(늦게 도착하는) 고객

  예약을 한 고객이 예약 유보 시간을 지나서 호텔에 도착할 경우 호텔에 통보하여야 하며, 그렇지 않은 경우 예약은 자동으로 취소된다.
- **Late Charge(L.C, After Departure, A.D.)** : Check Out, 즉 퇴숙 후에 늦게 프런트 회계에 들어온 고객의 전표에 의한 이면계정

- Late Charge Billing : 추가 계산서

  이미 퇴숙한 고객이 요금을 지급하지 않고 떠난 경우에 추가 요금을 계산하는 것으로, 이 계정도 자동으로 원장에 부기되어 요금 청구를 하게 된다.

- Late Check Out : 호텔의 퇴숙 시간이 지나면 추가요금을 지급해야 하지만, Front Desk의 허가로 퇴숙 시간이 지나서 출발하는 고객의 경우에는 추가 요금이 부과되지 않는다.

- Laundry : 세탁

  호텔 투숙 중인 고객의 세탁물, 직원 유니폼 세탁 등의 세탁 업무

- Leaflet(Flyer) : 리플릿

  홍보용으로 제작된 작은 크기의 인쇄물

- Light Baggage(L.B) : 고객이 휴대한 수하물이 너무 적어서 고객에 대한 신용이 불충분하다고 판단될 경우 미리 선수금을 받는 것을 말한다. 현대에는 짐과는 상관없이 Walk-in Guest의 경우 선수금을 요구하는 것이 보편적이다.

- Limit Switch : 객실 안 옷장 문에 설치되어 있으면서 문이 열리면 전등이 켜지고 문을 닫으면 전등이 꺼지는 장치

- Limited Service : 리미티드 서비스

  Budget Hotel 또는 모텔 등 제한된 서비스만 제공하는 호텔로 객실을 제외한 다른 서비스는 제공하지 않는다.

- Linen : 린넨

  면류나 화학직류로 만든 타월, 냅킨, 시트, 담요, 유니폼, 커튼, 도일리(Doily) 등을 가리킨다.

- Linen Room : 린넨 룸

  하우스키핑을 지원하기 위한 린넨 보관장소

- Lock Out : Bill을 정산하지 않은 고객의 객실 출입을 차단하는 것

■ **Log** : 인수인계 대장

업무일지로 몇몇 영업 부문에서 사용하는 업무활동 기록대장이다. 근무
중에 일어난 분쟁, 고객의 의뢰사항, 기타 근무 중에 완료하지 못한 업무
등은 Log Book에 기록하여 다음 근무자에게 인계한다.

■ **Long Term Stay Guest** : 장기투숙객

호텔에 장기로 숙박을 하는 고객으로서 호텔마다 기준은 다르지만, 보통
1개월 이상 숙박하는 고객을 말한다. 장기 투숙객에게는 투숙 기간에 따
라 무료 서비스, 객실 Upgrade 등의 혜택을 주기도 한다.

■ **Lost and Found** : 분실물 및 습득물

객실 및 호텔의 부대시설을 포함하는 호텔의 건물 내에서 호텔 고객이 소
지품이나 수하물을 분실하고, 타인 또는 종업원이 습득하였을 때 신고를
받고 그 습득물을 관리하여 소유주가 나타났을 때 이를 확인하고 정당하
게 돌려주는 업무

■ **Lost Bill** : 분실 계산서

식음료 계산서 처리시 등록되지 않고 사용 중 관리 부실로 분실된 계산서
이다.

M

■ **Maid** : Room Maid의 약자로 객실을 정돈하고 청소하는 업무를 맡고
있는 객실 서비스 직원이다.

■ **Maid Card** : 객실 청소를 하는 중이라는 표시로 룸 메이드가 청소를 하
고 있는 문 옆이나 문 손잡이에 걸어 놓는다.

■ **Maid Cart** : 룸메이드가 객실청소에 필요한 모든 비품을 담는 짐수레(카트)

■ **Maid Station** : 객실 정비원, 검사원, 청소원들이 사용하는 사무소

■ **Maid's Report** : 객실의 상황 보고서로, 린넨 사용에 대하여 보고한다.

- **Mail Clerk** : 우편물을 고객에게 전해주고 객실 고객의 우편물을 보관 또는 운송하는 업무

- **Mail Service** : 호텔의 우편물을 집배하거나 발송하는 서비스

- **Main Kitchen** : 호텔에서 음식을 조리, 생산하는 곳으로 요리의 기본 과정을 준비하여 영업 주방(양식 주방, 커피숍 등)을 지원하는 곳이다. 또한 메인 주방은 주로 Banquet, Catering 등을 관리하여 각 업장에서 필요로 하는 음식, 기본적인 음식, 가공 식품 등을 준비하여 공급한다. 메인 주방에는 Hot Kitchen, Cold Kitchen을 가지고 있다. 조리 구역(Cooking Area)과 세척 구역(Pot Wash Area), 세척 장(Washer Area)으로 구분한다.

- **Make Bed** : 사용한 침대(Bed)의 Sheet를 깔아 끼우고 침대를 새로 정비하는 것을 말한다.

- **Make Up**

  ① 고객이 객실에 등록되어 있는 동안 침대의 린넨을 교환하거나 객실을 청소하고 정비 정돈을 하는 것

  ② 청소를 요하는 객실

- **Make Up Card** : 객실 청소원에게 우선 청소를 해 달라는 표시로 고객 객실의 문에 걸어 놓는 카드로서, 호텔과 고객 간의 의사 전달 도구이다. 반대 면에는 Do Not Disturb 카드가 있다.

- **Manual** : 호텔 매뉴얼은 QSC(Quality, Service, Cleanness)에 근간을 두고 표준을 설정하여 작업의 방법을 구체적으로 지시하는 지침서이다. 조리 매뉴얼(Cooking Manual), 서비스 매뉴얼(Service Manual), 청소 매뉴얼(Cleanliness Manual), 운영 매뉴얼(Operation Manual), 부서 매뉴얼(Department Manual), 교육 매뉴얼(Training Manual) 등이 있다.

- **Master Account(Master Folios)** : 그룹 원장

  컨벤션 및 관광 단체를 위해 작성되는 원장으로 여기에 단체고객에게 청구할 수 있는 요금인 외상매출금을 기장(記帳) 계산한다.

- **Meal Coupon(Meal Ticket)** : 단체 고객 중 인원수가 적은 단체나 관광 일정에 여유가 있는 단체는 식권을 발행하여 개개인이 원하는 시간이나 취향에 맞는 식사를 선택하여 즐길 수 있도록 하기도 한다.

- **Messenger Lamp(Message Light Indicator)** : 나이트 테이블에 설치되어 있는 작은 램프로서 고객에게 메시지가 올 경우 프런트 데스크에서 작동시킨다.

- **Midnight Charge** : 야간 요금
  예약을 한 고객이 당일 영업을 마감한 이후 한밤중이나 익일 새벽에 도착하였을 경우, 호텔 측은 그 고객을 위하여 객실을 판매하지 않고 기다렸으므로 야간요금을 징수하게 된다. 이러한 제도는 호텔의 퇴숙시간이 정오이므로 전날 정오부터 다음날 정오까지를 1일 객실요금으로 계산하기 때문이다.

- **Mini Bar** : 미니바
  객실 내의 냉장고에 간단한 주류나 음료를 구비하고 이를 고객이 객실 내에서 이용하는 일종의 Small Bar라고 할 수 있다.

- **Miscellaneous(MISC)** : 잡수익
  주 상품이 아닌 부대상품을 판매할 경우, 금일 수입금이 아닌 전일 마감된 수입을 추가로 부과할 경우, 임의 계정으로 대체할 경우, 발생빈도가 적거나 금액이 적을 경우, 특별행사를 위한 티켓 판매대금 등에 사용되는 계정이다.

- **Mise-en-place** : 영업장 사전 준비

- **Modified American Plan(Demi Pension, Half Pension)** : 수정식 아메리칸 플랜으로, 고객에게 부담이 큰 American Plan을 수정하여 아침식사와 저녁식사 요금을 객실료에 포함시켜 판매하는 제도이다.

- **Month To Date(MTD)** : 월 누계

  당월 합계로 특정 월별, 일별을 위한 수입과 지출을 나타내는 회계상의 합계를 의미한다.

  ① Last Month To Date : 전월 동일의 누계

  ② Last Year To Date : 전년 동월, 동일의 누계

  ③ Today Last Year : 전년의 동일

  ④ Year To Date : 본 연도의 누계, 연 누계

  ⑤ Year To Date Last Year : 전년도 동일의 누계

- **Morning Call** : 모닝 콜

  고객이 요청한 시간에 전화교환원이 고객을 깨워주는 서비스

- **Murphy Bed** : Closet Bed, Fold Bed

  벽 또는 벽장 속에 붙이는 침대이다.

N

- **Natural Market Share** : 판매 가능 객실 시장점율

  동일지역 내의 경쟁호텔의 시장점유능력을 나타내는 지표로서 자사 호텔이 보유하고 있는 판매 가능한 객실 수를 경쟁호텔의 총 판매 객실 수로 나눈 값이다.

- **NCR(Electric Cash Register)** : 전자식 금전 등록기

- **National Cash Register** : 회사에 의해 제작된 호텔 계산기로 고객의 제반 요금을 편리하게 계산할 수 있다.

- **Net Rate** : 수수료에 의해 할인된 객실 가격

- **News Letter** : 호텔 사보

  주별 또는 월별, 계절별로 발간하여 회사의 사업 홍보 및 광고, 사내뉴스를 전문적으로 제작·배포하는 홍보용 잡지이다.

- **Night Audit** : 야간 감사

  1일 24시간 영업하는 호텔이 정기적으로 당일의 영업 판매 금액에 대한 감사를 하는 것으로, 야간 근무 중 수취 계정을 마감하여 잔액의 일치를 검산하는 야간 회계 감사 업무이다.

- **Night Auditor** : 야간 감사자

  수입 감사실의 지시를 받으며, 영업장 부문별로 당일의 매상수입을 마감하여 정산한다.

- **Night Cap** : 위생 모자

  여자들이 머리에 쓰고 잘 수 있도록 제공되는 위생적인 모자

- **Night Clerk(Graveyard Shift)** : 야간에 근무하는 직원으로, 보통 22:00~07:00 까지 근무한다.

- **Night Spread(Night Spot)** : 담요를 보호하고 고객에게 청결한 커버를 제공하기 위하여 밤에 침대에 사용하는 덮개를 말한다.

- **Night Table** : 나이트 테이블

  침대 머리맡의 작은 테이블로 전화, 스탠드, 재떨이 등이 놓이며, 취침 중에도 손이 닿을 수 있는 위치에 둔다. 보통 라디오, 전기 스위치, 에어컨 스위치, TV 리모컨 등이 설비되어 있다.

- **No Arrival** : 호텔이 특별 기간의 예약 때문에 예약을 접수하지 않는 것

- **No Show** : 예약을 해 놓고 예약 취소 연락도 없이 호텔에 나타나지 않는 고객을 말한다.

  ※ No Show율 (%) = No Show 수 / 예약된 고객의 수 × 100

- **No Tax** : 면세

  우리나라에 주재하거나 파견된 외교관 또는 외교 사절이 국세청장이 정하는 바에 따라 소관 세무서장의 지정을 받은 사업장에서 외무부장관이 발행하는 Tax Exemption Card를 제시하고 면세 적용을 받는 것

- **No Through Booking** : 특정 행사 또는 특정 객실의 사용이 지속될 때 어떠한 예약도 받지 않는 것

- **No Vacancy** : Full Booking

  호텔 객실이 만실임을 뜻한다.

- **Non Guest Folios** : 비고객 원장

  호텔 내에서 외상 구매권을 갖고 있지만 호텔 고객으로 등록되어 있지 않은 개인들을 위하여 작성한 것(Health Club Member, 단골 회사 고객, 특별회원, 고위 공직자 등)

- **Novelty** : 호텔 이용객에게 제공하는 호텔 측의 선물인 동시에 호텔 광고를 목적으로 하는 판촉물로서 원칙적으로 무료로 광범위하게 제공됨

- **Number of Guests** : 숙박객 수

  객실이용 인원 및 정원 가동률

  ※ 정원 가동률 = 당일 객실 사용객 / 총 객실 정원 × 100

- **Number Rooms Unit** : 유니트 객실 수, 공표 객실 수

  ① 객실의 칸수, 객실의 단위 수에 의해 계산되는 객실 수(호텔 임원 숙소나 창고 등으로 사용되는 House Use Room까지 포함)

  ② 호텔 기업이 보유하고 있는 객실 수를 대외적으로 공표하는 경우 호텔을 정부기관에 등록하거나 호텔의 판매 촉진을 위한 선전 및 광고에 유니트 객실 수를 공표하게 된다. 이는 호텔의 객실 수가 호텔의 규모를 결정짓기 때문이다.

■ **Occupancy(Room Occupancy)** : 객실 이용률

객실 수입에서 사용 객실 수를 찾아서 객실 이용률을 산출하여 기입한다. Room Occupancy는 객실 경영 상황을 판단하기 위하여 가장 보편적으로 사용되는 지표이다. 객실 이용률(Occupancy Percentage)의 산출 방법은 판매된 객실 수를 판매 가능한 객실 수(총 객실 수 - 고장 객실 수)로 나눈 값을 퍼센트로 나타낸다.

※ 객실 이용률 = 판매된 객실 수 / 판매 가능한 객실 수 × 100

■ **Occupied** : 고객이 현재 사용하고 있는 객실

■ **Off Season Rate(Off Peak Rate)** : 비수기 요금

비수기의 경영 대책으로 호텔의 이용률이 낮은 계절에 한하여 공표 요금에서 할인해 주는 것이다.

※ 우리나라 외래 관광객의 계절별 입국 추세
　성수기 : 3, 4, 5, 9, 10, 11월 / 비수기 : 12, 1, 2, 6, 7, 8월

■ **Official Check(House Check, Special Treatment Bill)** : 공무용 계산서로, 사내 직원의 시식 및 외부 고객 방문시 접대의 이유로 직원이나 간부들이 사용하는 계산서이다.

■ **O.J.T(On the Job Training)** : 직장(현장) 내 훈련(교육)

감독자가 일하는 과정에서 부하 직원을 개별적으로 실무 또는 기능에 관하여 훈련시키는 것으로 이러한 교육은 사고율과 결근 및 이직율을 감소시킨다. 또한 낭비 및 기물 파손율이 낮아지며, 아울러 사기 · 생산성 · 직무 지식이나 판매 능력이 높아져 고객 만족도를 높일 수 있다.

■ **On Change** : 객실 정리 중

고객이 객실에서 Check Out을 하였으나, 아직 객실 청소가 완료되지 않은 객실

- **On Change Room** : 정리 정돈을 요하는 객실

- **Ondol Room(Korean Style Room)** : 한실

  일반 가정처럼 온돌(스팀) 형태로 한국의 정취를 느끼게 하는 우리나라 특유의 객실로서 19m² 이상으로 규정하고 있다.

- **On Request** : 예약 담당자가 예약을 확인하거나 거절하기 전에 호텔과 의논을 필요로 하는 것

- **Open Bed(Turn Down Service)** : 베드 스프레드가 씌워진 채로 있으면 고객이 베드를 사용할 때 불편하기 때문에, 고객이 베드를 사용하기 전에 일정한 시간을 정하여 이 베드 스프레드를 벗겨서 고객이 사용하기 쉬운 상태로 만드는 것이다. 오픈 베드의 시간은 호텔에 따라 다른데 일 반적으로 18:00~20:00에 이루어 진다.

- **Operating Department** : 영업부서

  대고객 서비스와 직접 관련되는 부서로 커피숍, 레스토랑, 프런트 데스크, 뷔페식당, 라운지, 사우나 등으로 인사부 · 경리부 등의 관리 부서와는 다른 개념이다.

- **Operation Hour** : 호텔 영업장의 영업시간

- **Optional Rate** : 미결정 요금

  객실의 예약 시점에서 정확한 요금을 결정할 수 없을 경우에 사용되는 용어이다. 다음 연도의 객실을 예약할 때 인상될 다음 연도의 객실 요금이 결정되지 않았을 경우, 예약 신청자가 할인 요금을 요구하여 왔지만 결정권자가 부재 중이어서 요구 사항을 확약해 줄 수 없을 경우 사용된다.

- **Order Taker** : 오더 테이커

  고객으로부터 각종 주문을 처리하고, 호텔 전반에 걸친 정보도 제공한다.

- **Out of Order Room(O.O.O)** : 고장난 객실

  호텔에 예상치 않은 사고가 일어나거나 객실을 수리 중이거나, 또는 객실에 문제가 생겼을 경우 판매할 수 없는 것을 말한다.

- **Out of Town** : 객실 투숙 중 타 지역으로 출장 간 고객의 객실

- **Outside Room** : 아웃사이드 룸

  호텔 건물의 외측이 시가지나 정원 쪽을 향하고 있어서 전망이 좋은 객실을 가리킨다. Inside Room과 반대 개념이다.

- **Over Booking(Over Sold)** : 초과 예약

  호텔 객실의 예약은 판매하지 못한 것에 대해 시간적으로 재판매가 불가능하므로 예약이 취소되는 경우와 예약 고객이 나타나지 않은 경우에 대비하여 실제 판매 가능 객실보다 최소 10% 정도의 예약을 초과 접수하고 있다. 현재 호텔에서는 Cancel율과 No Show율을 고려하여 초과 예약률을 결정한다.

- **Over Charge(Late Departure Charge)** : 초과 요금

  호텔이 정하는 퇴숙 시간을 넘겨 객실을 사용할 경우에 부과되는 요금으로 퇴실시간 및 호텔규정에 따라 차등적으로 부과된다.

- **Over Night Total** : 당일 숙박 계산서의 총합계 금액, 즉 그날의 객실 매출액

- **Over Stay(Hold Over)** : 체류 연장

  고객이 머물고자 하는 체재일보다 초과하여 연장하는 고객

- **Over Time** : 초과 근무 수당

  호텔 직원이 근무시간보다 많은 시간을 근무한 경우, 초과 근무 시간에 해당하는 근무 수당을 지급한다.

- **Override** : 호텔에 많은 예약을 한 대가로 표준 비율보다 많은 커미션을 지급하는 형태로, 원래 오버라이드란 무효화시킨다는 의미이며 우선순위가 높은 객실료에 우선하여 적용한다고 해석할 수 있다. 먼저 객실료는 호텔에서 표준적으로 정한 Rack Rate가 있으며, 호텔의 할인 정책에 따라 여러 객실료가 정해질 수 있다.

P

- **Paging Service** : 고객 호출 서비스

  호텔의 내·외부 고객의 요청에 의해 필요한 고객을 찾아 주고 메시지 전
  달을 해주는 업무이다. Paging Board를 들고 작은 종을 울려서 고객의
  주위를 끌어 찾는 방식이다.

- **Paid** : 지불

  현금계산으로 호텔 요금의 현금 지불을 뜻한다.

- **Paid In Advance(PIA)** : 선납금

  휴대품이 없는 호텔 고객에 대하여 호텔 요금을 미리 청구하여 받는 금액
  이다. 호텔 회계상 선납금은 발생 직후 서비스 비용이 뒤따라 발생 전의
  판매 수익으로 대체되는 호텔 수입금이다.

- **Paid Out** : 페이드 아웃

  호텔 투숙객이 소액의 현금을 지급해야 될 경우(이·미용실, 교통비, 진
  료비, 관광비 등) 일정한 절차에 의해서 프런트 캐셔에서 빌려주고 퇴숙
  시 정산하는 것으로 Paid Out 용지에 고객의 자필로 서명을 받고 차용해
  준다.

- **Pantry Room(Service Room)** : 레스토랑 영업을 위한 모든 집기를
  정리해 둔 룸

- **Par** : 침대당 필요로 하는 린넨의 기준량 또는 고객당 타월의 수

- **Parador** : 파라도

  호텔 형태의 하나로서 스페인 말로 성(城)이라는 뜻

- **Parent(House Parent)** : Youth Hostel의 총지배인 또는 관리자

- **Parlor(Palour)** : 응접실을 겸한 객실

  특실의 응접실(특별 휴게실, Living Room)이며, Suite Room에서 볼 수
  있다.

■ Pass Key(Submaster Key) : 패스 키

각 층별로 주어지며 해당되는 층의 모든 객실은 어느 것이든 열 수 있도록 되어있는 비상용인 동시에 룸 메이드가 객실을 청소할 때에 사용한다.

■ PAX(Passenger, PSGR) : 고객의 인원 수

■ PBX(Private Board Exchange) : 사설 구내 교환대

호텔의 전화 교환실(Switch Board)에서 사용하는 외선과 접속되어 있는 전화의 자동화를 말한다.

■ PCO(Professional Convention/Congress Organization) : 국제회의 용역

각종 국제회의, 전시회 등의 개최 관련 업무를 행사 주최측으로부터 위임받아 부분적 또는 전체적으로 대행해 주는 단체이다.

■ Penthouse : 펜트하우스

① 객실의 한 형태로 보통 호텔의 꼭대기 층에 위치한 스위트룸

② 옥상 주택이란 뜻에서 유래된 것으로 호텔이나 호화 여객선 등의 최상층에 꾸민 특별 객실

■ Permanent Hotel : 퍼머넌트 호텔

아파트식의 장기 체류객을 전문으로 하는 호텔이다. 메이드 서비스가 제공되며 최소한의 식음료 서비스 시설이 있는 것이 특징이다.

■ Person Night : 일일 고객 수입

당일 사용한 객실 수입 통계로 고객 한 사람의 일일 숙박비

■ Petty Cash : 소액 현금

공식적인 사전 승인이나 지급절차를 거칠 필요가 없는 일상의 소액지출을 위해 일정금액의 현금을 General Cashier에게 전도하고, 현금을 지출한 후에 필요한 증빙을 갖추어 보고하도록 설정된 현금

- **Pick-up Service** : 픽업 서비스

  예약 고객의 요청에 의하여 공항에서 영접하여 호텔에 Check In 시키는 서비스로 Check Out 때는 Sending Service이다.

- **Pillow** : 베개

  베개는 딱딱한 것, 부드러운 것, 높은 것, 낮은 것 등이 있으나 대체적으로 내용물에 따라 다르다. 내용물은 스폰지(Sponge), 메밀껍질(Buck Wheat), 깃털(Feather) 등이 있는데, 호텔에서는 깃털 베개를 많이 사용한다. 싱글 침대에는 2개, 더블 침대에는 4개가 준비되어 있다.

- **Pocket** : 'Room Rack Slip Pocket' 이라고 말하며, 룸랙 슬립을 꽂을 수 있도록 제작된 룸랙의 한 부분으로 객실 숙박의 기록과 실료를 기재한다.

- **POP(Point of Purchase Advertising)** : 광고판

  구매 시점 광고, In Store 광고시 많이 사용되며 눈에 띄는 장소, 엘리베이터, 객실, 로비 등에 게시하여 고객에게 알리는 광고이다.

- **Porter** : 포터

  고객이 투숙하여 퇴숙할 때까지 짐을 보관·운반하는 일을 담당하는 사람

- **POS(Point of Sales)** : 판매 시점 정보 관리

  점포에서 매상시점에 발생한 정보를 수집할 수 있도록 입력하는 기기로 매상 기록에 준해 컴퓨터로 처리함으로써 경영 판단에 필요한 정보 자료를 작성하려고 하는 것이다.

- **Posting** : 전기

  분개한 것을 각 계정에 옮겨 기록하는 것으로, 차변과목은 해당 계정차변에, 대변과목은 해당 계정대변에 기입한다. 전기는 통상 총계정 원장상의 해당 계정에 계정계좌로 거래 자료를 이전시키는 과정이다.

- **Pre-registration** : 사전 등록

  고객이 도착하기 전 호텔이 등록 카드를 사전에 작성하는 절차로 그룹이나 단체 관광객이 도착하여 프런트 데스크 혼잡을 피하기 위함이다.

- **Pre-assignment** : 사전 객실 배정

  고객이 도착하기 전 예약이 할당하여 특별한 객실은 Block을 시키는 작업

- **Pressing Service** : 세탁 서비스 중 다림질 서비스를 말하는 것으로 House Keeping의 Laundry에서 맡고 있다.

- **Property-to-Property Reservation** : 호텔과 호텔의 예약

  체인 호텔에서 주로 사용되고 있으며, 고객이 호텔과 체인을 맺고 있는 호텔에 투숙하기에 앞서 호텔측으로부터 사전에 무료로 예약 서비스를 받을 수 있는 서비스이다.

- **Public Area** : 공유 지역, 공공장소

- **Purchasing** : 호텔의 모든 식음료 및 기자재, 가구, 비품류 등을 구입하는 것으로 최대한의 가치 효율을 창출하기 위하여 관련 부서의 구매 청구에 따라 저렴한 가격으로 구매한다.

Q

- **Quad(Quadruple, Twin Double)** : 4인이 이용할 수 있는 객실

- **Quality Control** : 품질 관리

  호텔의 품질 관리는 최고의 서비스를 제공하기 위해 표준적인 상품의 질을 유지하기 위한 것으로 서비스의 개선점을 발견하여 개선해 나가는 것이다.

- **Queen** : 190~200cm 정도의 특별히 길고 넓은 더블베드

- **Queuing Theory(Waiting Line Theory)** : 관리 측면에서 고객의 흐름에 따라 최적의 요금을 산출하기 위한 수학적 관리 시스템

- Quick Reference : 조견표

  시간, 요금 등을 나타내는 표
- Quote : 객실료 혹은 다른 요금을 계산하는 일

R

- Rack Rate(Published Rate) : 공표 요금

  호텔의 의해 책정된 호텔 객실 기본요금으로 Room Rack에 할당된 요금이다. 할인되지 않은 공식화된 요금이다.
- Rate : 가격

  가격 혹은 서비스가 제공된 가격의 원가로서, 호텔 객실요금을 일정기간 가격으로 정하는 것이다. Charge와는 구분되는 의미이다.
- Rate Cutting : 가격 인하

  새로운 고객 창출이나 시장 개척보다는 경쟁 호텔로부터 고객을 끌어들이기 위해 가격을 인하하는 사업 방법이다.
- Rate Changing : 객실 요금 변경

  투숙 중인 고객의 Room Rate가 변경될 때 발생한다.
- Rebate(Allowance) : 불만족한 서비스 또는 가격, 직원이 요금을 잘못 적용하는 등의 경우에 행하는 '매출 할인'을 말하며, Allowance Voucher에 기입하고 금액의 따라 결재를 받아 집행한다.
- Receipt(Bill, Check) : 영수증

  고객에게 주는 영수증
- Reception : 프런트 데스크의 전통적인 어원으로, 영국에서 유래했다.

- **Record Clerk** : 호텔 고객에 관한 카드 · 계산서 · 각종 Rack Slip에 기록을 유지하고 관련 부서에 송달해주며 룸 클럭의 업무를 보조하면서 현관의 움직임을 기록으로 유지하는 업무를 수행한다. 또 각종 서류 제작 및 정리, 고객의 신상 카드를 정리 및 기록하여 보관하며, 감사 편지 및 생일 축하 카드 등을 제작 발송하는 업무를 담당한다.

- **Refund** : 반환금
  고객이 호텔에 보관한 선납금 중에서 고객이 퇴숙(Check Out)하고자 할 때 남은 금액을 되돌려 주는 것

- **Register** : 등록과정
  호텔에 도착한 고객이 등록 카드에 고객의 인적 사항을 작성하고 서명하는 등의 절차 및 과정

- **Registered Not Assigned(R.N.A)** : 등록 미입실
  호텔에 등록한 고객이 특별히 원하는 객실이 준비될 때까지 기다리는 것

- **Registration** : 등록
  숙박 등록, 숙박 계약을 말한다.

- **Registration Card(Reg. Card)** : 등록 카드
  호텔 고객의 숙박 절차로서 호텔의 이름, 주소, 카드 넘버, 고객의 성명, 주소, 객실 번호, 요금, 도착 시간, 예정 출발 시간, 취급 계원의 성명 등 카드에 필요한 사항을 기재한다.

- **Re-habilitation** : 업무를 올바르게 처리할 수 있도록 재훈련시키는 것

- **Reminder Clock** : 호텔 객실에 있는 특수한 알람시계로 Morning Call을 위해 주로 사용된다.

- **Representative** : 호텔 대리인
  호텔의 대리인으로서 공항, 터미널 등 외국인 여행자나 관광객이 많이 왕래하는 곳에 근무하며, 호텔 투숙객을 위하여 객실 상황에 관한 정보를 제공하며 예약을 접수한다.

- **Requisition Form** : 청구서

  청구서는 호텔 물품을 받기 위한 양식으로, 청구서에는 허가를 받은 사인이 있어야 한다. 물품 청구 후 하루에 한 번 담당 부서에 보내지며 엄격한 재고 변동 관리에 필요하다.

- **Reservation** : 예약

  객실이나 부대시설의 영업장 등에서 서비스 상품을 판매할 때 효율성을 증대시키면서 미래의 시점에 서비스를 제공하기 위하여 미리 판매하는 것을 말한다.

- **Reservation Clerk(Book Clerk)** : 객실 예약원

  고객이 객실 상품을 주문할 때 응대하며 예약을 진행하는 직원

- **Reservation Confirm** : 예약 확인

  호텔을 이용하기 이전에 예약이 확실하게 되었는지를 재확인하는 것

- **Reservation Rack** : 예약 상황판

  고객이 요구한 서비스 내용의 요약, 도착 예정일시, 고객의 성명 등이 알파벳 순서와 날짜별로 정리되어 있는 상황판

- **Residential Hotel** : 거주용 호텔

  장기 체류객을 대상으로 하는 주택용 호텔로 객실 구조는 침실·거실·응접실·부엌·욕실·화장실 등을 편리하게 갖추고 있으며, 객실 요금은 1주·1개월 등의 요금 지급 방식을 택하고 있다.

- **Revenue Report** : 수입보고서

  야간 감사자가 작성하는 것으로 객실 점유율, 평균 객실 요금, 2인 이상 사용 객실율 등을 주된 내용으로 하는 보고서

- **Roll In** : 객실에 이동 침대를 투입시키는 과정이며, 반대 개념으로는 Roll Out이 있다.

- **Roll Away Bed(Extra Bed)** : 접는 침대

  일반적으로 30~72인치 정도의 크기로 운반 가능한 침대

- **Roller** : 대형 세탁물, 즉 시트 · 베드 패드(Bed Pad) · 담요(Blanket) 등을 다리는 기계

- **Room Assignment** : 객실 배정

  각각의 예약에 대하여 객실을 할당하는 것이며, 당일 예약된 고객이 도착하기 전에 객실을 준비하여 도착시 객실 배정에 따른 시간을 단축시킴으로써 효율적인 업무를 수행할 수 있다.

- **Room Attendance(Room Maid)** : 객실 청소원

  호텔 고객에게 쾌적하고 청결한 객실 상품을 제공하기 위하여 호텔의 모든 객실을 정리 정돈하는 직원

- **Room Count** : 판매된 호텔의 객실 수

- **Room Count Sheet(Daily Room Report, Room Charge Sheet)** : 야간에 기록하는 룸랙의 기록이며 객실의 점유 통계의 정확성을 증명하는데 사용된다.

- **Room Demand** : 객실 수요

  호텔 객실 경영에서 산출량 관리(Yield Management)의 하나로 기존 객실 공급량 혹은 미래에 필요한 호텔 객실 수의 소요량을 말한다. 소요 객실은 호텔의 잠재적인 수요를 분석하여 결정하며 경쟁 관계를 평가하게 된다. 또한 고객 통계를 분석하여 미래의 호텔 객실 수요를 결정한다.

- **Room Inspection** : 객실 정비원(Room Attendance, Room Maid)의 객실 청소 · 정리 정돈 후 고객에게 객실을 판매하기 전에 최후로 객실을 점검하는 것으로, 객실을 점검하는 직원을 Room Inspector라고 한다.

- **Room Inspection Report** : 객실 점검자에 의해 준비되는 객실 상태의 점검 기록장

- **Room Inventory** : 객실 조사

  재실, 숙박 연장, 객실 변동, 고장 난 객실, 가용 객실 등의 현재 객실 상황을 하우스 키핑 등에 상호 연락하여 프런트에서 객실을 판매하는 데 지장이 없도록 도와주는 것이다.

- **Room Key Tag System** : 객실 자동 통제 장치

  호텔의 에너지 절약 차원에서 객실 입실시 키를 센서에 꽂으면 객실이 자동적으로 점등되고, 외출 및 퇴숙시 Key를 빼면 자동으로 점멸되는 시스템 방식이다.

- **Room Number Key** : 현관회계기(NCR)에서 객실의 번호를 찍기 위한 버튼

- **Room Occupancy Rate** : 객실 점유율

  당일 판매 객실 수를 판매 가능 객실 수로 나눈 비율, 즉 전 객실 수에 대한 당일 판매 객실 수의 비율

- **Room Rack** : 호텔 전체의 객실 이용 상황판으로 룸 인디케이터(Room Indicator)와 연결되어 있는 프런트 오피스(Front Office) 비품 중의 하나이다. 금속성으로 제작된 포켓이 객실 번호순으로 되어있고 층별, 객실종류, 객실요금, 객실형태, 현재의 객실 상태 등을 마크나 색깔로 나타낸다.

- **Room Rate Sales Mix** : 객실 판매 믹스

  객실 판매와 관련된 사항들을 경영자에게 제공하는 것으로 고객 수, 객실형태, 객실 요금 등을 타 호텔과 비교한 통계자료이다.

- **Room Renovation** : 객실 수리

  ① 일반적인 수리 : 평상시에 발생하는 부분적인 객실의 고장(Out of Order) 등의 수리

  ② 전체적인 수리 : 객실 시설의 노후로 5년 또는 10년 등의 간격으로 새로운 설계에서부터 시작하여 디자인, 전기, 가구, 기계 등을 완전히 바꾸는 개조, 보수를 의미

- **Room Revenue** : 객실 매출액

  당일의 객실매출액을 Room Earing에서 찾아 총 객실 매출액 비율을 산출한다.

- **Room Service** : 호텔 객실에 고객의 요청으로 음료, 식사 등을 보내주는 종사원 또는 호텔의 객실에서 하는 식사

- **Room Status Report** : 객실 현황 보고서

  객실의 종류, 형태별로 판매 가능 실수, 빈 객실, 판매 예정 실수(예약 실수), 청소 완료 객실 수 등을 기록한 보고서

- **Rooming** : 객실 배정

  입실을 뜻하며, 호텔에 도착하는 고객은 프런트 데스크에서 입실 절차와 영접을 받게 되고 객실 배정이 끝나면 벨맨이 고객을 객실로 안내하는 과정이다.

- **Rooming Control** : 객실 판매 관리

  호텔의 효율적인 객실 판매로서 최고의 가격으로 최대의 객실을 판매하는 것이다.

- **Rooming List** : 입실 명단

  단체 고객이 도착하기 전에 단체객의 인적 사항을 기록한 고객의 명단을 미리 받아 사전 등록과 사전 객실 배정을 하기 위한 단체객의 명단

- **Rotel(Road Hotel)** : 로드 호텔의 줄임말로 도로상에 위치하여 이용객이 편리하도록 숙박 시설을 갖춘 서비스 형태의 호텔

- **Royalty** : 광의로는 특허권 사용료, 저작권 사용료, 상용료, 인세 등 전용권을 가진 사람의 허락을 받아 이러한 권리를 행사함으로써 이익을 얻는 자가 권리권자에 대해 지급하는 요금

- **Rubber Mat** : 고무 발판

  욕조 바닥의 미끄러움을 방지하여 사고를 예방할 수 있도록 하는 것

- **Run of the House Rate** : 단체용으로 설정된 호텔 실료 방식이다. 스위트를 제외한 모든 객실에 있어서 단체 투숙을 위한 취소 요금과 최대 요금 사이에 평균 요금으로 결정하는 협정 가격이다. 객실 지정은 일반적으로 최저 이용 가능한 객실을 기준으로 한다.

- **Safe Deposit Box** : 귀중품 보관소

  객실에 투숙하는 고객의 귀중품을 보관해 주는 금고로 프런트 캐셔가 관리한다.

- **Sales Call** : 호텔 영업부서가 지정된 거래처에 하는 계획된 판촉활동

- **Sales Promotion** : 기업이 자사 제품이나 서비스의 판매를 촉진하기 위해 수행하는 모든 촉진 활동을 포함한다.

- **Salon Room** : Parlor Room에 대한 유럽 스타일 개념

- **Sanitary Bag** : 위생 주머니

  여성 고객의 Clean Pad나 눈에 보이지 않도록 처리하여야 할 물건을 넣어 버리는 주머니로 보통 호텔 욕실에 비치하고 있다. 불순물이 새어 나오지 않도록 비닐 코팅이 되어 있다.

- **Seamstress** : 재봉사

  린넨류의 파손품 수리와 고객용 세탁의 파손 부분 및 유니폼 보수가 주요 업무이다.

- **Seaport Hotel** : 항구 호텔

  선박이 출발하고 도착하며 정박하는 항구 부근에 위치한 호텔

- **Seasonal Rate** : 계절별 요금

  동일한 제품과 서비스에 대해 계절에 따라 가격의 변동을 허락하는 차별 요금 제도를 말한다.

- **Security** : 경비

  호텔 경비 업무로서 내·외부의 도난, 파괴 행위로부터 직원과 고객을 안전하게 보호하는 업무를 한다.

- **Sell Through** : 예약 업무 용어로서 사전 예약 고객은 받되 예약하지 않은 도착 고객을 받지 않는 날짜를 표시한 것을 말한다.

- **Selling Up(Up Grade Sale)** : 호텔에서 판매 촉진을 위하여 이미 예약된 객실의 요금보다 높은 가격의 객실을 선택하도록 권유하는 경영방법

- **Semi-double Bed(Three Quarter Bed)** : 더블베드의 약 4분의 3 크기의 침대로, 크기는 세로 195~200cm, 가로 110~130cm, 높이 35~48cm가 적당하다.

- **Service Charge(Gratuity)** : 봉사료
미국, 유럽의 호텔이나 레스토랑에서는 고객이 직원의 서비스에 대하여 Tip을 지급하는 것이 일반적인 관례이다. 우리나라는 고객의 숙박이나 식음료에 대한 소비액에 일률적으로 10%의 금액을 팁 대신 추가 청구하는 방식이 일반화되어 있다.

- **Service Elevator(Back Elevator)** : 직원용 승강기
호텔 직원들이 사용하는 승강기로서 룸서비스, 객실 청소, 기타 부서에서 사용한다.

- **Seven Day Forecast(7 Day Forecast)** : 일주일간의 수요 예측
호텔의 예약 부서에서 예측하는 자료로서 예약 고객에 대한 1주일간의 수요 예측을 말하는 것이다. 프런트, 하우스 키핑 등 관련 부서에 자료를 제공한다.

- **Sewing Kit** : Stationary Holder, 즉 문구류를 넣는 케이스에 들어 있는 바늘 쌈지

- **Sheet** : 시트
매트리스와 담요 사이에 깔아 주는 홑이불로서 규격은 다음과 같다.
① Single Sheet : 180cm × 220cm
② Double Sheet : 220cm × 240cm
③ King Size Sheet : 240cm × 260cm

- **Shift(Watch)** : 근무제, 근무시간

  직원의 근무조 또는 근무 시간을 나타내는 것으로 일반적으로 3가지가 있다.

  ① A조(낮 교대) : Morning Shift, Day Shift(07:00~15:00)

  ② B조(오후 교대) : Afternoon Shift, Swing Shift(15:00~23:00)

  ③ C조(야간 교대) : Evening Shift, Graveyard Shift(23:00~07:00)

- **Shoe Horn** : 구두 주걱

- **Shoes Rag** : 구두 닦기 천

  호텔에 따라 구두 솔을 비치하는 곳도 있으나, 구두 솔보다는 천이 사용하기에 편리하고 위생적이다. 천 또는 얇고 부드러운 종이류를 사용하여 속에 손가락을 넣어 구두를 닦을 수 있는 주머니처럼 만든다.

- **Shower Cap** : 여성들이 샤워를 할 때 머리에 쓰는 모자

- **Shower Curtain** : 욕조(Bath Tub)에 들어가거나 샤워를 할 때, 물이 밖으로 튀어나오지 않게 하는 것

- **Shut Out Key** : 보석이나 금속을 다루는 고객의 필요에 의해 고객이 부재시 어떠한 직원도 개방, 출입할 수 없도록 고안된 장치

- **Side Board**

  ① 객실의 침실과 응접실을 분리하여 침대가 보이지 않도록 침대 뒷면에 위치한 가구

  ② 레스토랑이나 커피숍 등에 비치되어 있는 것으로 고객에게 음식 및 음료를 보다 원활하고 신속하게 서비스하기 위해 기물 및 사전 준비물을 잘 갖추어 놓은 테이블이다. 치울 때도 편리하게 이용된다.

- **Side-by-Side Room** : Connecting Room

  인접해 있는 객실이 Connecting Door로 연결되어 있어 2개의 객실을 한 개의 객실처럼 이용할 수 있으며, 가족 단위의 객실용으로 이용된다.

- **Side Chair** : 호텔 레스토랑 등에 놓는 팔걸이 없는 작은 의자
- **Single**

  ① 일반적으로 싱글이라고 하면 1 Ounce, 즉 30㎖의 분량이다.

  ② 1인용의 침대
- **Single Rate** : 고객이 싱글 룸을 예약하고 호텔에 들어 왔을 때 호텔 측의 사정으로 싱글 룸 제공이 불가능할 경우, 호텔 측은 고객에게 싱글 룸보다 높은 더블 룸이나 트윈 룸을 제공하되 요금은 싱글 요금을 적용하는 것을 말한다.
- **Single Room** : 1인용 베드를 설비한 객실로 기준 면적은 13㎡ 이상이어야 하고 침대의 표준 규격은 90cm×195cm 이상이고, 담요의 규격은 230cm×170cm 이상이어야 한다.
- **Single Supplement** : 호텔 객실의 전체 가격을 Double Occupancy 객실 사용료에 기초했을 때 Single Occupancy 사용료에 대해 할당한 투어 패키지 가격 이상의 특별 요금
- **Single Use** : 2인용의 객실에 1인이 투숙하는 경우
- **Sitting Room Ensuite** : 침실과 연결된 객실, 즉 거실
- **Skip Account** : 미지급 계정
- **Skipper(Skip)** : 호텔, 레스토랑, 기타 부대 시설의 요금을 고객이 지급하지 않고 도망가는 경우
- **Skirt**

  ① 벽지 아래 부분을 보호하기 위해 부착된 띠

  ② 가구 따위의 가장자리 장식
- **Sleep Out(S/O)** : 체제 중에 외박한 고객

  호텔에서는 객실을 판매하였지만 고객의 사정으로 짐과 옷을 객실 내에 두고 호텔에서 숙박하지 않은 경우

- Sleeper(VLSO, Vacant Lamp Sign Occupied) : 객실을 통제하는 종업원의 실수로 인하여 판매 가능한 객실을 고객이 투숙한 것으로 오인하여 판매하지 못하는 경우
- Sleeper Occupancy(Bed Occupancy) : 판매할 수 있는 침대 수와 이미 판매한 침대 수와의 관계 비율
- Sofa Bed(Hide Bed, Convertible Bed) : 표준 싱글 또는 더블베드로 펼쳐지거나 앞·뒤로 접어서 이용할 수 있는 조립식 침대로 스튜디오룸에서 사용
- Solid Towel : 사용한 타월
  객실 고객이 사용한 타월로서 세탁부서에서 세탁 대기 중인 타월 종류
- SOP(Standing Operating Procedure)
  ① 예산 관리 운영 절차, 규정집
  ② Study Organization Plan : 전산 시스템 설계법의 하나
- Source Code : 호텔 고객의 도착방법, 예약상황 등을 추적해 나가는 방법
- Special Attention(SPATT) : 특별 주의
  특별한 주의와 접대를 위한 중요 고객에게 관심을 요하는 귀빈 표시 부호
- Special Use : 각종 행사나 세미나를 주관하는 실무 담당자나 행사 진행 요원, 단체를 안내하는 여행사의 가이드 혹은 단체를 수행하는 여행사의 직원 등에게 무료로 제공하는 객실
- Split Rate : 분할 가격 방법
  객실의 몇몇 고객이 총 객실 요금을 분할해서 지급하는 방법
- SPOR(Small Profits and Quick Returns) : 박리다매
- Spread Rate : 단체고객 객실할당가격
  가격이 다소 Rack Rate 보다 떨어지지만, 단체 고객이나 회의 참석 고객에게 표준 요금을 적용한 객실

- **Spring Cleaning(General Clean)** : 대청소

  대청소는 호텔의 비수기를 이용하여 실시하여야 하며, 계획을 수립하여 층 단위로 순서에 의하여 실행한다. 대청소를 수행하는 동안에는 시설부와 협조하여 객실 내의 각종 시설물의 점검과 가구의 도색 및 벽지의 보수 등이 병행된다.

- **Star Reservation** : 주요 고객 예약

  중요한 고객이 호텔에 도착함을 가리킨다.

- **Station(Section Area)** : 종사원에게 주어진 서비스 구역

  영업장에서 고객에게 서비스하기 편리하도록 하기 위한 서비스 구역

- **Stationary** : 문구류

  호텔 객실 비품 중의 문구류로서 봉투, 편지지, 엽서, 볼펜 등을 말한다.

- **Stay** : 체류

  호텔에서 1박 이상을 체류한 모든 고객을 뜻한다.

- **Stay Over(Hold Over, Over Stay)** : 체류 연장

  고객의 Check Out 예정일자보다 고객이 체류기간을 1박 이상 연장하는 것

- **Stock Card** : Room Rack Pocket을 나타내는 컬러 코드로 명명되어, 룸랙이 길어 Rack 운용이 불편할 때 클럭이 사용하는 보조 장치

- **Stool** : 화장대 테이블 앞에 놓인 등받이가 없는 둥글고 푹신한 의자

- **Studio** : 침대로 전환할 수 있는 한 두 개의 긴 의자를 갖추고 있는 호텔 객실의 한 종류

- **Studio Bed(Statler Bed)** : 호텔에서 사용하는 침대 중 낮에는 벽에 밀어붙이고 베개를 빼면 베드 커버를 걸어 놓은 채 소파로서 이용할 수 있는 침대

- **Studio Single** : 호텔 객실의 종류로서 1인용 소파와 침대만 있는 객실을 말한다.

- **Suburban Hotel** : 도시를 벗어난 한적한 교외에 건립된 호텔

- **Suggestion Card(Guest Questionnaire)** : 제안서, 고객설명서

  고객이 호텔을 이용하는 기간 불편이나, 개선사항, 서비스 문제점, 시설 문제점 등을 지면을 통하여 호텔에 제안하고, 호텔은 이를 취합하여 개선 조치한다. 내용은 주로 객실이나 접객 서비스, 시설 상태 등이다.

- **Supplies** : 소모품

  한번 사용하면 닳아 없어지거나 못쓰는 사무 용품, 청소 용품, 포장 용지 등의 물품을 말한다.

- **Swing Shift** : 오후 교대

  ① 제2교대를 말하며, 보통 15:00~23:00까지 근무하는 교대이다.

  ② 주간 근무자와 야간 근무자 간의 근무 교대로 주로 15:00~16:00 사이에 이루어진다.

- **Switch Board** : 전화 교환대

- **Tariff** : 공표 요금

  호텔이 객실 요금을 설정하여 이를 담당 행정기관에 공식적인 신고 절차를 마치고 호텔에 공시하는 기본요금을 말한다. 공표 요금은 Full Charge 혹은 Full Rate로서 할인되지 않은 정상적인 정찰 가격이다.

- **Telephone Call Sheet** : 모닝콜을 원하는 고객의 객실번호, 고객 성명, 시간을 기록하는 양식

- **Telephone Switchboard[PABX(Private Automatic Branch Exchange)]** : 자동식 구내 전화 교환기라고도 하며, 고객의 전화요금이나 전화를 연결하는데 사용하는 기계이다.

- **Telephone Tariff Sheet** : 전화 통화량 기록표

  통화수와 장거리 요금을 기록한 통화량 기록 명세서

- **Terminal Hotel** : 터미널, 종착역 등에 위치한 호텔로 철도 스테이션 호텔을 말한다.

- **The News Letter** : 호텔과 관광 업계가 월간/계간 등으로 발간하는 회사 사업 홍보와 사내 뉴스를 내용으로 하는 기관지

- **Third Person Rate** : 호텔의 객실은 일반적으로 싱글 룸을 제외한 대부분의 객실이 2인을 기준으로 설비되어 있다. 그러므로 2인 이상이 한 객실에 숙박을 원할 경우 적용되는 요금을 말한다.

- **Third Sheet(Bed Spread)** : 침대 커버

  담요 보호용으로 이용되는 야간 이불 덮개

- **Tidy UP(Make Up)** : 고객이 퇴숙한 후 객실을 정비하고 청소하는 일

- **Time Card** : 호텔 종업원의 근무시간 관리를 위하여 작성되며 종업원 개인의 출 · 퇴근 시간이 기록된다. 이 카드는 회계 부서의 급여 담당 직원에게 보내져서 종업원의 급여 계산의 자료가 되며 전 사원의 근무 상황을 파악할 수도 있다.

- **Time Stamp** : 날짜와 시간이 자동으로 인쇄되는 시계 장치로, 주로 고객의 입 · 출숙 시간 및 인쇄물의 배달시간을 정확하게 증명하기 위하여 사용된다.

- **TIP(To Insure Promptness)** : 사례금

- **Today Reservation(Daily Pick-up Reservation)** : 당일 예약

  당일 예약하여 호텔 투숙을 원하는 고객은 일반적으로 예약부서에서 통제하는 것이 아니라 프런트 데스크에서 가능한 객실을 예약한다.

- **Tour Desk** : 로비에 있는 데스크로서 단체 관광객의 Check In, Check Out을 담당하는 곳이다.

- **Tourist Hotel** : 관광호텔

  관광객의 숙박에 적합한 구조 및 설비를 갖추고 음식을 제공하는 숙박시설

- **Towel Type** : 타월 종류

  ① Wash Cloth(Hand Towel) : 면도할 때 또는 욕조에서 비누로 손을 씻을 때 사용한다. 타월의 규격은 30cm×30cm이다.

  ② Face Towel : 얼굴이나 손등을 닦는 데 사용한다. 타월의 규격은 80cm×36cm이고, 120~140g이다.

  ③ Bath Towel : 목욕 후 몸을 닦는 데 사용한다. 타월의 규격은 120cm×65cm이고, 350~450g이다.

  ④ Foot Towel : 발을 닦는 데 사용한다. 타월의 규격은 80cm×50cm이고, 140~180g이다.

- **Transfer** : 트랜스퍼

  폴리오를 사용할 경우 한 방식에서 다른 방식으로 옮기는 양식이다.

- **Transient Guest(Shot Term Guest)** : 단기 체류객

  일반적으로 1, 2박의 단기 숙박객을 말한다.

- **Transient Hotel(Destination Hotel)** : 다른 목적지를 가기 위하여 잠시 머무는 단기 고객 유치를 위한 호텔

- **Traveler Check** : 여행자 수표

  여행자가 가지고 다니면서 쓰는 자기앞수표와 같다. 여행자가 현금을 소지하여 심적 위협을 느끼지 않도록 현금과 같이 사용할 수 있다. 하나의 수표로서 현금을 주고 매입할 때 서명을 해서 쓰기 때문에 제3자는 사용이나 위조를 할 수 없다.

- **Turn Away** : 객실이 만실이 되어 예약을 하지 않고 오는 고객(Walk-in)을 사절하는 것이다. 최근에는 예약을 하지 않고 오는 고객에게 객실을 제공하지 못한 경우 다른 호텔로 예약 후 안내한다.

- **Turn Down Service** : 이미 투숙한 고객의 취침 직전에 제공하는 서비스로서 간단한 객실의 청소, 정리 정돈과 잠자리를 돌보아 주는 작업이다.
- **Twin Studio** : 주간에는 소파로 이용되며, 야간에는 침대로 사용되는 트윈 룸을 말한다.

- **Under Stay(Unexpected Departure)** : 조기 퇴숙
  퇴숙 예정일보다 고객의 업무상 또는 개인적인 사정으로 갑작스럽게 퇴숙 예정일을 앞당겨 출발하는 경우
- **Undesirable Guest(Ugly Guest)** : 요주의 고객
  무리한 주문 등으로 호텔의 품위를 손상시키거나 손해를 입히는 고객
- **Unexpected Arrival** : 불시 도착 고객
  고객이 예약한 날짜 이전에 호텔에 도착하는 것이다.
- **Uniform Service** : 호텔을 이용하는 고객에게 유니폼을 입고 서비스를 제공하는 것으로 Door Man, Poter, Bell Man, Front Desk Clerk, Limousine Driver, Valet Man 등이 있다.
- **Upgrade** : 호텔 측의 사정에 의하여 고객에게 예약한 객실을 제공하지 못할 경우 동일한 가격에 비싼 객실을 제공하는 것이고, 호텔이 고객을 접대하기 위하여 예약 당시부터 예약 요금을 고급 객실로 준비하는 경우도 있다.
- **Up Selling(Up Grade Sale)** : 호텔에서 판매 촉진을 위해 이미 예약된 객실의 요금보다 높은 가격의 객실을 선택하도록 권유하는 경영 방법
- **Utility Man(House Man)** : 공공지역 청소원
  호텔의 로비나 화장실, 호텔 주변, 주차장 등의 청소를 담당한다.

- **Vacancy** : 공실

  객실이 만실이 아닌 상태로 판매 가능 객실이 남아 있음을 의미한다.

- **Vacant and Ready** : 고객이 퇴숙을 하고 다음 고객을 위하여 객실 청소가 완료된 경우를 말한다.

- **Valet Service** : 호텔의 세탁소나 주차장에서 고객을 위하여 서비스하는 것이다.

- **VAT(Value Added Tax)** : 부가가치세

  물품이나 용역을 생산, 제공, 유통되는 모든 단계에서 매출 금액 전액에 대하여 과세하지 않고 기업이 부가하는 가치, 즉 마진에 대해서만 과세하는 세금이다.

- **Ventilator** : 환기통, 통풍기

  실내의 나쁜 공기를 빨아내는 장치로, 욕실의 통풍관 등이 있다.

- **Verification** : 재확인

  객실예약, 신용카드 사용 여부를 증명하는 과정

- **Vertical Travel** : 승강기

  엘리베이터 또는 리프트 등 운반·편의 시설의 개념에서 모든 고층 건물이나 건조물 내부에 설치하여 각각 다른 용도로 다양하게 사용할 수 있는 수직 이동 시설물을 말한다.

- **VIP(Very Important Person)** : 귀빈, 저명인사

  국빈, 귀빈 등의 중요한 고객 또는 지명도가 높은 사람, 특별한 주의 및 관심을 요하는 고객을 의미한다.

- **Voucher(Coupon)** : 고객이 여행사나 항공사에 Tour, 식사, 관광, 객실 등의 비용을 미리 지급하고 호텔에서 요금 대신 지급 보증서 및 증명서를 제출하며 호텔은 이를 근거로 여행사나 항공사에 청구한다.

- **Wake-up Call(Morning Call)** : 고객으로부터 아침 일찍 몇 시에 깨워 달라는 부탁을 받고 교환원이 전화에 의해 해당 고객의 객실로 전화벨을 신호로 잠을 깨워 일어날 시간을 알리는 것을 말한다.

- **Waiting List** : 대기 고객 명단
  이미 예약이 만원이 되어 호텔 객실의 취소를 기다리고 있는 고객의 명부

- **Walk-in Guest(No Reservation)** : 사전에 예약을 하지 않고 당일에 직접 호텔에 와서 투숙하는 고객. 일반적으로 고객에게 선수금을 받고 있다.

- **Walk Out** : 공식적인 체크아웃 없이 호텔을 떠나는 고객

- **Walk-through** : 호텔 간부 임원이나 프랜차이즈 조사자에 의해서 이루어지는 호텔 자산에 대한 총 심사과정

- **Wastage** : 식음료 저장에서의 소모량
  조리준비과정이나 요리과정에서 생기는 불가피한 식음료의 소모량이다.

- **Watch** : 근무교대

- **Watch Work** : 당번 근무
  Room Maid가 오후 4시경부터 밤중(24:00)까지 작업하는 것이다.

- **Weekly Rate** : 주간 특별 요금
  호텔에서 1주일 체재하는 고객에 대하여 실시하는 특별 요금을 말한다.

- **Welcome Envelop** : 단체 숙박 절차(Group Check In)시 객실 열쇠와 등록 카드(Registration Card) 등을 넣어놓은 봉투

- **Well or Bucket** : 원장 보관함
  고객원장이 프런트 캐셔에 의해 객실 번호순으로 정리 보관한 것이다.

- **Will Call for Service** : By hand
  호텔의 체크 룸서비스의 일종으로 숙박하고 있는 고객 또는 출발할 고객이 외부의 사람에게 물품을 전달할 경우 보관 후 외부 손님에게 전달하는 서비스이다.

- **Who** : 객실이 비어있는 상태를 나타내고 있지만, 실제로는 객실에 미확인 고객이 투숙하고 있는 것이다.
- **Working Schedule** : 근무 계획표

- **XO**
  ① Exchange의 약자로 '룸교환요구서'
  ② Brandy의 숙성도가 40~45년이 된다는 Extra Old의 약자

- **Yachtel** : 요트를 타고 여행하는 관광객들을 대상으로 하는 숙박시설로서 비교적 규모가 작으며, 단기 체류객을 대상으로 주로 잠자리만을 제공하는 일종의 간이 호텔을 의미한다.
- **Yellow Card** : 예방접종증명서
- **Yield Management** : 수익관리
  호텔 고객들은 그들의 예약시점에 따라 같은 객실에 대하여 다른 객실요금을 지불한다. 가격은 매일 시간 단위로 변하여 예정 객실 투숙일의 주요 상황이 모든 가격을 조정하는 것이다.
- **Youth Hostel** : 유스 호스텔
  청소년들의 수용을 위한 숙박시설로서 일반 호텔처럼 기업적인 차원에서의 영리추구에 주요 목적이 있는 것이 아니라 공익성을 추구하는, 즉 청소년들에게 저렴한 비용으로 편리하게 숙박하도록 해주는 일종의 사회복지시설에 속한다고 볼 수 있다.

Z

- **Zero Defects** : ZD운동

  무결점운동으로, 종업원 개개인이 스스로 일의 결함을 제거해 나가려는
  관리 기법
- **Zero Out** : 고객이 체크아웃시 회계균형을 맞추는 것

참고문헌

- 김근종 · 김상호 · 박수성 · 조창연, 호텔경영론, 대왕사, 2006
- 김봉 · 송성진, 호텔기업경영론, 대왕사, 2012
- 문화체육관광부, 2020 외래관광객조사, 2021
- 문화체육관광부 · 한국문화관광연구원, 2020 국민여행조사, 2021
- 변상록, 관광서비스지원관리, ㈜시대고시기획, 2014
- 변상록, 신관광학개론, 교육인적자원부 지원교재, 2001
- 이정학, 관광학원론, 대왕사, 2010
- 이정학, 호텔경영의 이해, 기문사, 2007
- 장속정홍(長谷政弘) 편저, (사)한국국제관광개발연구원 역, 관광학사전, 백산 출판사, 2000
- 최풍운 · 김효근, 호텔경영관리론, 백산출판사, 2013
- 한국관광공사, 시니어관광 활성화 방안 연구, 2012
- 한국보건산업진흥원, 2016 외국인환자 유치실적 통계분석보고서, 2017
- SD 관광교육연구소, 관광법규, (주)시대고시기획, 2021
- SD 관광교육연구소, 관광자원해설, (주)시대고시기획, 2021
- SD 관광교육연구소, 관광학개론, (주)시대고시기획, 2021
- UNWTO, 2018 UNWTO Tourism Highlights 2018 edition, 2018

- 국립공원관리공단, www.knps.or.kr
- 국토교통부, http://www.molit.go.kr
- 관광지식정보시스템 www.tour.go.kr
- 문화재청, www.cha.go.kr
- 문화체육관광부, http://www.mcst.go.kr
- 법제처 국가법령정보센터, www.law.go.kr
- 서울특별시청, www.seoul.go.kr
- 안동하회마을, www.hahoe.or.kr
- 유네스코와 유산, heritage.unesco.or.kr
- 외교부 워킹홀리데이 인포센터, whic.mofa.go.kr
- 제주관광공사, ijto.or.kr
- 제주특별자치도청, www.jeju.go.kr
- 한국관광공사, www.visitkorea.or.kr
- 한국관광공사 대한민국 구석구석 korean.visitkorea.or.kr
- 한국문화대백과사전, encykorea.aks.ac.kr
- 한국민속대백과사전, http://folkency.nfm.go.kr
- 한국산업인력공단 큐넷, https://q-net.or.kr
- 한국슬로시티본부, http://www.cittaslow.kr
- 환경부, www.me.go.kr
- 환경부 생태관광, www.ecotour.go.kr
- DMZ 비무장지대, http://dmz.gg.go.kr

좋은 책을 만드는 길
독자님과 함께하겠습니다.

도서나 동영상에 궁금한 점, 아쉬운 점, 만족스러운 점이
있으시다면 어떤 의견이라도 말씀해 주세요.
시대고시기획은 독자님의 의견을 모아 더 좋은 책으로 보답하겠습니다.

www.sidaegosi.com

관광통역안내사 용어상식사전 + 무료동영상(기출)

개정7판1쇄 발행	2022년 01월 05일 (인쇄 2021년 11월 08일)
초 판 발 행	2013년 11월 05일 (인쇄 2013년 09월 16일)
발 행 인	박영일
책 임 편 집	이해욱
저 자	SD 관광교육연구소
편 집 진 행	김은영 · 민한슬
표지디자인	김지수
편집디자인	안시영 · 안아현
발 행 처	(주)시대고시기획
출 판 등 록	제10-1521호
주 소	서울시 마포구 큰우물로 75 [도화동 538 성지 B/D] 9F
전 화	1600-3600
팩 스	02-701-8823
홈 페 이 지	www.sidaegosi.com
I S B N	979-11-383-1071-0 (13320)
정 가	17,000원

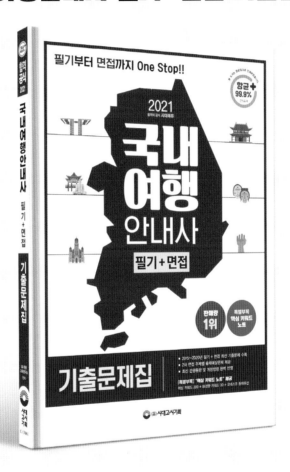

관광종사원
합격공략 시리즈 도서

핵심이론을 압축한! 기본서 4종

[관광국사 + 무료동영상(기출)]　[관광자원해설 + 무료동영상(기출)]　[관광법규 + 무료동영상(기출)]　[관광학개론 + 무료동영상(기출)]

이론 학습 후 실력점검을 원한다면! 문제집 3종

[관광국사 1,000문제로 끝내기]　　[관광자원해설 1,000문제로 끝내기]　　[관광통역안내사 최종모의고사]

기출은 진리다! 기출문제집 1종

[기출이 답이다 관광통역안내사 1차 필기]

취향에 맞게! 목적에 맞게!
전략적으로 선택해보세요!

관광통역안내사를 향한 마음가짐을 다잡고 싶다면! 단행본 2종

[관광통역안내사 용어상식사전 + 무료동영상(기출)]

[워너비(Wanna be) 관광통역안내사 - 이론에서 실무까지]

시험을 준비할 시간이 부족하다면! 단기완성 2종

[관광통역안내사 단기완성(1권 + 2권)]

[Win-Q 관광통역안내사 필기 단기완성 + 무료동영상(기출)]

합격에 박차를 가하는! 면접 대비 도서 2종

[관광통역안내사 2차 면접 핵심기출 100제]

[50일 만에 끝내는 중국어 관광통역안내사 2차 면접]

※ 도서의 구성 및 이미지는 변경될 수 있습니다.

AI면접
이젠, 모바일로

기업과 취준생 모두를 위한 평가 솔루션 윈시대로! 지금 바로 시작하세요.

www.winsidaero.com